人生100年時代

50代からのお金の基本

監修
馬養 雅子

はじめに

日本人の寿命は年々のびて、いまや80歳は当たり前、90歳代の人も珍しくない時代になりました。「長寿」は人類の夢であり、それが実現したというのは喜ばしいことといえます。でも、私たちは生きている限りお金を使います。長生きすればするほど総支出額も増えるので、老後資金が不足する可能性も高まります。

老後資金といえば、「2000万円問題」が頭に浮かびますよね。そもそも、この2000万円はどのように計算された金額なのでしょうか。

根拠となっているのは、総務省統計局が毎年発表している「家計調査年報　2017年版」です。それによると、「夫65歳、妻60歳以上の高齢夫婦無職世帯」の全国平均は、支出が収入を毎月約5万5000円上回っていて、年にすると66万円、65歳から95歳までの30年で1962万円という計算。だから、それをまかなえる2000万円程度の貯蓄が必要、ということなのです。

この調査結果は金額が年によって変動するし、あくまでも全国平均です。老後の収入や支出は人それぞれですから、2000万円は1つの例に過ぎません。

ただ、退職して年金生活になったとき、それだけでは生活費が不足して赤字になることがある、という点は多くの人に当てはまるでしょう。赤字分は、それまでに貯めた貯蓄を取り崩して埋めることになります。毎月の支出が年金でまかなえたとしても、退職後はボーナスがないので、旅行などのレジャー費、家電製品の買い換えや自宅のリフォーム・メンテナンスなど、まとまった額の支出があったときは貯蓄を取り崩さなければなりません。そのため、退職後は貯蓄残高がだんだん減っていきます。貯蓄が十分でなかったり、取り崩し方が無計画だったりすると、生きている間に資金がつきて〝老後破産〟することになってしまうのです。

ですから、老後資金に関して大切なのは次の2つです。

①現役中にできるだけ貯蓄残高を増やす
②退職後は計画的にお金を使っていく

①で特に重要なのが、50歳から退職するまでの期間です。この時期は最後の〝貯めどき〟。計画的にお金を貯めて、老後資金づくりにラストスパートをかけなければなりません。それと同時に、定年後の働き方、暮らし方を考えて、必要な資金を見積もることが②につながり

ます。

では、具体的に何をしたらよいのでしょうか。まず必要なのは、現在の支出や金融資産がどういう状況なのかを把握すること、つまり、自分のお金と向き合うことです。そして、そこから老後資金が足りるかどうかを計算し、足りない場合や、よりゆとりを持たせたい場合に何をしたらよいかを考え、実行します。本書では、そのやり方をご紹介するとともに、老後資金づくりに役立つ情報を盛り込みました。

老後資金に不安を感じていても実際には何もしていない人が多いのが実情です。その結果、「退職前にお金のことをきちんとしておけばよかった」と、退職後に後悔している人がたくさんいます。そうならないように、本書を参考にして第一歩を踏み出してください。そうすれば、不安は解消され、老後はお金の心配なく暮らせるはずです。

退職後は、それまで頑張って働いてきてようやく手にすることができる自由な時間、いってみれば人生の〝収穫期〟です。読者の皆さまが自分のお金と向き合うことで、心豊かな収穫期を過ごせるよう願っています。

ファイナンシャルプランナー　馬養雅子

Part 1 失敗できない！ 定年後のお金

Part1 ココがポイント 12
01 いまから一生涯、お金とどうつきあうか 14
02 老いへの備えは、いまから始めるべき 20
03 老後の貧困や破産、あなたは大丈夫か 22
04 老後を迎えてもお金に困らず暮らせるか 24
05 まず現在の家計の収支をチェックする 26
06 老後資金の準備をいまから始めよう 30
07 定年後の不安は放っておいてはいけない 32
［コラム］ 老後の住まいも考えておこう 34

Part 2 定年後、本当はいくらかかるか

Part2 ココがポイント 36
08 定年後の生活費は何に、いくらかかるか 38
09 生活費以外にも結構な額の出費がある 40

10 定年後の収入にかかる税金はいくらか……42
11 定年後の公的医療保険料はいくらか……44
12 介護保険のしくみと保険料の支払いは……46
13 老後の医療費はいくらかかるか……50
14 老後の介護費はいくらかかるか……52
15 介護施設に入るにはいくらかかるか……54
16 生命保険は保障の見直しが必要か……56
17 民間の医療保険、介護保険に入るべきか……58
18 住宅のリフォームにはいくらかかるか……60
19 趣味やレジャーにはいくらかかるか……62
20 子どもへの資金援助はいくらかかるか……64
21 葬儀代やお墓代はいくらかかるか……66
22 高齢単身者の生活費はいくらかかるか……68
23 定年後、住宅ローンで苦しまないために……70
［コラム］ 税金がかかる所得は10種類……74

Part 3 知ってトクする年金の知識

Part3 ココがポイント …… 76
24 公的年金制度で知っておきたい基礎知識 …… 78
25 自分がもらえる年金額はいくらか …… 82
◆会社員のあなたがもらえる年金額〈早見表〉 …… 86
26 ねんきん定期便を確認しよう …… 88
27 いろいろ便利なねんきんネットを使う …… 92
28 年金の受給開始を遅らせるとどうなるか …… 94
29 年金の受給開始を早めるとどうなるか …… 98
30 働きながら年金をもらうとどうなるか …… 102
31 のこされた妻がもらう年金はいくらか …… 106
32 企業年金はいくらもらえるか …… 108
33 会社員がもらえる年金額を増やすには …… 112
［コラム］将来、年金受給額が2割減る？ …… 114

Part 4

定年後のお金に不安はないか

Part4 ココがポイント …… 116
34 定年後に備えて貯蓄を増やすには …… 118
35 退職金はいくらか。アテにできるか …… 122
36 退職金の制度と金額の相場を知っておく …… 124
37 退職金の受け取り方に注意しよう …… 126
38 早期退職制度がある場合の賢い利用法は …… 128
39 定年後の収支を見てみよう …… 130
40 50歳前後で定年後に備えておくことは …… 134
［コラム］高年齢求職者給付金とは …… 136

Part 5

老後資金の不足分を準備する

Part5 ココがポイント …… 138
41 足りない老後資金をどうやって補うか …… 140
42 家計を見直し、節約して貯蓄や運用に回す …… 142

43 お金だけではない。定年後も働くべき理由 144
44 いまの会社で継続雇用（再雇用）で働く 146
45 新たに転職（再就職）して働く 148
46 定年前後に自分で起業して働く 152
47 夫婦2人で働いて収入を増やす 156
48 財形貯蓄で老後資金づくりができる 158
49 保険で老後資金づくりはできるか 160
50 資金不足の対策、リースバックとは 164
51 親からの贈与・相続に備える基礎知識 166
［コラム］シニア割で賢く節約しよう 170

Part 6 いまから始める資産運用

Part6 ココがポイント 172
52 老後資金づくりはお金に働いてもらう 174
53 運用する金融商品には何があるか 176
54 50代から始める投資は何がいいか 180

55 老後資金づくりの基本は投資信託 …… 184
56 運用はおトクなNISAとiDeCoで …… 188
57 少額投資非課税制度、NISAとは何か …… 190
58 つみたてNISAなら20年間運用益が非課税 …… 192
59 つみたてNISAはどのようにお金が増えるか …… 196
60 つみたてNISAを始めるには …… 200
61 2024年スタートの新NISAに備える …… 202
62 iDeCoで老後資金をつくろう …… 204
63 iDeCoはどんな商品で運用できるか …… 208
64 iDeCoはどのようにお金が増えるか …… 210
65 iDeCoの賢い受け取り方は …… 214
66 NISAとiDeCo、選ぶならどっち …… 216
［コラム］取得すれば定年後に役立つ資格は …… 218
索引 …… 219

※本書は特に表記がない限り、2023年5月時点での情報を掲載しています。本書の利用によって生じる直接的、間接的被害等について、監修者ならびに新星出版社では一切の責任を負いかねます。あらかじめご了承ください。

●執筆協力‥和田秀実、圓岡志麻
●編集協力‥有限会社クラップス
●デザイン・DTP‥田中由美
●イラスト‥村林タカノブ

Part 1

失敗できない！定年後のお金

失敗できない！定年後のお金

誰にでも訪れる老後の準備は手遅れにならないようにいまから始めましょう。
とくにお金の準備はそれなりに時間がかかります。

老いへの備えは
現役のいまから
始めるべき

→P.20

いまから一生涯の
マネープラン
を立てる

→P.14

老後の
貧困や破産、
あなたは大丈夫か？

→P.22

経済的に苦しいと
感じている高齢者は
半数以上を占める

→P.24

人生100年時代、
長生きするほど
お金がかかる

→P.24

まず現在の
家計の収支を
チェックすることから
始める

→P.26

定年後の
漠然とした不安は
放っておいてはいけない

→P.32

01 いまから一生涯、お金とどうつきあうか

↓常に計画性をもってお金と向き合うことが大切

誰でも必要な老後資金づくり

人生で、とくに多くのお金を必要とするライフイベントを、人生の三大資金といいます。すなわち、

①マイホーム購入のための「住宅資金」
②子どもの「教育資金」
③自分（たち）の「老後資金」

の3つです。これらはいずれも数百万～数千万円というまとまった額のお金が必要で、その準備にはそれなりの時間がかかるものです。

このうち、親と同居するなど、すでに住む家がある人には住宅資金は必要ありませんし、子どもがいないいなら教育資金は発生しません。

ただ、いつか老いを迎えたときに必要な生活費、老後資金だけはどんな人にも備えが必要です。

あなたがいま、40歳代、50歳代の働き盛りで、安定した収入を得ているとしましょう。家庭にはお子さんがいて、マイホームを購入してローンを支払っています。パートナーも働いて、世帯の収入はそれなりにあるはずなのに、お金に余裕があるかといえば、そうでもない……その上、将来の老後資金の準備も必要だとなれば、結構大変なことと思われるでしょう。

お金の問題は、一生つきまとうものです。よほどの資産家でもなければ、誰もがいまのお金のやりくりをしながら、同時に将来に向けたお金の備えもしていかなくてはなりません。

40歳代

収入も支出も増える時期
お金のゆとりはあまりない！

□ 働き盛り。稼ぎどき。共働きなら世帯収入アップ

□ 住宅ローン返済と子どもの学資の準備が家計の負担に

□ 会社の財形や自動積み立て定期預金でコツコツ貯蓄

□ 余裕資金はNISAで運用も

50歳代

お金の出入りが激しい中
将来のマネープランもしっかり立てる！

□ 定年退職まであと15年。老後が少しずつ視野に

□ 教育資金ほか子どもにかかるお金はいまがピーク

□ 高齢の親の介護で費用負担も

□ iDeCoの加入は65歳まで。運用開始は早めに

55歳

子どもの独立で家計は大きく変わる！本格的な老後資金づくりを！

- □ 子どもが独立したら生命保険を見直す。死亡保障は減額、医療・介護保険への付け替えも
- □ 夫婦２人暮らしに合わせて家計の見直し、節約を
- □ 余裕資金は積極的な運用も

年金生活に向けての準備

将来、といっても、これから定年を迎えて年金生活に入り、一生涯を送る間に、お金をめぐるどんな事情がこの先待ち構えているのか、あまりよく知らない人も多いはずです。ここであらましを見ておきましょう。

お金を多く稼いで、多く出ていく40歳代、50歳代は、ゆとりがあまりない中でも、将来のマネープランをしっかり立てることが大切です。この時期に、どれだけ将来に向けた準備ができるかで、豊かな老後を送れるかどうかが決まります。

50歳半ばあたりからは、それまでお金がかかっていた子どもたちが独立し、夫婦2人の暮らしに切り替わる時期です。家計の支出も変化し、節約を心がけるときです。また、一家の大黒柱に万一のことがあったときの備えだった生命保険は、高

60歳

定年後に向けて
仕事の継続と生活設計を考える！

- □ 定年後の働き方・暮らし方を見すえて人脈づくりや資格取得
- □ 年金の繰り上げ受給は60歳から可能に
- □ iDeCoの給付金の受け取り開始は原則60歳以降

65歳

無事に定年。
年金生活スタート！

- □ 定年時に退職金を受け取る。一時金、または年金
- □ 年金受給の手続きは自分で行わなければならない

働いて収入を得れば
老後資金の寿命がのびる！

- □ 再雇用、再就職、起業など働き続けて収入を得れば家計にゆとりが
- □ 資産運用も可能な限り継続。NISA、iDeCoなら有利に運用できる

額な死亡保障を見直すタイミングです。そのようにしてつくった余裕資金を、積み立て貯蓄のほかに、NISAやiDeCoという税制優遇のある制度を利用して、積極的な運用・投資を行い、老後資金の準備を急ぎます。

65歳前後〜70歳で退職して、年金生活がスタートします。できるだけ多く受け取りたいなら、最大75歳まで繰り下げ受給が可能で、その場合は受給額が最大84%増になります。

お金の問題は後から解決できない

ただ、年金を受け取るようになってからも、仕事を続けて収入を得る人は70歳過ぎでもかなり多くいます。年金は一生涯支給されますが、それだけで老後の暮らしをまかなうのは難しいケースもありますし、経済的により豊かな暮らしを求める人も、働いて収入を得ようとします。年金以外の収入があれば貯蓄を減らすこともありません。年をとっても働き続けるのは、いまや常識といっていいでしょう。

男性の平均寿命は81・47年、女性は87・57年です（2022年）。夫が先に亡くなるケースが多いわけですが、それを見すえてのこされた妻が生活していくためのお金の確保も必須です。十分な蓄えを残せるか、持ち家か賃貸か、子どもがいるかいないかなどで、事情は異なります。老後の貧困、破産はひとり暮らしに多く見られます。

介護や医療にかかるお金、高齢者施設への入居費用、亡くなった後の葬儀代やお墓代など。年をとるほど、長生きするほど、お金はいろいろかかります。年をとってからのお金の問題は解決が難しいものです。40歳代、50歳代、定年直前までの現役時代に、老後の備えが欠かせない理由はそこにあります。

70歳

□ 改正高年齢者雇用安定法により企業は70歳までの就業機会の確保が努力義務

75歳

□ 医療保険が後期高齢者医療制度に。窓口負担は所得などで１～３割

□ 年金は75歳までの繰り下げ受給が可能。最大で84％増に

□ 子どもへの相続・贈与対策を考える

80歳

□ 平均寿命は男性81.47年、女性87.57年（2022年）

□ 夫の死後、のこされた妻の生活費は大丈夫か

85歳

□ 高齢者施設への入居は一時金や毎月の支払いが発生

□ 夫婦の葬儀代、お墓代の準備は大丈夫か

人生100年時代！

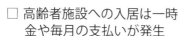

老いへの備えは、いまから始めるべき

↓平均的な年金受給額は夫婦2人で月額20万円程度

定年後は思ったよりも大変

これから定年を迎え、一生涯を送る間のお金の事情を見てわかるのは、人生はこの先まだまだ長いし、いろいろなことにお金が必要になる、ということです。

定年後に仕事を離れて収入を得られなくなったあとも、お金はどんどん出ていきます。いまはまだ、定年など先のことだと思っている方も少なくないでしょうが、老いへの備えは、働いている現役時代のうちから行わなくては間に合いません。

定年後の生活は長いものです。いま50歳の人の平均余命は、男性が32・93年で、女性が38・61年。定年後も20年前後の時間が残されています。

その間、暮らしていくための収入の柱といえば、左表のように多くの人が年金頼りです。

では、年金をいくらもらえるかというと、例えば厚生労働省の調査※によると、ずっと自営業あいは専業主婦だった人が受け取る老齢基礎年金の平均受給額は月額5万6368円で、最大でも月額約6万5000円。

一方、会社勤めで、老齢厚生年金を受け取る人の平均受給額は月額14万6000円（老齢基礎年金を含む）。会社員の夫と専業主婦の妻だと2人合わせて月額20万円程度の受給がモデルケースです。

この年金額で、長い老後を不自由なく過ごせるか、よく考えてみる必要があるでしょう。

※厚生労働省「令和３年度　厚生年金保険・国民年金事業の概況」に基づくデータ。

男性50歳の平均余命は32.93年

年齢	男性の平均余命	女性の平均余命
35歳	47.23年	53.13年
40歳	42.40年	48.24年
45歳	37.62年	43.39年
50歳	32.93年	38.61年
55歳	28.39年	33.91年
60歳	24.02年	29.28年
65歳	19.85年	24.73年

（資料：「令和３年簡易生命表」から抜粋）

4分の1が「収入は年金のみ」

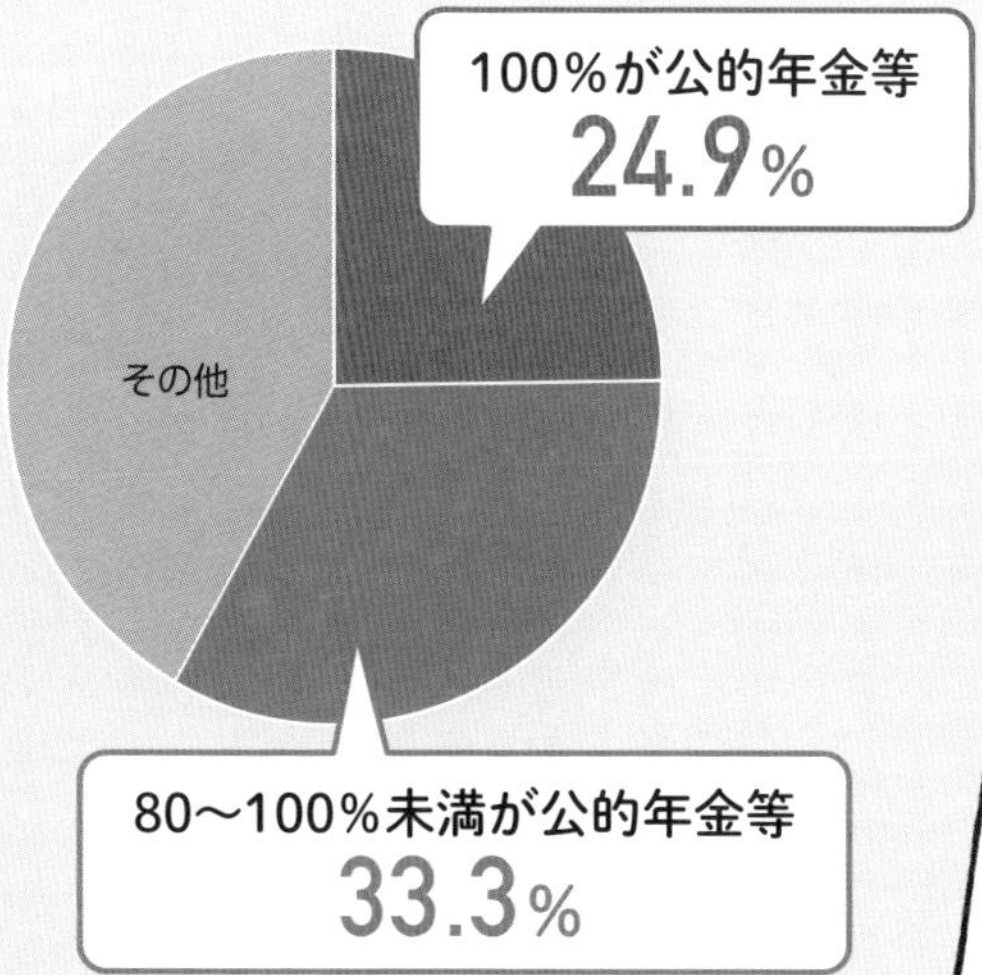

（資料：「2021年国民生活基礎調査」）

Part 1

03

老後の貧困や破産、あなたは大丈夫か

↓年をとってから経済的な問題を抱えるケースは少なくない

¥ 年金だけでは出費に追いつかない

「夫婦2人で月20万円の年金なら、定年後のお金は心配ないのでは」――そう思った方もいるでしょう。でもこれはあくまでモデルケースの受給額ですし、月々の生活費のほかに、不意の大きな出費だってあります。このあとPart2で詳しく見ますが、家の建て替えやリフォーム代、設備機器の買い換え費、医療・介護費、子どもへの資金援助など、お金は次々と出ていきます。

昨今はニュースなどで「高齢者の貧困・破産」が取り沙汰されています。収入が年金しかなく、その額では生活費には足りない。あるいは働いても得られる収入は現役時代と比べてずっと低いなど、年をとってから経済的な問題を抱えるケースは少なくありません。それまで蓄えてきた退職金や預貯金は、年金や賃金でまかなえきれない出費分を補うために、取り崩さなければなりません。

厚生労働省の調査では、生活保護を受給している約164万世帯のうち、65歳以上の高齢者世帯は半分以上の約91万世帯。その大部分が1人暮らしの高齢者です（左上の図参照）。

また、高齢者世帯の貯蓄残高を見ると、左下の図のように貯蓄が300万円未満という高齢者世帯が全体の約15％もあります。

定年後のお金のことを、いまから真剣に考えて準備しておかないと、あなたにも老後破産の影が忍び寄らないとは限らないのです。

生活保護を受ける半数以上が高齢者世帯

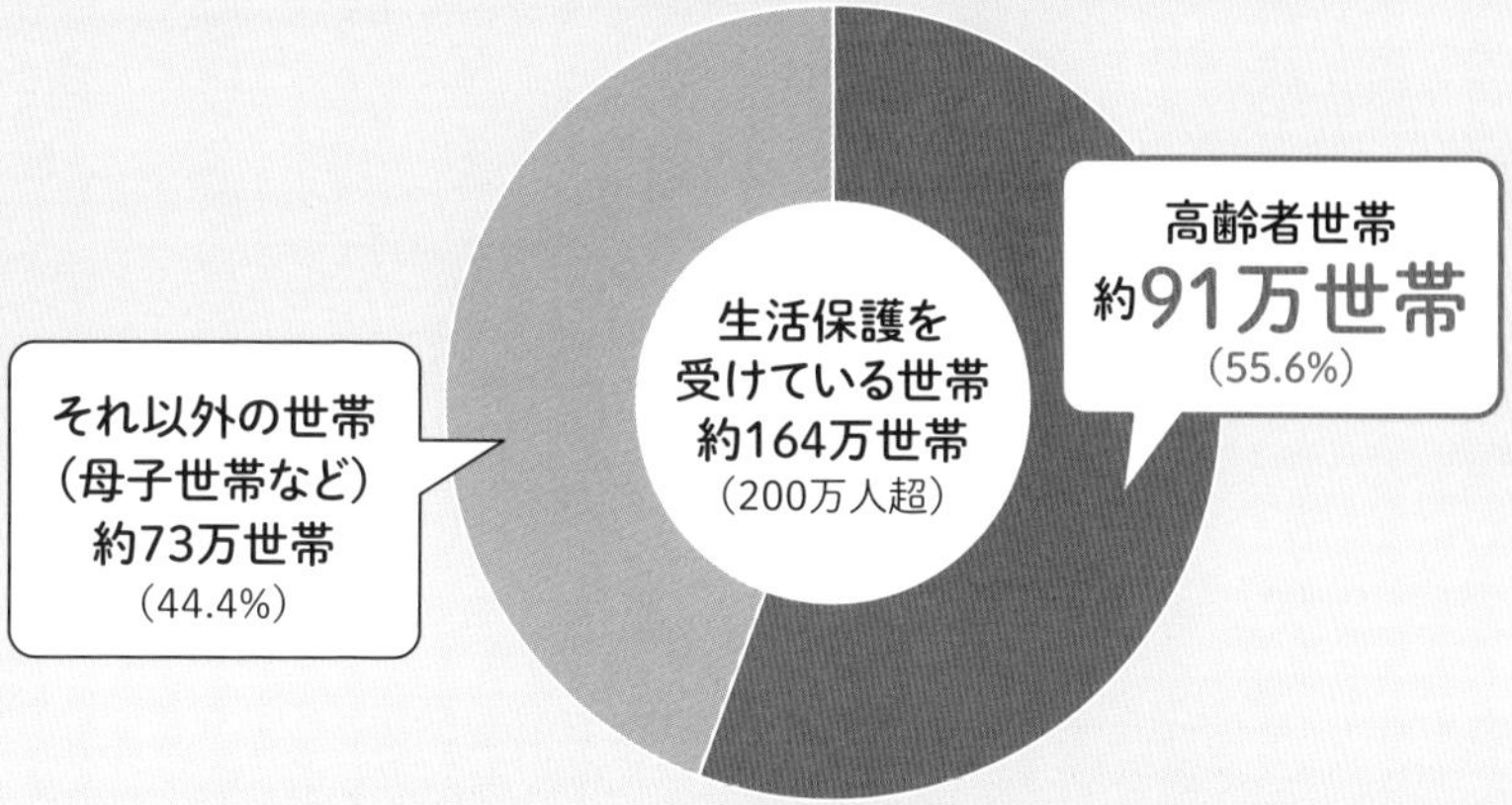

（資料：厚生労働省「生活保護の被保護者調査（令和３年度確定値）」）

貯蓄300万円未満の高齢者世帯は約15%

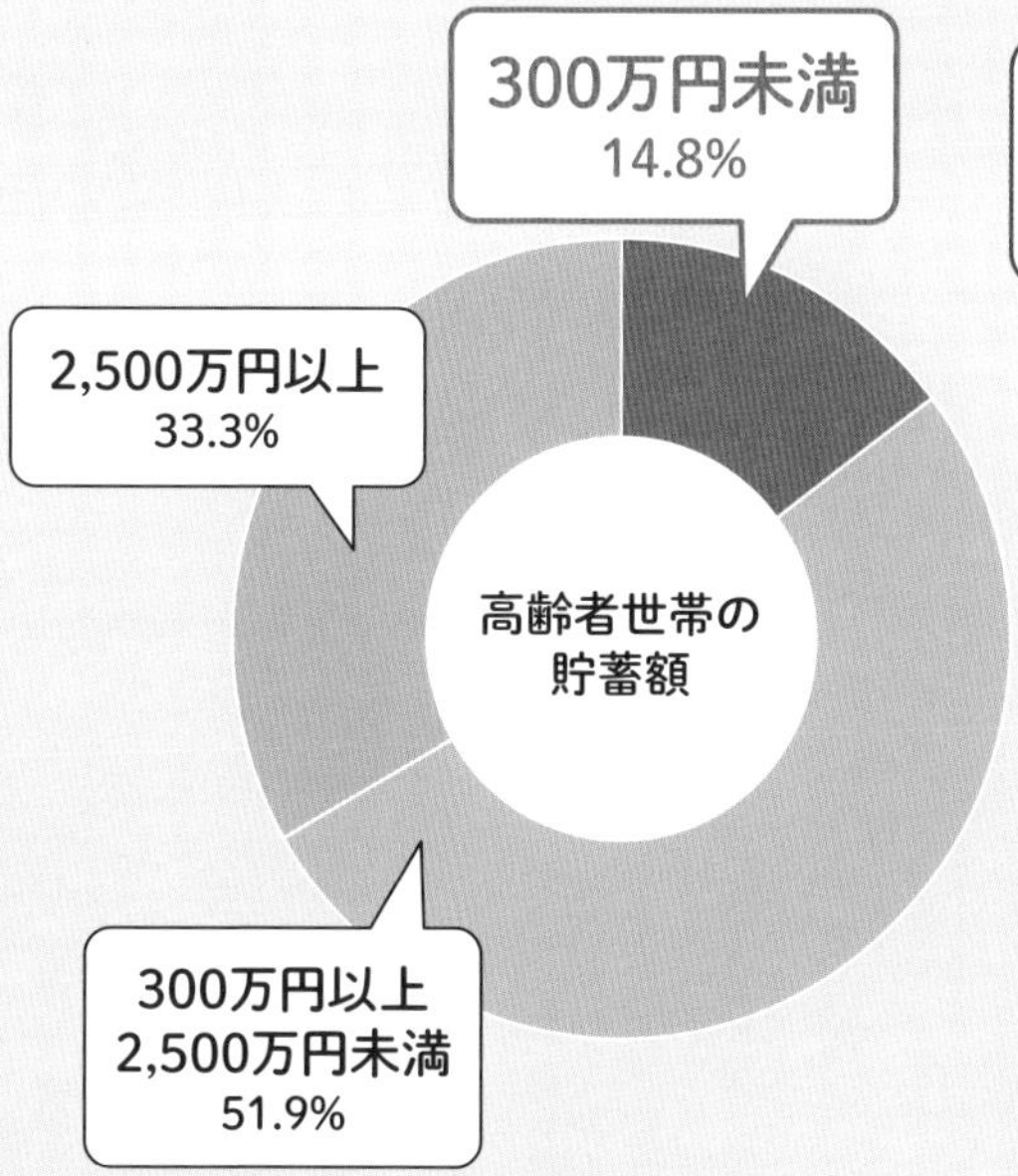

（資料：総務省「家計調査（貯蓄・負債編）2021年」）

Part 1

04

老後を迎えてもお金に困らず暮らせるか

↓お金が「心配」、生活が「苦しい」と感じる高齢者は多い

㊖老後のお金対策は現役のうちに始める

では実際のところ、定年後の高齢者のお金事情はどうなっているのでしょうか。破産とまではいかなくても、経済的な問題を抱えている人はどれくらいいるのでしょう。

左上の図は、65歳以上の高齢者世帯の暮らし向きについての調査結果です。全体の7割近くがお金の面で「心配なく」暮らしている一方で、「心配」と感じている世帯が3割に及びます。

また、別の厚生労働省による高齢者世帯の生活意識調査では、「苦しい」と感じている世帯が全体の半数以上を占めています（左中の図参照）。

高齢者世帯の年間所得額は、それ以外の世帯の半分程度という調査結果も出ています（左下の図参照）。現役時代と比べて入ってくるお金は減り、家計の不足分は貯蓄を取り崩しながら暮らしているという事情が浮かび上がってきます。

誰もが健康で長生きしたいと願うものですが、長生きするほどお金が必要となるのも事実です。お金のことを心配せずに、ゆとりをもって老後を送るには、やはり現役時代のいまから準備を進めておく必要があります。

40歳代、50歳代ともなれば、住宅ローンの支払いや子どもの教育費など、まとまった出費がまだまだ続くときですが、同時に自分たちの老後の備えもしっかりしておかないと後悔することになりかねません。

老後の暮らし向きはどうか

●65歳以上の高齢者世帯の暮らし向きは

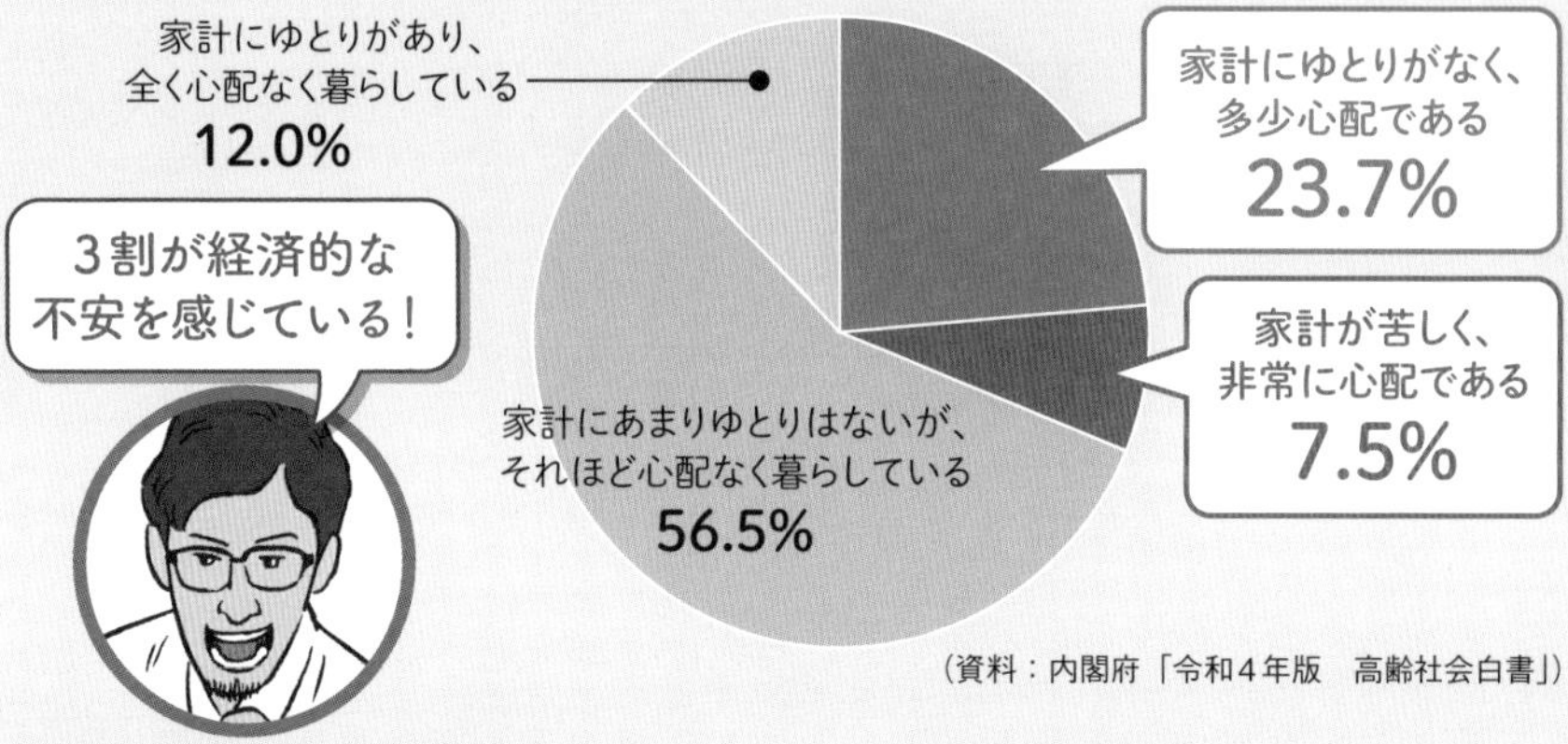

（資料：内閣府「令和4年版　高齢社会白書」）

●高齢者世帯の生活意識は

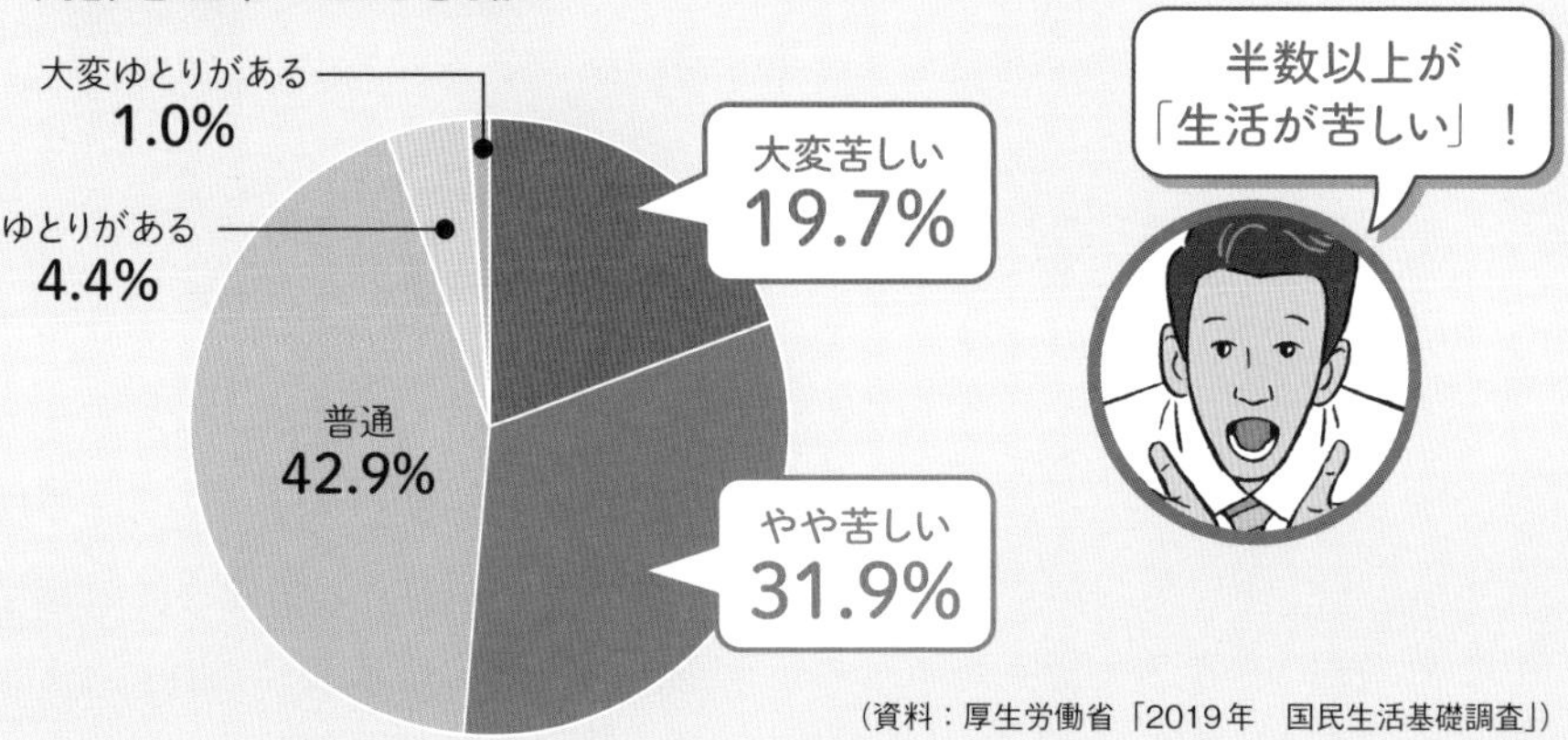

（資料：厚生労働省「2019年　国民生活基礎調査」）

●高齢者世帯の所得はいくらか

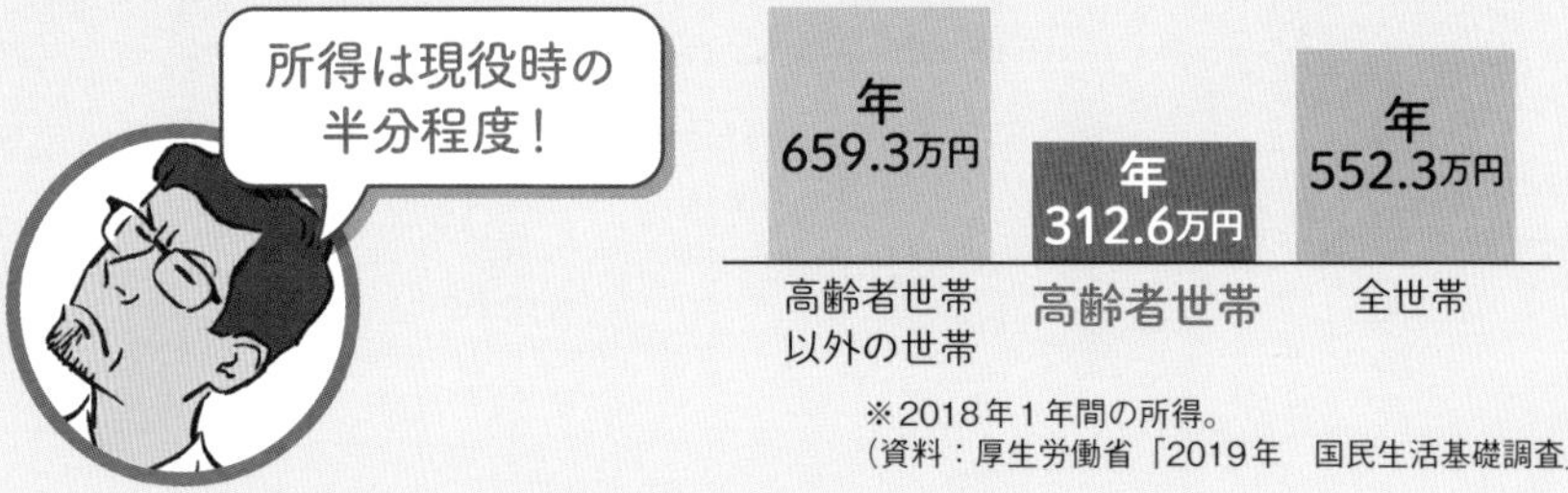

※2018年1年間の所得。
（資料：厚生労働省「2019年　国民生活基礎調査」）

Part 1

05

まず現在の家計の収支をチェックする

↓いまのお金事情をつかむことが定年後の資産づくりの第一歩

1カ月間の支出を見る

40歳代、50歳代は、一定の収入を定期的に得られる一方で、出費も何かとかさむ時期です。

そうした中で、定年後に向けたお金の準備も同時に進めていくには、まず現在の家計の収支（収入と支出）を把握することが大事です。

例えば、左のチェックシートを使って、1カ月間の家計の支出を見てみましょう。ここでは固定費と変動費に分けて整理します。

固定費のうち、家計に占めるウエイトが大きいのが住居費です。住宅ローン、管理費、修繕積立金、家賃など。

また、水道光熱費や通信費、生命保険・医療保険の保険料なども固定費としてとらえます。

預貯金も固定費と考えるとよいでしょう。将来の資産づくりを進めるために、できれば毎月一定額を預貯金に回して、残りのお金でやりくりしていくようにしたいものです。

家計の見直しは固定費から

一方の変動費には、食費、日用品費、交通費、医療費、教育費、教養娯楽費、交際費などがあげられます。

ただ、子どもの塾・予備校の授業料や、車の駐車場代、新聞代などはどちらかというと固定費に近いかもしれません。

このように支出を固定費と変動費に分けて整理

毎月の支出額をチェックシートに書き込もう

●毎月の固定費の支出額は

住居費	住宅ローン返済額、管理費、修繕積立金、家賃　など	円
水道光熱費	電気代、ガス代、上下水道代、その他の光熱費　など	円
通信費	固定電話代、家族の携帯・スマホ代、光回線・ネット接続料、NHK受信料	円
生命保険・医療保険料	生命保険料、医療保険料　など	円
夫の小遣い		円
妻の小遣い		円
子どもの小遣い		円
預貯金	定期積み立てなど	円

●毎月の変動費の支出額は（一部固定費的な項目を含む）

食費		円
家具・日用品（消耗品）・雑貨代		円
被服・履物代		円
交通費	通勤費以外の交通費、自家用車のガソリン代、駐車場代　など	円
医療費	病院などの治療費・薬代、市販薬代	円
教育費	子どもの塾・予備校の授業料、習い事の受講料　など	円
教養娯楽費	新聞代、書籍雑誌代、旅行代、レジャー代　など	円
交際費	友人との飲食代、中元歳暮代　など	円
その他	上記にあてはまらない諸雑費	円

するのは、あとで家計の見直しをするときに便利だからです。

不要な支出・ムダ遣いはないか、削れる支出はないか、どう工夫すれば安く抑えられるかといった検討は、家計に占める割合が大きい固定費を先に行い、次に変動費を見直すという順番で進めると効率良く行えます。

1年単位の支出を見る

1ヵ月間の支出をチェックしたら、次に1年単位で支出する項目と金額を確認します。

こちらも、固定資産税（持ち家の場合）や火災・地震保険料、自家用車関連の費用といった固定費的なものと、住まいの修繕費や家電・設備機器の買い換え費用、冠婚葬祭費など、いつ、いくらの支出があるかわからない変動費的なものとに分けて確認します。


このように、出ていくお金を一覧表にまとめてみると、思わぬ支出や、意外にかかっている支出などがハッキリします。

そして、これをもとに次のアクションとして、家計の見直しに着手しましょう。

収入と貯蓄もチェックする

家計の収支をつかんだら、続いていまの収入額と、貯蓄額もチェックシートに記入してみます。

世帯でどれだけの収入があるのか、また預貯金額や運用・投資に回しているお金はいくらあるのかを整理して、自分の資産状況をつかみます。

こうして、家計の収支と、収入・貯蓄がいまどうなっているのかを正確につかむことが、将来に向けた資産づくりの第一歩となります。

●**年単位の支出額は［固定費的なもの］**（所得税・住民税・社会保険料を除く）

固定資産税		円
家賃の更新料	数年に一度	円
火災・地震保険料		円
自家用車関連費	自動車保険料、自動車（軽自動車）税、車検費用（2年に1回）	円
その他		円

●**急な支出の額は［変動費的なもの］**

住まいの修繕費	キッチンなど水回りや外壁　など	円
家電・設備機器の買い換え費	エアコンや給湯設備　など	円
冠婚葬祭費	家族、知人への祝い金、香典　など	円
病気・ケガの入院・治療費		円
その他		円

いまの収入額と貯蓄額をチェックシートに書き込もう

夫の収入	円／月・	円／年
妻の収入	円／月・	円／年
その他の収入	円／月・	円／年
現在の預貯金額		円
運用・投資に関わる資産		円

まず、いまのお金の状況を
つかむことが大事だな！

Part 1

06 老後資金の準備をいまから始めよう

↓定年後は赤字収支になりかねない。備えは50代前半までに着手を

¥ 準備を先送りすれば手遅れに

前項でチェックしたお金の収支は、いまの現役時代のもの。定年後は、収入も支出も中身が大きく変わります。

収入の柱は公的年金となり、現役時代よりも**入ってくるお金が減る可能性が高い**一方で、支出は住宅ローンの返済が終われば住居費が減り、子どもが独立すれば教育費などが減りますが、逆に**自分たちの教養娯楽費や交際費、医療費などがいまより増える可能性**があります。

定年後は収入が限られるため、出ていくお金が多いときは**赤字収支**になることもあるでしょう。

その場合は**貯蓄**の一部を取り崩してあてざるをえません。

一生涯、お金に困らないように、いまのうちからしっかり計画を立てて、資金を備えておく必要があります。いよいよ定年を迎えるとなってから準備を始めたのでは手遅れになってしまいます。

老後に備えて、いまからしておきたいのは次のようなことです。

・いまの仕事を頑張って**収入を増やす**
・家計を見直して、節約分を**貯蓄や運用に回す**
・一定額をコツコツ貯蓄して**蓄えを増やす**
・NISA《ニーサ》やiDeCo《イデコ》などで**資産運用する**

いまの生活のお金のやりくりだけで精一杯、という方もいるかもしれませんが、**老後資金の準備は遅くとも50歳代前半までに始めたいもの**です。

いまからできる老後のお金対策は

仕事を頑張って

給与・賞与の額を増やす！

会社員はいまの仕事を頑張って、できるだけ長く働くことが大事。収入が増えれば、将来もらえる年金額も増えます

節約した分を

貯蓄や運用・投資に回す！

家計の見直しは必須。まずは固定費、次に変動費に着目してできるだけ支出を抑えます。余裕ができた分は預貯金のほか、NISAやiDeCoで運用・投資も

決めた額を

貯蓄して蓄えを増やす！

「毎月いくら貯める」と決めて実行しましょう。例えば自動積み立て定期預貯金なら口座から自動的に引き落としされて手軽に貯蓄できます

余裕資金を運用して

お金に〝働いて〟もらう！

あなたが働くだけでなく、NISAやiDeCoを利用してあなたのお金にも〝働いて〟もらいましょう。ただし運用は当面使う予定のない余裕資金で行うことが大事

Part 1

07

定年後の不安は放っておいてはいけない

↓10年後、20年後にどうなるか。この本で一緒に考えよう

誰にでも訪れる老後に備える

定年後に変わるのは、前項で見た家計の収支だけではありません。お金に関するほぼすべてのことが、現役時代とは大きく違ってきます。

そのことに、あなたは漠然とした不安を抱え、心配に思っているのではないでしょうか。

例えば、年金生活での税金や社会保険料はどうなるのか。医療や介護にはいくらかかるのか。

退職金はいくらもらえるのか。公的年金はいくらもらえるのか。老後資金が足りなければどうしたらいいのか。いまから運用・投資で老後資金を増やすには、何から始めたらいいのか……。

老後は、誰にでも訪れるものです。そして、先々どうなるかは、じつはあなただけでなく、みんなよくわかっていません。ただ、わからないことをそのままにしていては、不安や心配が増すばかりです。まだ10年、20年先のことだと思っているうちに、老後はどんどん近づいてきます。

現役時代のいまから、定年後のマネープランを立てて、しっかりとお金の備えをしておくことが大切なのです。

定年後のお金を学ぼう！

これらのお金のギモンを
次の章から見ていこう！

税金や社会保険料はいくらかかるか →P.42〜49	医療や介護の費用はいくらかかるか →P.50〜53
介護施設に入るにはいくらかかるか →P.54	住まいのリフォームにはいくらかかるか →P.60
趣味やレジャーにはいくらかかるか →P.62	葬儀代やお墓代はいくらかかるか →P.66
住宅ローンの残債はどうしたらいいか →P.70〜73	自分がもらえる公的年金の額はいくらか →P.82〜87
働きながら年金をもらうとどうなるか →P.102〜105	企業年金はいくらもらえるか →P.108〜111
老後資金の貯蓄はどうやって増やすか →P.118〜121	退職金はいくらもらえるか →P.122
足りない老後資金はどうやって補うか →P.140	定年後も働くべきか。どう働くか →P.144〜157
個人年金保険を利用したほうがいいか →P.160〜163	50歳代から始める投資は何がいいか →Part6

コラム column

老後の住まいも考えておこう

老後資金の準備を始める際に考えておきたいのが「**どこに住むか**」です。いまの家に住み続けるなら、バリアフリー化などの**リフォーム**が必要になるかもしれません。また、子ども家族と一緒に住みたいなら、**二世帯住宅**への建て替えも考えられます。

賃貸住宅の場合は、リフォームも建て替えもできないので、バリアフリー化されている**シニア向け賃貸住宅**などへの住み替えが考えられます。一般的な賃貸住宅は、**高齢になるほど借りにくくなる**ので、早めに検討を始めることをおすすめします。

住む「場所」も大事です。二世帯住宅とまでいかなくても、毎日、孫と会いたいなら、子ども家族の近くに住み替える手があります。あるいは都会から田舎に住み替える、郊外の戸建てから駅近のマンションに住み替える、子どもが独立して夫婦２人には広すぎる家を〝減築（小さく）〟するといった方法もあります。バリアフリー化され、家事代行などのサービスが提供される**シニア向け分譲マンション**もあります。

おひとり様や、要介護状態になる不安があるなら、見守りサービスなども完備した**サ高住**（サービス付き高齢者向け住宅）や、介護サービスの提供を受けられる**有料老人ホーム**も選択肢の１つです。

どの住まいを選ぶにしても、いずれもお金がからんできます。老後資金の計画と準備の中に、将来の住まいの問題も組み込んでおきましょう。

Part 2

定年後、本当はいくらかかるか

Part2 ココがポイント

定年後、本当はいくらかかるか

定年後に出ていくお金は現役時代とは違ってきます。
マネープランを立てる上で、何に、いくらかかるのかを見ていきます。

定年後の
生活費は
現役時代の
7～8割程度

→P.38

年金収入だけなら
税金は非課税
のケースも

→P.42

介護保険料は
平均で
月額約6,000円

→P.48

子どもへの贈与は年110万円以下は非課税

→P.64

高額療養費制度で医療費は軽減される

→P.50

家のバリアフリー化は助成金が出るケースも

→P.60

住宅ローンの繰り上げ返済より貯蓄を優先

→P.70

高齢のおひとり様の生活費は平均で月額14万円強

→P.68

Part 2
08

定年後の生活費は何に、いくらかかるか
↓税金や健康保険料、教育費などの支出が大きく減る

現役時代の7〜8割の出費で済む？

この章では定年後、何に、いくらかかるのか、必要となるお金について見ていきます。

まず、月々にかかる定年後の生活費はどうでしょうか。

仕事を持ち、子育てをする現役時代と、収入は年金で、子どもが独立した定年後とでは、生活の中身は大きく変わり、それにつれて出ていくお金の内訳や額も変わるものです。例えば、仕事用のスーツや靴、カバンなどの支出は定年後に不要となる一方で、医療費や趣味・レジャーなどの出費は増えることが多いでしょう。

実際、どれくらいの生活費がかかっているかを知る資料として、左図に総務省「家計調査（2022年）」から2つの家計収支を取り上げて比べてみました。上が現役世帯で、下が定年後の世帯です。

定年後は公的年金が収入の中心となる世帯が多く、収入面では現役時代と比べて大きく減ってしまいます。ただ、現役時代に大きな割合を占めた税金や社会保険料は定年後に軽減され、仕事に関連する支出はなくなるため、消費支出のみで比較すれば、定年後は現役時代の7〜8割程度の出費で済むと考えられます。

旅行やレジャー、趣味・教養などの費用を上乗せした「ゆとりある生活費」となると、さらに増えて約36万円というデータもあります。※

※（公財）生命保険文化センター「生活保障に関する調査」（2022年）。

現役時代と定年後の生活費（月額）を比べると…

●2人以上の世帯で勤労者世帯の家計収支

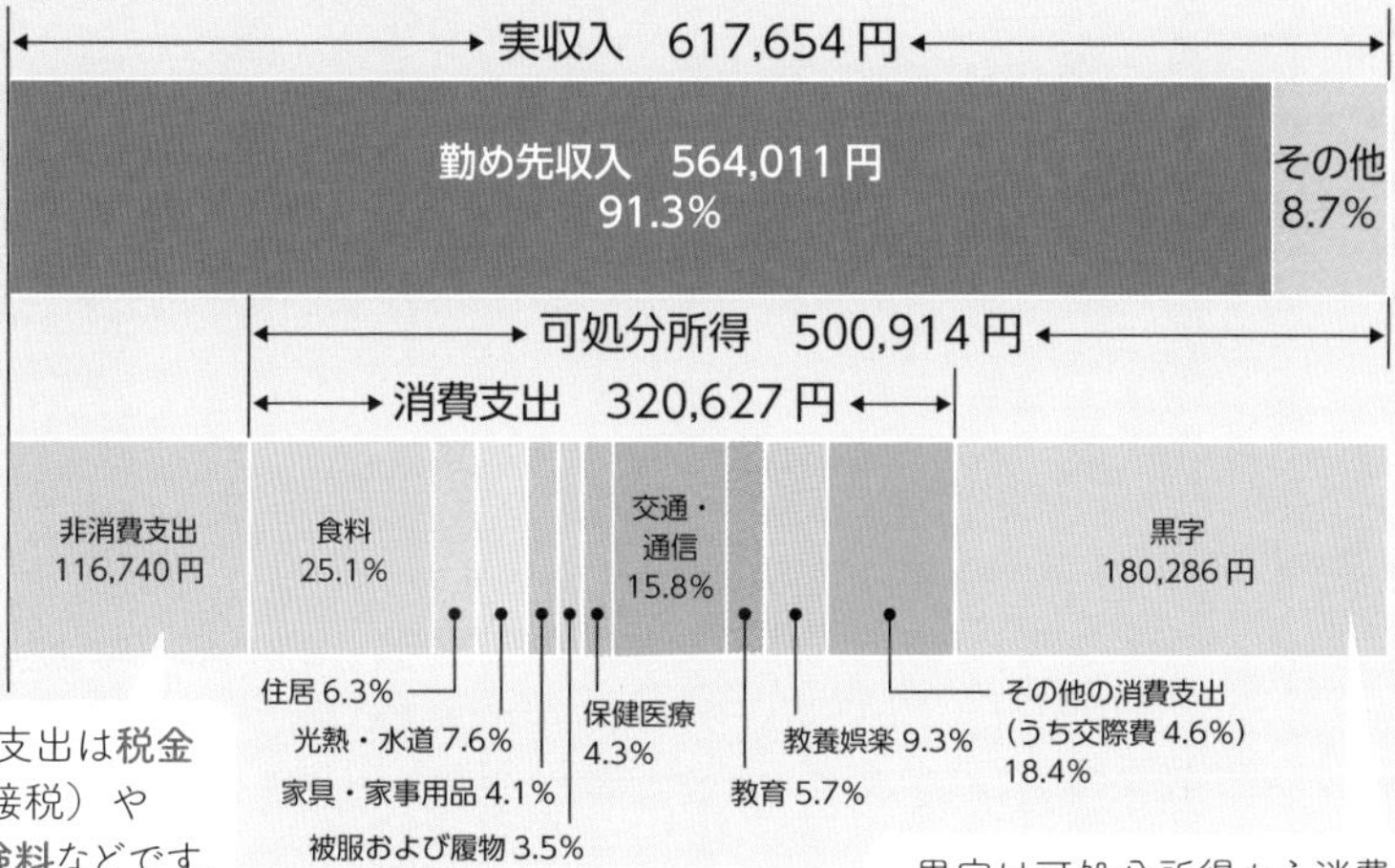

非消費支出は税金（直接税）や**社会保険料**などです。

黒字は可処分所得から消費支出を差し引いた額です。その一部は**定年後に備える貯蓄**などに回ります。

●高齢夫婦無職世帯の家計収支
（夫65歳以上、妻60歳以上の夫婦のみの無職世帯）

その他は公的年金などでは不足する分で、貯蓄の**取り崩し**などがあてられます。

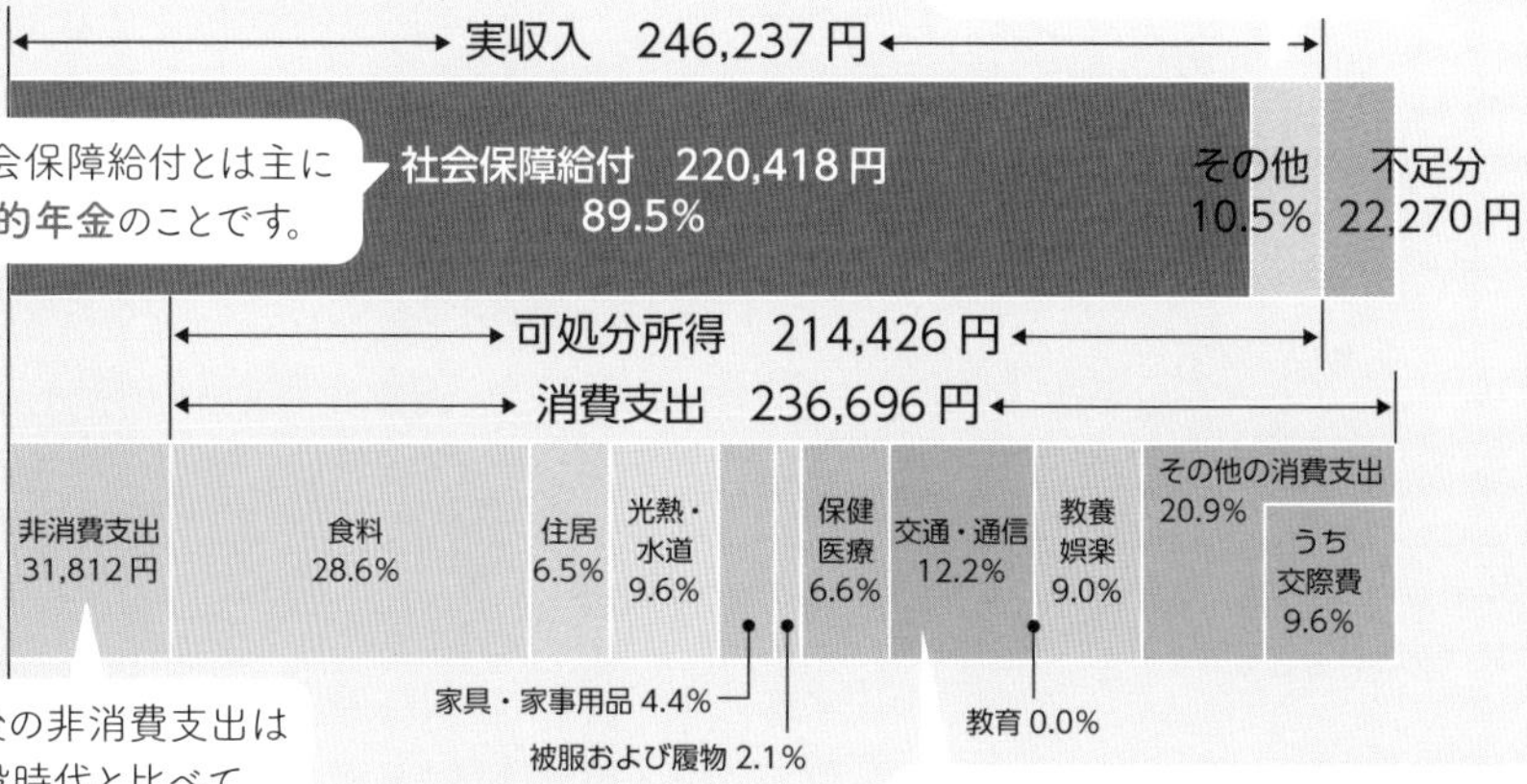

社会保障給付とは主に**公的年金**のことです。

定年後の非消費支出は現役時代と比べて**大きく減ります**。

非消費支出と消費支出の合計額は**26万8,508円**。

現役時代の支出と比べると、**保健医療**の割合は増え、**交通・通信**の割合は減っています。子どもにかかっていた**教育費がゼロ**になるのも定年後の支出の特徴の1つです。

（資料：総務省「家計調査（家計収支編）2022年」）

Part 2

09

生活費以外にも結構な額の出費がある

↓臨時の出費、特別な出費をマネープランに盛り込む

¥ 無計画だとお金はどんどん出ていく

月々の生活費のほかにも、臨時の出費、特別な出費があります。例えば、古くなったエアコンや給湯器、洗濯機などの大型家電・設備機器は、いつ故障して買い換えが必要となり、急な出費になるかわかりません。またクルマを所有していればローンや自動車税、車検代、駐車場代といった特別な出費がかさみます。それに旅行やレジャーを楽しむ娯楽費や、結婚式・葬式などの冠婚葬祭の出費、固定資産税などの税金や民間の生命保険料、火災保険料などの出費もあります。

このほか、比較的まとまった額の出費となりそうなものには、**医療費**や**介護費**（P50・52参照）、家の**建て替え**や**リフォーム費**（P60参照）もあります。とくに戸建て住宅ではメンテナンス費用は必ず発生するものと考えたほうがいいでしょう。

また、お子さんがいれば、結婚や子育て、住宅購入といった**ライフイベントの資金援助**（P64参照）もしてあげたいでしょうし、自分たちが**介護施設**に入ることになり、入居一時金や毎月の費用がかかることも（P54参照）。さらには自分たちの**葬儀代**や**お墓代**（P66参照）も準備しておく必要があります。

これらの出費はいずれも、いつ、いくらかかるかわかりにくいお金です。無計画だとどんどん出ていくので、**定年後のマネープラン**に盛り込んで、いまからしっかり備えておくべきです。

生活費以外にも、こんなにお金がかかる

●臨時の出費、特別な出費には何があるか

各種機器や家電の買い換え費

- □エアコンや給湯器、トイレ、風呂などの水回り、電気、ガスほか各種機器の修繕または買い換え
- □冷蔵庫、洗濯機など大型家電、パソコンなどの買い換え
- □ソファーやベッドなど家具類の新調　など

趣味や旅行、レジャー費

- □夫婦での海外旅行、クルーズ旅行
- □高級車や高額なブランド品の購入　など

☞P.62参照

冠婚葬祭費

- □親戚や知り合いの結婚式の祝い金、葬儀の香典
- □出産や入学の祝い金　など

税金（所得税・住民税以外）

- □固定資産税（一括または年4回の分割納付など）
- □自動車税、軽自動車税　など

クルマ関連費

- □車検代（2～3年ごと）
- □自動車（軽自動車）税、ローンの支払い
- □駐車場代、ガソリン代、メンテナンス代　など

各種の民間保険料

- □生命保険料
- □医療保険料
- □介護保険料
- □火災保険料　など

☞P.56、P58参照

●比較的大きな額の出費には何があるか

医療費

- □病気やケガによる入院、手術に関わる費用（差額ベッド代含む）
- □がんなどの高額な先進医療費（自己負担）　など

☞P.50参照

介護費

- □介護サービス利用料（自己負担分）
- □デイケアやショートステイ利用料の自己負担分
- □車椅子など介護・福祉用具のレンタル料の自己負担分　など

☞P.52参照

リフォームや建て替え費

- □外壁修理など住まいの修繕
- □バリアフリー化　など

☞P.60参照

子どもへの資金援助

- □結婚、出産、子育てなど子どものライフイベントにかかる諸費用
- □住宅購入資金
- □孫の教育資金（学資）　など

☞P.64参照

親の医療費、介護費

- □高齢の親の長期間の入院費や介護費の負担　など

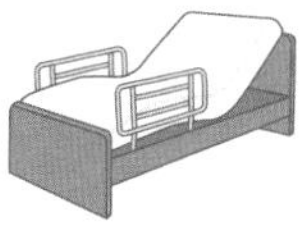

自分たちの終活費

- □葬儀代
- □お墓代　など

☞P.66参照

10 定年後の収入にかかる税金はいくらか

↓所得税・住民税は支給される年金から天引きされる

一定額内の年金収入なら非課税

定年後、65歳から公的年金の支給が始まると、多くの世帯ではそれが収入の柱となります。ただ、この年金から、税金と社会保険料が差し引かれるため、実際に受け取れる（金融機関の口座に振込まれる）年金の額は少なくなります。

受給する年金（老齢年金[※1]）は「雑所得」扱いとなり、国税である所得税および復興特別所得税[※2]と、地方税である住民税がかかります。ただし、全額が課税対象とはならず、左図の計算式から求められた額に対してのみ課税されます。

これを見るとわかるように、課税対象となるのは年金から各種控除を差し引いた分です。そのため、65歳以上で収入が年金のみの場合、公的年金等控除の110万円と、基礎控除の48万円を合わせた158万円以下の年金収入の方には所得税がかかりません。

また、個人の住民税は、所得に応じた負担を求める「所得割」と、所得に関わらず定額の負担を求める「均等割」の合計額になります。所得割は所得に対して一律10％の税率が課せられ、均等割は通常5000円[※3]です。

なお、住民税の基礎控除額は43万円となっており、公的年金控除額110万円と、住民税の基礎控除額43万円の合計153万円以下の年金収入なら住民税はゼロ（非課税）になります。

※1　老齢基礎年金、老齢厚生年金のほか企業年金（確定給付）も。　※2　2037年分までの予定。　※3　市町村民税3,500円、道府県民税1,500円。

年金のみ158万円以下は所得税ゼロ

●公的年金にかかる、所得税および復興特別所得税額の計算式

（ 年金支給額 － ①社会保険料 － ②各種控除額 ）× ③5.105%

- 年金支給額：雑所得扱い
- ①社会保険料：健康保険料または後期高齢者医療保険料、介護保険料
- ②各種控除額：公的年金等控除、基礎控除、配偶者控除など
- ③5.105%：合計税率＝所得税 5%×復興特別所得税1.021

② 各種控除額のうち公的年金等控除額

（65歳以上で、合計所得金額が1,000万円以下の場合）

公的年金等の収入金額（A）	公的年金等控除額
110万円超330万円未満	**110 万円**
330万円超410万円以下	(A)×25%＋27.5 万円
410万円超770万円以下	(A)×15%＋68.5 万円
770万円超1,000万円以下	(A)×5%＋145.5 万円
1,000万円超	195.5 万円

② 各種控除額のうち基礎控除額

納税者本人の合計所得金額	基礎控除額
2,400万円以下	**48万円**
2,400万円超2,450万円以下	32万円
2,450万円超2,500万円以下	16万円
2,500万円超	0円

公的年金等控除額110万円と基礎控除額48万円の合計は158万円なので、年金の額が158万円以下なら、課税対象となる所得自体がゼロとなり、所得税はかかりません！

（注）65歳未満の場合は年金のみの収入が108万円以下なら所得税はかかりません。

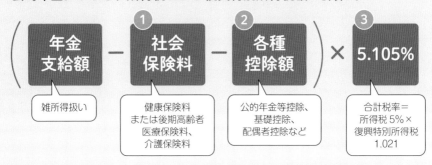

11 定年後の公的医療保険料はいくらか

↓同じ所得でも自治体によって保険料額が異なる

保険料は世帯単位でまとめて支払う

税金と同様に、公的医療保険や介護保険の保険料も、支給される公的年金から天引き（特別徴収）されます。※1

公的医療保険は一般的に、定年後は国民健康保険（国保）に加入し、75歳からは後期高齢者医療制度に加入します。どちらも保険料の支払いは世帯単位で行い、世帯主がまとめて支払います。ですから、夫婦2人暮らしで夫が世帯主の場合は、夫の年金から夫婦2人分の保険料が天引きされて支払われることになります。

この保険料額は、所得によって差が出ますし（公的年金収入は雑所得扱い）、同じ所得でも国保事業を行う自治体によっても異なります。

保険料額の計算はかなり複雑です。医療分、支援分、介護分の3つで構成され、それぞれ自治体ごとに決める所得割、均等割、平等割などの合計額から成っています。おおまかな計算方法と計算例を掲げておいたので参考にしてください。

一方、後期高齢者医療制度は、都道府県ごとに設置された後期高齢者医療広域連合という団体が運営するもので、その保険料額は都道府県が条例で定めるため違いがあります。

厚生労働省によると、保険加入者1人が支払う保険料の平均額は、月額6472円で、年間約7万8000円となっています。※2

なお、介護保険については次項で説明します。

※1　法令により、年金収入が18万円以上の場合は原則、特別徴収で保険料を納めるように定められている。　※2　令和4年・5年の数値。最も高いのは東京都で月額8,737円。最も低いのは秋田県で月額4,097円。

国民健康保険料の計算はちょっと複雑

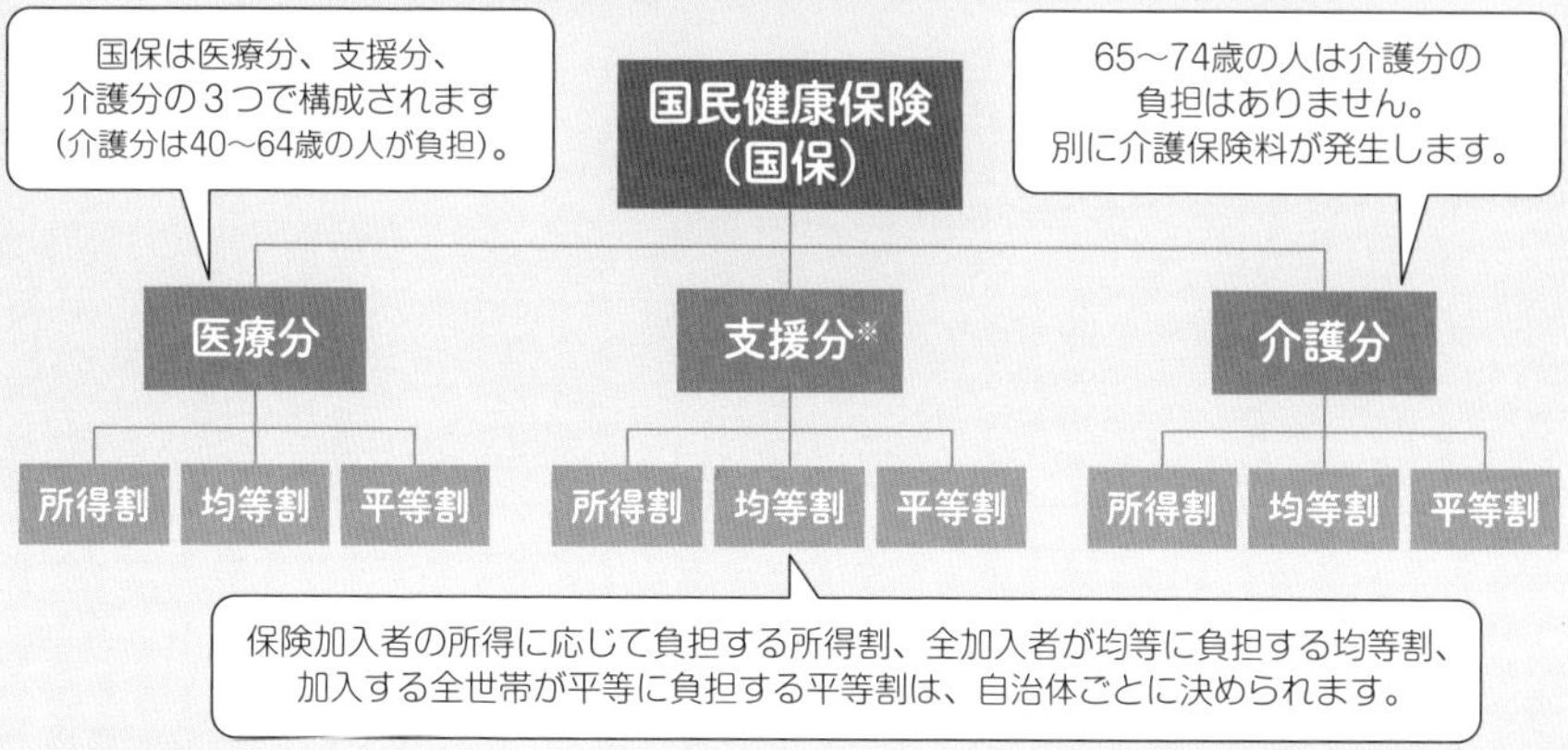
国保は医療分、支援分、
介護分の３つで構成されます
（介護分は40～64歳の人が負担）。
国民健康保険
（国保）
65～74歳の人は介護分の
負担はありません。
別に介護保険料が発生します。
医療分
支援分※
介護分
所得割
均等割
平等割
所得割
均等割
平等割
所得割
均等割
平等割
保険加入者の所得に応じて負担する所得割、全加入者が均等に負担する均等割、
加入する全世帯が平等に負担する平等割は、自治体ごとに決められます。

※後期高齢者医療制度の支援金。

●国民健康保険料の計算例

計算例

東京都江戸川区在住で、
夫：68歳。収入は公的年金のみ年200万円
妻：65歳。収入は公的年金のみ年70万円
の夫婦２人世帯の国民健康保険料はいくらになるか

▶

保険料の計算のもとになる所得は…
夫：年金額から基礎控除43万円を差し引き、157万円
妻：同様に、27万円
夫婦合計の所得は184万円

①医療分所得割額を計算 → 184万円×8.00%=14万7,200円
②医療分均等割額を計算 → 夫婦2名×4万7,100円=9万4,200円
③医療分保険料額を計算 → ①の額+②の額=24万1,400円
④後期高齢者支援金分所得割額を計算 → 184万円×2.76%=5万784円
⑤後期高齢者支援金分均等割額を計算 → 夫婦2名×1万6,200円=3万2,400円
⑥後期高齢者支援金保険料額を計算 → ④の額+⑤の額=8万3,184円

この夫婦2人世帯の年間保険料額は
③の額+⑥の額=32万4,584円（見込み）

12 介護保険のしくみと保険料の支払いは

↓保険料は年金から天引き。平均で月額6000円程度

被保険者は2種類に分けられ、65歳以上の人が第1号被保険者、40～64歳の人が第2号被保険者となります。

保険料は、第1号被保険者は年金からの天引き、第2号被保険者は会社の給与からの天引きで納めます。

第1号被保険者が日常生活に支障をきたして支援が必要となる「要支援」状態か、認知症や寝たきりなどで介護が必要な「要介護」状態に認定されたときに、訪問介護やデイサービス、ショートステイ、福祉用具のレンタルといった介護サービスを、費用の1割（所得によっては2割または3割）の自己負担で利用できます。[※3]

1割～3割の自己負担でサービス利用が可能

介護保険料も原則として、年金から天引きされて支払うことになります。[※1]

「健康保険はいま使うけれど、介護保険なんて当分先の話」と思うかもしれませんね。でも、将来のライフプランを考える上で、イザというときの備えを検討しておくことは大切です。

もし、あなたやご家族が介護を必要とすることになったとき、支えてくれる公的介護保険制度とはどんなものか、ここであらましを知っておきましょう。

介護保険制度は、市区町村[※2]が保険者となり、加入者（40歳以上のすべての人）が被保険者となって運営されています。

※1　年金月額が1万5,000円以上の場合は年金から天引きされる。　※2　市町村および特別区（東京23区）。　※3　低所得者には軽減措置がある。また自己負担額が一定額を超えた場合、高額介護サービス費を受けられる（P.53参照）。

介護保険制度のしくみはこうなっている

被保険者

- 65歳以上の人　第1号被保険者
- 40〜64歳の人　第2号被保険者

保険料

保険料の支払い

65歳以上の人（第1号被保険者）
- 年金が月額1万5,000円以上の場合は、年金から保険料が天引きされる
- 保険料は全額個人で負担

※年金月額が1万5,000円未満の場合は市区町村が個別徴収する

40〜64歳の人（第2号被保険者）
- 毎月の給与からの天引きで職場で加入する、健康保険組合を通して納める
- 保険料は会社と被保険者である社員が折半して負担

保険者

市町村および特別区（東京23区）

申請 → 要介護度の審査・判定を市区町村が行う → 認定 → ケアプランの作成 → 介護サービス・介護予防サービス

利用料　サービス費用の1割〜3割を負担

介護サービス・介護予防サービス

〈居宅サービス〉
訪問介護、訪問入浴介護　など

〈施設サービス〉
特別養護老人ホーム、介護老人保健施設　など

〈地域密着型サービス〉
定期巡回・随時対応型訪問介護看護　など

介護保険はどのくらい利用されているか

- 居宅サービス　約409万人
- 施設サービス　約96万人
- 地域密着型サービス　約90万人

（資料：厚生労働省「介護保険事業状況報告／令和4年1月」）

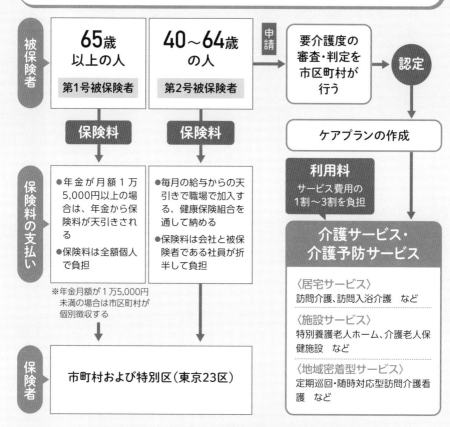

保険料は所得段階で決まる

それでは、支払う保険料はいくらくらいになるのでしょうか。

会社勤めの間は、会社と折半して負担していた保険料ですが、定年後は全額自分で負担することになります。

65歳以上の人（第1号被保険者）の介護保険料の額は、**市区町村ごとに決められる「基準額」**をもとに、住民税の課税状況（課税か非課税か）や、前年の年金収入などの所得金額によって、いくつかの「所得段階」に分けられ、それぞれ保険料額(年額。基準額に保険料率を掛けたもの）が設定されています。

左図の計算例にあげた東京都江戸川区では、所得段階は16に分けられていますが、同じ東京都内でも他の区はこれとは別の所得段階と保険料が設定されています。所得段階と保険料額は、お住まいの自治体のホームページに掲載されているので確認しましょう。

なお、介護保険料は3年ごとに見直されます。

保険料は地域によって差がある

介護保険制度は市区町村が保険者となって運営する地域保険なので、各地の介護需要などを反映して、**保険料に地域差が出ます。**

厚生労働省の発表では、2021～2023年度に65歳以上の人が支払う介護保険料は、**全国平均で月額6014円**となっていますが、場所によって5000円以下のところもあれば、1万円近くするところもあります。

保険料は見直しのたびに上昇していて、20年前と比べると2倍以上になっています。

介護保険料の計算方法と計算例

●公的年金収入は、雑所得として扱われます。
●公的年金収入には公的年金等控除があります。例えば65歳以上で年金収入が330万円未満までは110万円が控除額です。つまり年金収入が110万円以下の人は雑所得が０円になります。

計算例

東京都江戸川区在住で
夫：68歳。収入は公的年金のみで年200万円
妻：65歳。収入は公的年金のみで年70万円
の夫婦２人世帯の介護保険料は？

＼計算方法／

1　合計所得金額を計算

夫　200万円ー110万円=雑所得は90万円
⇒年金収入だけなので
合計所得金額は90万円

妻　年金収入が110万円以下なので、
雑所得は0円
⇒したがって合計所得金額は0円

2　自治体ごとに定められた所得区分にあてはめる

江戸川区の場合、介護保険料の額は、住民税の課税状況（課税か非課税か）や、合計所得金額により、所得段階が16に区分されており、それぞれ基準額に乗じる保険料率と、保険料額が決められている

夫　「第6段階（本人が住民税課税者で、合計所得金額が120万円未満）」に相当

妻　「第4段階（住民税課税者がいる世帯で、本人が住民税非課税で、合計所得金額が80万円以下）」に相当

3　該当する所得区分の保険料率、保険料額となる

所得段階ごとに決められた保険料額により、
夫の介護保険料=年間8万4.960円
妻の介護保険料=年間6万3,720円

よって、夫婦2人の介護保険料は約15万円

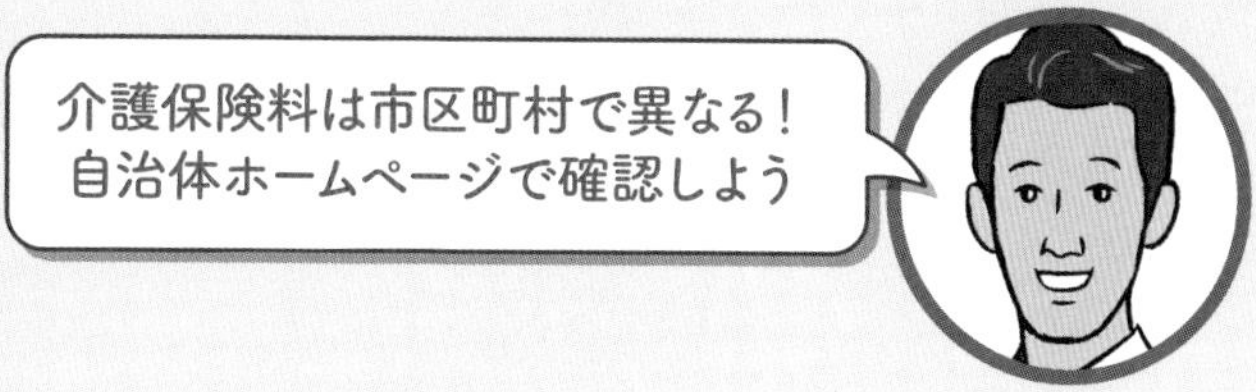
介護保険料は市区町村で異なる！
自治体ホームページで確認しよう

Part 2

13 老後の医療費はいくらかかるか

↓70歳以降の医療費は500万〜600万円程度を見込む

高額な医療費負担を軽減する制度がある

高齢になるほど、病気やケガのリスクが高まり、いったん治療が始まると通院や入院の期間も長くなりがちです。定年後は医療費の備えも考える必要があります。

厚生労働省の調査では、1人の人が一生涯でかかる医療費（生涯医療費）は約2700万円（推計）で、**そのうちの半分は70歳以降でかかってい ます**（令和元年度）。

仮に70歳以降に1400万円の医療費がかかったとしても、**自己負担割合は1割または2割**なので（左図参照）、実際に支払う金額は140万円から280万円という計算になります。

さらに公的医療保険には1ヵ月の医療費の自己負担額には**上限が設けられていて**、それを超えた部分は高額療養費として払い戻しが受けられます。上限額は69歳以下と70歳以上で異なり、年収によっても違います。70歳以上の一般的な所得の人だと、通院の1ヵ月の上限額は1万8000円、入院と通院がある場合は1世帯で5万7600円です。さらに、直近12ヵ月間に3回以上高額療養費が支給されたとき、4回目以降は上限額が4万4400円に下がります。

ただし、高額療養費が適用されるのは公的医療保険が適用される医療費のみ。入院中の食事代や差額ベッド代などは対象となりません。民間の医療保険はこうした支出に備えるものといえます。

入院すると何に、いくらかかるか

公的医療保険が適用される

医療費の自己負担分
（治療費、入院基本料）

69歳まで ≫3割
70〜74歳≫2割※1
75歳以上 ≫1割※1 ※2

※1　現役並みの所得者は３割。
※2　一定の所得の人は２割。

公的医療保険は適用されない

全額自己負担

入院中の食事代
≫1日の食事代は標準負担額で1食460円×3食

差額ベッド代
≫数千〜２万円程度

がん治療などで使われる先進医療費

その他レンタル品費（寝間着、タオルなど）

CHECK!

70歳で100万円の医療費がかかったら、実際に支払うのはいくらか

例えば、70歳で、年金などの年収が約400万円の人の場合、医療費100万円のうちの自己負担分３割＝**30万円を窓口で支払った**とすると、自己負担限度額８万7,430円を超えた**21万2,570円が高額療養費として支給**されます（下表参照）。

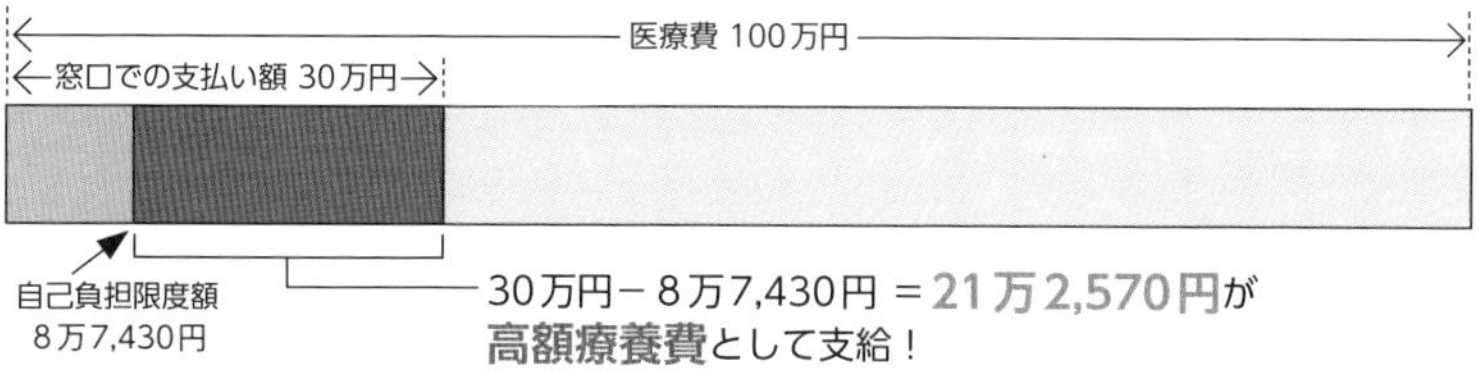

●70歳以上で1ヵ月の医療費100万円の場合の自己負担限度額

年収約1,160万円〜	25万4,180円
年収約770万〜約1,160万円	17万1,820円
年収約370万〜約770万円	８万7,430円

年収156万〜約370万円	５万7,600円
住民税非課税世帯	２万4,600円
住民税非課税世帯（年金収入80万円以下など）	１万5,000円

Part 2

14

老後の介護費はいくらかかるか

↓平均で月額8万3000円。その他に一時的出費もある

介護保険の自己負担額は1〜3割

定年後にかかる特別な支出として、医療費とは別に、介護にかかる費用も考えておきましょう。

介護が必要になった場合、まず利用するのが公的介護保険のサービスです。その際に支払う自己負担額は、所得や要支援・要介護度などに応じて1割（所得によっては2割または3割）となっています。

また、介護に伴う住宅の修繕——室内の段差の解消や階段の手すりの設置、風呂やトイレの改修などの費用や、介護用ベッド・車いすの購入など、一時的に発生する費用もあります。

では実際に、介護費はいくらくらいかかっているのでしょうか。

生命保険文化センターの調査によると、公的介護保険サービスの自己負担分を含む毎月の介護費は、平均で8万3000円。また、一時的に発生した費用は、平均で74万円となっています（左図参照）。すべて合わせると、介護が始まった1年めの年間出費は170万円以上にもなり、介護期間が5年、10年と長期化すればさらに出費が膨らんでいきます。

ただ、介護保険にも、医療保険の高額療養費制度と同様の「高額介護サービス費」という制度がありますし（左下の図参照）、所得が低い人には介護施設に入所する際の負担を軽減するための「介護保険負担限度額認定制度」などもあります。

介護費は意外に高くつく

介護に要した費用（月額）は…

平均8.3万円／月

公的介護保険の自己負担分を含む費用です。全体の3割が月額5万円未満ですが、最多は15万円以上で16％でした。

介護を行った場所別で見ると…

在宅介護→平均4.8万円／月

施設介護→平均12.2万円／月

施設での介護は在宅の2倍以上お金がかかっています。

介護に伴う一時的な費用は…

平均74万円

バリアフリー化などの住宅改修は介護保険を利用すれば費用の一部を負担してもらえます。支給額は20万円を上限として、実費の1～3割（所得で異なる）が自己負担になります。

（上記はいずれも（公財）生命保険文化センター「令和3年度生命保険に関する全国実態調査」による）

CHECK!

高額介護サービス費とは

介護サービスを利用した際に、1ヵ月に支払った自己負担分が一定の限度額を超えた場合、その分が払い戻される制度です。負担の上限額は年収などで決められていて、一般的な所得の人（年収約770万円未満）なら、月額4万4400円を超えた額が払い戻されます。

年収の区分	負担の上限額（月額・世帯）
年収約1,160万円～	14万100円
年収約770万～約1,160万円	9万3,000円
年収約770万円未満	4万4,400円
住民税非課税世帯	2万4,600円

15 介護施設に入るにはいくらかかるか

↓月々の費用は数万～数十万円。多額の入居一時金がかかる場合も

公営施設なら費用は安く済むが…

自宅での介護が困難になったときは、介護施設に入ることも考えなくてはなりません。

介護施設には公的介護保険制度の施設（公営）のほかに民間が運営するものがあり、入居対象者や利用目的、サービス内容などの違いから様々な形態があります。左図は主な介護施設の概要と費用です。

費用は、初期費用として入居時にまとめて支払う一時金などと、居住費や食費、介護サービス費などを合わせた月々にかかる費用があります。

公営の特別養護老人ホーム（特養）は初期費用がかからず、月額費用も他の施設よりも安いので入所希望者が多く、順番待ちのこともあります。

病院で治療を受けて退院した人が、リハビリや日常生活のサポートを受けながら自宅へ戻ることを目指す、介護老人保健施設（老健）も、低額で利用できる公的施設です。

一方、民間の場合は、施設の規模や設備、スタッフや看護師の体制、費用などが大きく異なります。介護の必要性が低ければ、サービス付き高齢者向け住宅など比較的安価な施設もありますが、ハイクラスな介護付き有料老人ホームなら入居一時金だけで1千万円以上も珍しくありません。

施設選びは、要介護状態や利用目的、年金額や貯蓄額などの予算に合わせて、慎重に比較・検討することが大切です。

介護施設には公営と民間がある

公 公営　民 民間

特別養護老人ホーム〈特養〉 公

初期費用	月額費用
0円	5万〜15万円

・介護保険が適用される公的介護保険の施設（介護老人福祉施設）
・入居一時金などの初期費用はかからず、月額費用も安い
・入所待ちが多いため入所までに時間がかかることもある

介護老人保健施設〈老健〉 公

初期費用	月額費用
0円	8万〜25万円

・病院を退院した人が家庭復帰を目指すためにリハビリを受けるなど自立のために入所をする公的介護保険の施設。入所できるのは3ヵ月または6ヵ月
・要介護認定を受け、入院の必要がない人が入所対象

ケアハウス〈軽費老人ホームC型〉 公 民

初期費用	月額費用
数十万〜数百万円	10万〜20万円

・厚生労働省の認可を受けて、低額でサービス提供する軽費老人ホームの一種
・月々にかかる費用は有料老人ホームよりも安く済む。保証金、入所一時金といった初期費用がかかる場合がある

介護付き有料老人ホーム 民

初期費用	月額費用
0〜数百万円	15万〜30万円

・民間が運営する有料老人ホームの1つ
・食事、入浴、排泄などの介護サービスや機能訓練が受けられる
・公的施設の特養や老健と比べて費用が割高

住宅型有料老人ホーム 民

初期費用	月額費用
0〜数百万円	15万〜30万円

・民間が運営する有料老人ホームの1つ
・入居対象は要介護者をはじめ、それほど介護を必要としない高齢者、自立した高齢者など
・食事の提供や掃除などが受けられる

サービス付き高齢者向け住宅〈サ高住〉 民

初期費用	月額費用
0〜数十万円	10万〜30万円

・入居対象は自立した生活が可能な、介護の必要のない高齢者
・バリアフリー住宅で、安否確認や生活相談などのサービスを提供
・住宅型有料老人ホームと似ているが、費用はこちらが若干安い

グループホーム 民

初期費用	月額費用
0〜数十万円	15万〜数十万円

・認知症の高齢者を入居対象とし、比較的小規模で自宅に近い環境の介護施設
・介護保険上、地域密着型サービスの提供の場であるため、施設のある自治体の居住者が対象

要介護度や部屋の種類、
サービス内容などで
費用は大きく変わる！

生命保険は保障の見直しが必要か

↓子どもの独立後は解約や保障額の減額などを検討する

払済保険への変更も選択肢

生命保険は、一家の大黒柱が亡くなったとき、のこされた家族の暮らしを守るためのものです。したがって、子どもが成人して働き始めれば、教育費や養育費を保険で備える必要はなくなります。

また、のこされた配偶者の生活費が年金や貯蓄などでまかなえるなら、大きな保障は必要なくなります。

50歳代で子どもが経済的に独立したときは、生命保険を見直すタイミングです。

死亡保障が必要なければ、その保険を解約しましょう。その場合、医療特約などもなくなってしまう点には注意が必要です。

死亡保障が多すぎる場合は、死亡保険金の額を減額することも考えられます。のこされた配偶者に必要な生活費を見積もって、そこから年金や貯蓄額を差し引いて不足が出れば、それを保険でまかなえばいいでしょう。

いま入っているのが終身保険など解約返戻金のある保険なら、払済保険《はらいずみほけん》にする方法もあります。これは保険料の払い込みをやめて、その時点で受け取れる解約返戻金を保険料にあてる形で、保障額を下げて保険契約を継続する制度です。

保険を見直して、支払う保険料を軽減できれば、家計の負担が減り、その分のお金を老後資金づくりのための貯蓄や運用に回すことができます。

子どもが独立したら保険を見直すべき

自分が50歳代で…

子どもが経済的に独立している

▼

生命保険を見直す!

子どもが経済的に独立していない

▼

教育費や養育費が必要なため一定の保障の継続が必要

解約する

解約返戻金の有無や額、失う保障の内容やリスクを確認して検討する

死亡保障を減額する

のこされた配偶者に必要な生活費 − 年金や貯蓄額 = 不足分が適正な保険金額

→減額により保険料が軽減

払済保険に変更する

保険料の払い込みを中止し、解約返戻金を保険料として、同じ保険期間、種類の保障額の低い保険に変更

保険料が軽減した分は、老後資金づくりの運用や、病気・介護などの保険への切り替えにあてられる

払済保険をもっとよく知る

- 払済保険とは、現時点で受け取れる解約返戻金※などを保険料にあてて、同じ期間、同じ種類の保険(または養老保険)に変更できる制度。
- 保険金額は変更前より少なくなる。
- 終身保険など解約返戻金のある保険のみに利用できる(定期保険、収入保障保険などは払い済みにできない)。
- 解約返戻金が少ない場合は変更できないことがある。
- リビングニーズ特約以外の特約は消滅する。
- 予定利率の高かった頃に加入した終身保険を解約したくない場合などに適している。

※保険契約を解約したときに契約者に払い戻されるお金。解約の時期によって金額は異なる。

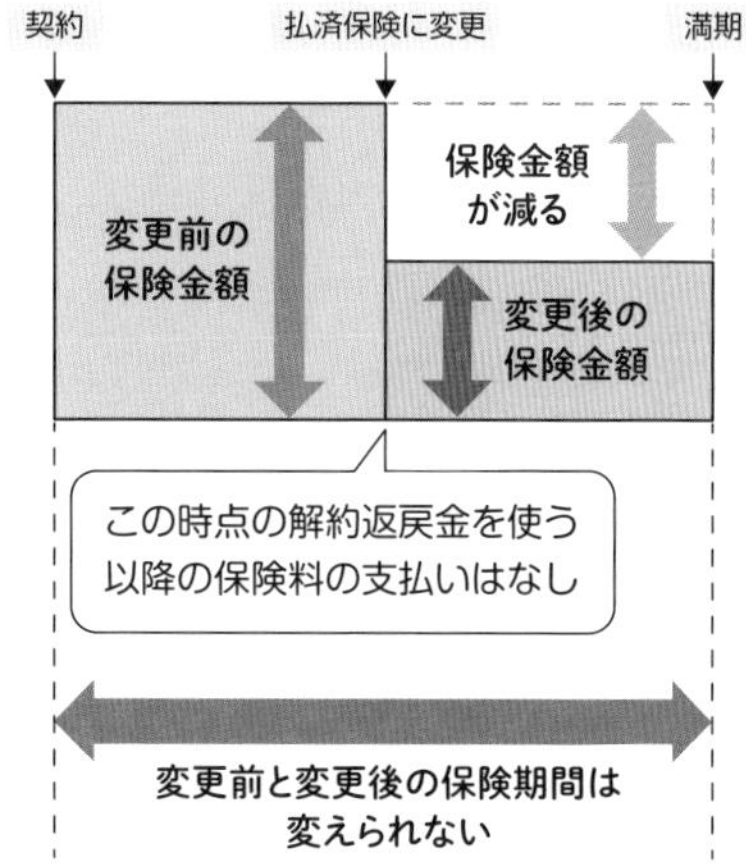

17 民間の医療保険、介護保険に入るべきか

↓お金の心配があれば検討の余地あり。ただ保険料に注意

民間の医療・介護保険に入るなら…

高齢になると、病気やケガで入院したり通院したりすることが増えますが、公的医療保険によって医療費の自己負担は最大3割で済み、1ヵ月の自己負担額が上限額を超えたら払い戻しが受けられる高額療養費制度もあるので、**医療費の負担が定年後の家計を圧迫する心配はあまりありません。**

入院中の食事代や、自分で希望して利用する差額ベッド代など公的医療保険の対象とならない費用に備えて**民間の医療保険に加入している**方は保障の内容を保険証券などで確認しておきましょう。

医療保険に加入していない、加入しているけれど保障額が少ないという場合は、新たに医療保険に加入することも考えられますが、50歳代で加入すると**保険料はかなり高く**なります。

それが終身払いだと、年金生活に入った後も保険料を払い続けなければならないので、50歳代で医療保険に加入するなら保障額を最小限に抑えましょう。貯蓄が十分にあれば、保険ではなく貯蓄で医療費に備えることもできます。

介護が必要になったときに備える**民間の介護保険**もあります。要介護2あるいは3になったときに、一時金または年金、あるいはその両方が支払われるのが一般的ですが、保険商品によって保障内容や保険料がかなり違うので、利用する場合はよく比較して、**保険料が高すぎないものを選ぶ**ことが大切です。

50歳代で医療保険は入ったほうがいいか

医療保険に入るメリットは?

- 中高年の死因で多い三大疾病(がん、心疾患、脳血管疾患)や生活習慣病の医療費負担に対応できる

一方、デメリットは?

- 保険料は若い世代よりもかなり割高になる
- 年金生活に入っても保険料を払い続けることになる

どんな人が医療保険への加入を検討するべき?

- 将来、病気で入院したとき手厚いケアを受けたい人
- 健康に不安がある人(病気になってからの保険加入はできない)

終身医療保険か定期医療保険か?

- 終身タイプは一生涯の保障契約。保険料は割高だが始めから終わりまで変わらない
- 定期タイプは10年など決まった期間だけの契約。保険料は更新の際に高くなる

そもそも医療保険はどんなもの?

- 医療保険の多くは主契約が入院給付金(または手術給付金など)になっている。これに三大疾病特約や先進医療特約、がん特約などの特約を上乗せしてつける
- 病気やケガによる入院に対して1日いくらという形で入院給付金が支払われるのが一般的。所定の病気と診断されたときに一時金が支払われるタイプもある

公的介護保険と民間の介護保険は何が違うか

公的介護保険	民間の介護保険
40歳以上になると強制加入	加入は任意
介護サービスなどの現物で支給される	現金で支給される(一時金または年金)使い道は介護費用に限らず自由
給付額には要介護度ごとに上限額がある	給付額の設定は任意
保険料は社会保険料控除となり所得から全額控除される	保険料は介護医療保険料控除が受けられる(所得税で最高4万円、住民税で最高2万8,000円の控除)

Part 2

18

住宅のリフォームにはいくらかかるか

↓機器類の買い換えやバリアフリー化に数百万円程度

㊎家の中で快適、安全に過ごすために

定年後の大きな支出の1つに、住まいのリフォームにかかる費用があります。とくに一戸建ては、築後数十年を経ると屋根や外壁、天井、壁、床など**建物自体が劣化**し始めます。また一戸建てでもマンションでも、キッチンや給湯器、便器、風呂、空調設備などの**機器類が故障**したり使い勝手が悪くなったりするものです。

劣化や故障以外にも、高齢になってから家の中で快適に、安全に暮らせるように、トイレや浴室、階段、廊下、玄関などを**バリアフリーにする工事**を行うこともあるでしょう。

では、こうした改修にはいくらかかるのでしょうか。例えば、一戸建ての耐震工事や外壁工事は百万円単位の費用がかかることも珍しくありません。一方、トイレや洗面、キッチンなど個別の機器にかかる費用は、グレードなどにもよりますが数十万円程度で済みそうです。

国土交通省の「建築物リフォーム・リニューアル調査（2021年度）」によると、一戸建て住宅の個別工事は「**50万円未満**」が**8割以上と最も多く**、300万円未満までで9割以上を占めるので、よほどグレードの高いリフォームでなければ、費用は数百万円程度で収まりそうです。

なお、高齢者が住みやすくするための住宅改修は、**自治体が助成金の対象としているケース**もあるので調べて活用するとよいでしょう。

バリアフリー化で快適・安全に

手すりの設置
1本 3万円程度

トイレ、浴室、廊下、階段、玄関から外に続くアプローチなどに設置

段差の解消
1カ所 5～10万円

トイレ、浴室、廊下、室内など。玄関などの高い段差には踏み台やスロープを設置

床をすべりにくくする
1面 10～20万円

トイレ、浴室、廊下、階段、室内などをすべりにくい床材に変更

扉やドアの改修
1カ所 10～20万円

開き戸から引き戸、折れ戸に変更

トイレのバリアフリー化
数十万円～

和式から洋式に交換。介助が必要な場合はスペースを広げる

浴室のバリアフリー化
数十万円～

暖房乾燥機を取りつける。介助が必要な場合はスペースを広げる

バリアフリー化には公的介護保険が使える場合も！

要支援や要介護の認定を受けている人が暮らしやすいようにバリアフリー化などの住宅改修を行う場合、介護保険から助成金が支給されることがあります。

制度の対象になると、工事費用の7割～9割が補助され、最高20万円を上限として支給されます。

申請する場合は、市区町村の担当窓口やケアマネージャーに相談しましょう。

東京都墨田区の場合

〈対象者〉65歳以上で住宅の改修が必要な方
- 予防改修助成：介護保険の要介護認定が「非該当」、または認定を受けていない未申請の方
- 設備改修助成：介護保険の要介護認定が「要支援」または「要介護」の方

〈対象となる工事〉
- 予防改修助成：手すりの取付け、段差の解消(浴槽の取替えを含む)、床材の変更、扉の取替え、洋式便器へ取替え
- 設備改修助成：浴槽の取替え、流し台・洗面台の取替え、洋式便器に取り替え

〈助成内容〉

改修工事に要した費用のうち20万円を限度に助成
※設備改修助成は工事内容により介護保険住宅改修費支給と併用が可能

〈利用者の負担金〉

費用の１割、２割または３割を負担（限度額を超えた分は本人負担）

Part 2

19

趣味やレジャーにはいくらかかるか

↓自分の楽しみのために優先的にお金を使いたい人は多い

㊩定年後のお金は計画的に使おう

定年後は、それまでの仕事時間が余暇となり、自分の楽しみに使える時間が増えるため、趣味やレジャー、旅行などにかけるお金も結構な支出になるものです。とくに定年後間もなく、**老後資金もまだ余裕があるうちは**、夫婦で長期の海外旅行へ出かけたり、高級品やブランド品をプレゼントし合うなど大きな出費もありがちです。

旅行のほかにもコンサートや観劇、スポーツ、習い事に出費が重なることもあるでしょう。外食の機会が増えたり、友人知人との交際費がかかったりすることもあるかもしれません。

左図に掲げた内閣府による調査では、60歳以上の人が趣味やレジャーにかける費用は「過去1年間の大きな支出項目」の第5位、また「今後、優先的に使いたい支出項目」では第1位と、いずれも高い割合を示しています。

趣味やレジャーは定年後の生活を充実させるのに欠かせないものではありますが、**費用をかけすぎると家計の負担となります。**

無計画にお金を使っていると、老後資金が尽きることにもなりかねません。そうならないために、**費用を見積もって予算化しましょう。**

例えば、コンサートや旅行は1回いくらまでで、年何回、1カ月の交際費はいくらまで、などと決めて、それ以上にならないようにすることが大切です。

定年後は趣味やレジャーを楽しみたい

●60歳以上の高齢者の「過去1年間の大きな支出項目」（複数回答・一部抜粋）

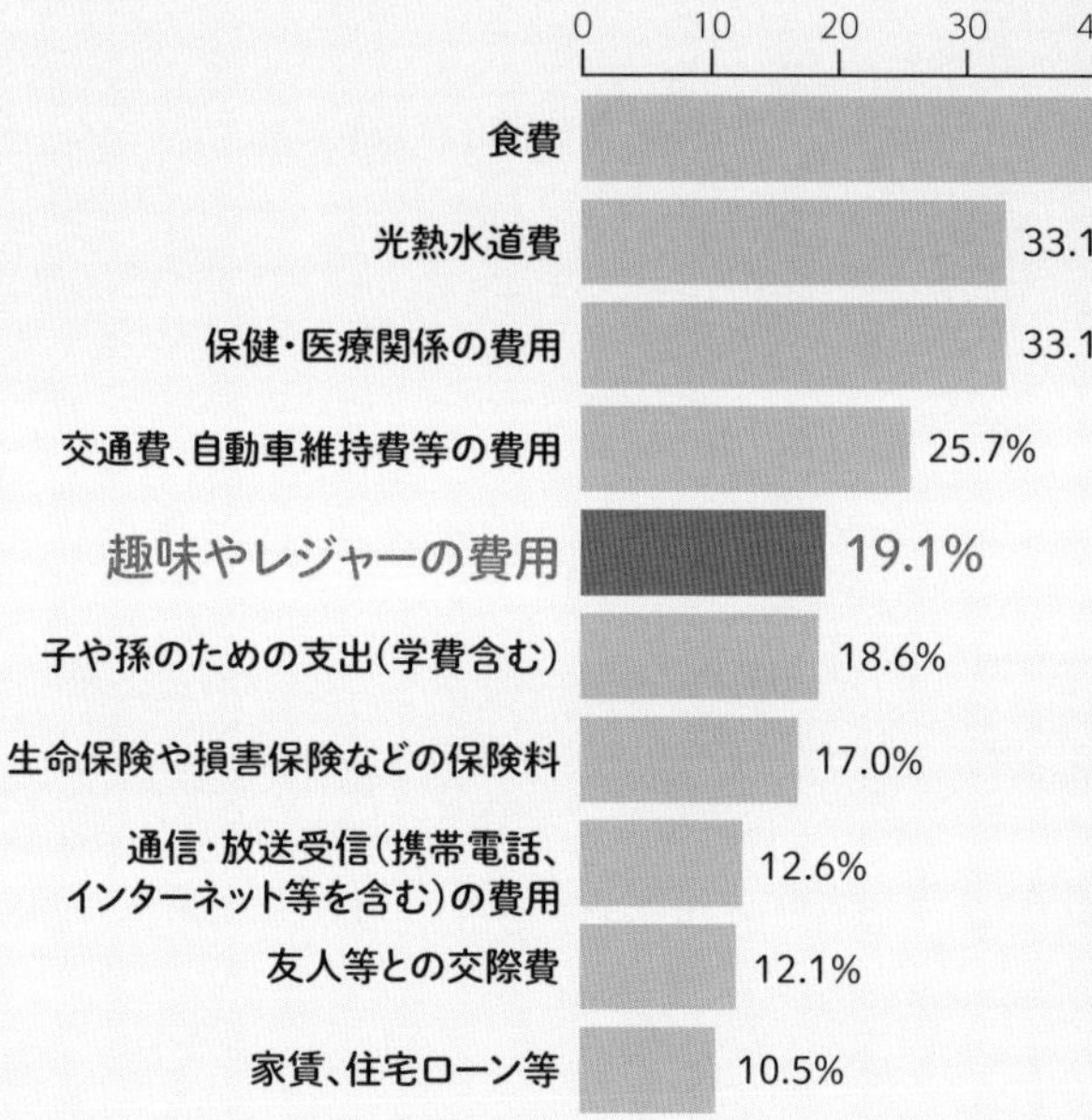

●60歳以上の高齢者の「今後、優先的に使いたい支出項目」（複数回答・一部抜粋）

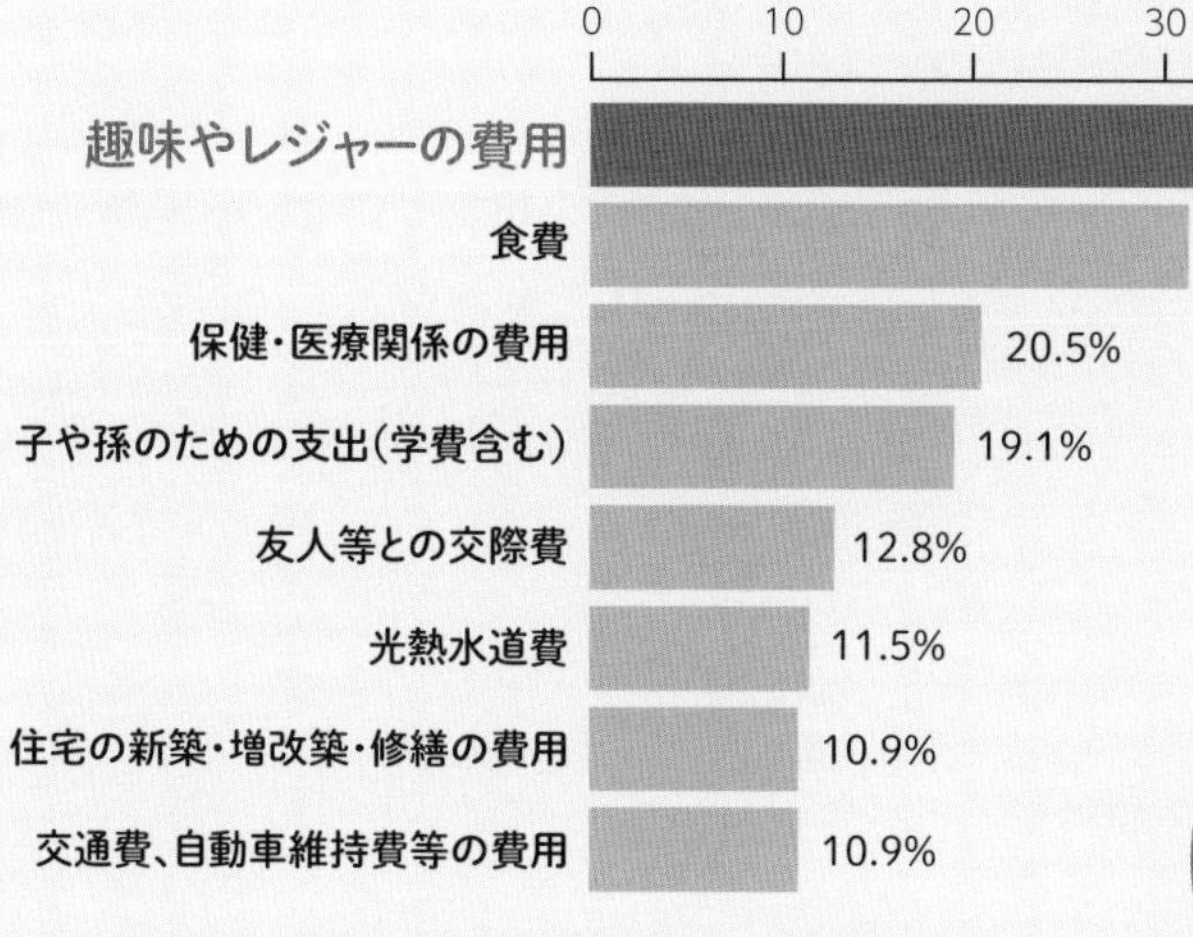

（出所：内閣府「令和元年度　高齢者の経済生活に関する調査結果」）

Part 2

20

子どもへの資金援助はいくらかかるか

↓学資や住宅取得資金の援助は節度をもって。贈与税にも注意

㊎贈与税は年110万円以下なら非課税

毎年ニュースで話題になる〝ラン活〟。ランドセルは祖父母から孫へのプレゼントの定番で、高価なものは10万円超になることも。出産祝いや七五三、入園・入学祝い、外食費にお小遣いと、身内にはついサイフのひもがゆるくなりがちです。

また、子どもが結婚する、マイホームを取得するとか、孫の学資がかかるといった話を聞けば、頼まれなくてもいくらか出してあげたいと考えるのが親心。とくに定年で得た退職金が十分に残っているうちなどは、気前よくまとまった金額を用立てたいと思うのも無理はありません。

ただ、定年後、年金生活になれば、まず優先すべきは自分たちの将来に必要なお金の確保です。とくに孫にはお金を使いがちなので、1ヵ月にいくらまでというように予算を決めて、それ以上の出費はしないようにします。

子どもに対してまとまった資金を出すときは、老後の収入と支出を試算して、自分たちの生活に支障をきたさない金額にとどめましょう。

子どもへの資金援助で気をつけたいのは贈与税です。子や孫に日常の生活費やお小遣い、教育費などを渡す場合は贈与にはなりませんが、生活費・教育費以外に多額のお金を与えると贈与と見なされます。1人の人が、1年間に110万円※を超える贈与を受けると、超えた部分に贈与税がかかるので注意が必要です。

※暦年（その年の1月1日～12月31日）での合計額。

子どもや孫のためにお金を使いたい

子どもに
結婚資金や
マイホーム取得資金を
援助したい…
孫の出産祝いや
七五三、入園・入学祝いの
援助も…
BALL

●孫のためなら祖父母のサイフもついゆるみがち…

Q: 孫のどんなことにお金を使った?

お小遣い・お年玉・お祝い金	67.2%
一緒に外食	43.5%
おもちゃ・ゲーム	39.9%
衣類などファッション用品	30.8%
本・絵本	26.9%

（複数回答）

Q: 1年間で孫のためにいくら使った?

5万～10万円未満	22.1%
3万～5万円未満	21.4%
10万～20万円未満	15.0%

平均額は11万9,413円

（出所：ソニー生命「シニアの生活意識調査 2022」）

●子どもや孫への資金援助は贈与税がかかることも

贈与税には2つの納税方式がある

暦年課税

➔1年間に贈与を受けた財産に課税する方式

年間110万円以下は非課税

贈与税額の計算方法

（1年間に贈与を受けた財産の合計額 － 基礎控除額110万円）× 税率（10%～最高55%）＝ 贈与税額

相続時精算課税

➔贈与者、受贈者について一定の要件を満たす場合に選べる課税方式

贈与税額の計算方法

- 贈与時に低率の贈与税を支払う。2,500万円までの特別控除額（非課税）あり。税率は一律20%。年間110万円の基礎控除額あり（2024年贈与分より）
- その後、贈与者の死亡時に、相続財産にその贈与財産を加えて相続税額を計算し、支払い済みの贈与税額を控除する

Part 2

21

葬儀代やお墓代はいくらかかるか

↓一般葬を行い、お墓を建てるには合計200万円以上かかる

終活費用は結構な金額がかかる

自分が亡くなった後、お葬式やお墓にかかる費用も、定年後の大きな支出の1つです。のこされた家族になるべく負担をかけないためには、いくらくらい用意しておけばいいでしょうか。

葬儀にかかる費用には、①通夜や葬儀、告別式の催行などにかかる費用、②会葬者へ出す飲食や返礼品などにかかる費用、③読経料、戒名料など宗教者へのお布施などがあります。

このうち①と②は形式や規模、地域などによって差がありますが100万～100数十万円程度が相場です。③も内容によりけりですが数十万円はかかるのが一般的です。

ただ近年は、家族葬や一日葬といった近親者だけでとり行う形式も増えており、価格も一般的な葬儀と比べて割安で済むようです。

一方、新たにお墓を建てる場合は、墓地の使用権料である①永代使用料のほか、②お墓の石代と加工費、施行費、そして建てた後に毎年かかる③管理費が主な費用です。

①と②は合わせて100万～200万円程度が相場、③は年数千～数万円です。

葬儀やお墓はどのような形にしたいかを考えて、その場合にかかる費用を見積もり、貯蓄から取り分けておくとよいでしょう。

加入している終身保険があれば、その保険金をあてることも考えられます。

葬儀にかかる費用はいくらか

葬儀の催行にかかる費用

- 葬儀の費用
- 棺や祭壇などの費用
- 斎場の利用料、火葬場の利用料
- ほかに霊柩車利用料、ドライアイス使用料、湯灌料　など

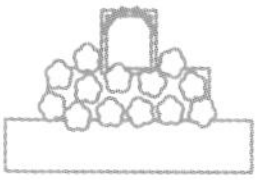

飲食や返礼品にかかる費用

- 通夜振る舞い、料理代
- 会葬返礼品や香典返しの品代　など

合計100万～100数十万円
（葬儀の形式、規模、地域などにより異なる）

宗教者にかかる費用

- 寺院、僧侶へのお布施（読経料、戒名料）
- ほかにお車代や御膳料　など

数十万円
（葬儀の形式、規模、地域などにより異なる）

❗ 近年は家族葬や一日葬など割安に済ませる葬儀も多い

お墓にかかる費用はいくらか

※新たに墓地、墓石を取得する場合

永代使用料

- お墓の「土地」（使用権）を取得するための費用

墓石料

- 墓石自体の費用とその加工費、施行費

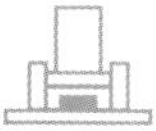

合計100万～200万円程度かかる
（地域、公営か民営か、墓石の種類などにより異なる）

❗ 近年は納骨堂や樹木葬、永代供養墓など一般墓以外も多い

一般葬を行って新しくお墓を建てると200万～300万円か

墓地の管理費

- 墓地の維持や運営にかかる費用
- 承継者が毎年、数千～数万円程度支払う

Part 2

22

高齢単身者の生活費はいくらかかるか

→平均で月14万円強の支出。これを年金や貯蓄でまかなえるか

教養娯楽費、交際費も意外にかかる

ずっとおひとり様の方だけでなく、配偶者がいる方もいつかはどちらかが亡くなって、のこされた方は1人暮らしになります。

高齢になってから1人暮らしをする場合の生活費は、どのくらいかかるのでしょうか。

総務省「家計調査」（2022年）によると、65歳以上の1人暮らし・無職世帯の1ヵ月の平均支出額は14万3139円※となっています。左図はその主な内訳です。最も大きな割合を占めるのが食費で、水道光熱費や交通費、通信費なども結構かかります。住居関連の出費は持ち家か賃貸かで大きく変わってきます。趣味や旅行、レジャーなどに使うお金、冠婚葬祭や周りの人とのつき合いにかかるお金も意外と出ていくものです。

もちろん個人差や地域差はありますが、最低限生活に必要なお金は自分の年金や貯蓄でまかなうことになります。

それで資金が不足するようなら、何らかの形で仕事を続けて収入を得ることも考えなければなりません。

会社員の夫を亡くした妻の場合は、自分の老齢年金や企業年金のほかに、遺族厚生年金を受け取れることが多いでしょう（P106参照）。

とはいえ、2人での生活から1人暮らしになると、生活費は半分より多くなる点には注意が必要です。

※このほかに税金・社会保険料は合計1万2,356円。

65歳以上の単身無職世帯の1ヵ月の支出

食費 3万7,485円

食費の割合が一番高く、総支出の4分の1以上を占める。物価が上がれば食費は高くなるし、外食の機会が増えればさらに支出が増える

その他の支出

服や履物などの被服費や生活日用品費、医療費、クルマを所有していれば税金や保険料、維持費など

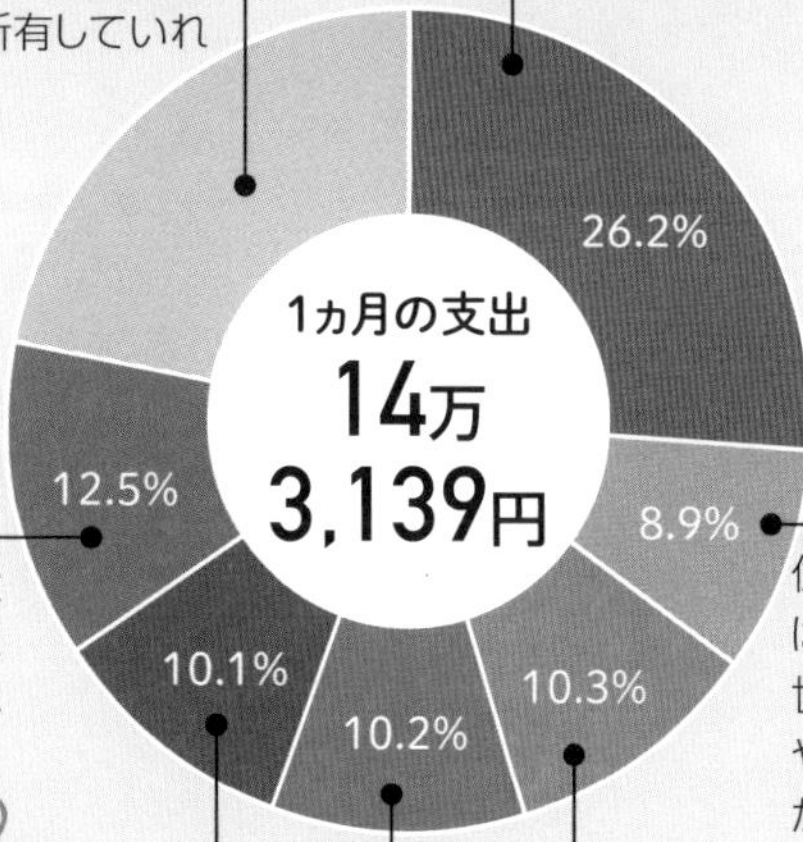

交際費 1万7,893円

冠婚葬祭の出費やご近所、友人との付き合いなどで出ていくお金も意外と多い

住居 1万2,746円

住居費が比較的安いのは1人暮らしでも持ち家世帯の比率が高く、家賃や住宅ローンの支払いが発生しないためと考えられる。賃貸住まいの場合は当然支出は増える

光熱・水道 1万4,704円

水道光熱費は近年上昇傾向にある。10年後、20年後はいま以上に高くなっている可能性が高い

教養娯楽 1万4,473円

自由な時間が増えるため旅行や趣味、習い事などの支出が多くなる傾向がある

交通・通信 1万4,625円

通信費は固定電話、スマホに加えてネット使用料（光回線、プロバイダなど）がかかることも多い

（資料：総務省「家計調査（家計収支編）」（2022年））
※各項目の割合は税金・社会保険料を除いた金額を100%として計算。

Part 2

23

定年後、住宅ローンで苦しまないために

↓繰り上げ返済と借り換えで老後の不安を取り除いておく

定年後もローンの返済が残る人は多い

定年後の支出としてもう1つ気をつけたいのは、住宅ローンです。

定年までコツコツと返済してきたものの、定年時点で住宅ローンの残りが大きいと、年金生活で大きな負担になるものです。

国土交通省の調査によると、住宅ローンは借り入れ期間30年以上、借り入れ額3000万円以上で組む人が多く（左上の図参照）、仮に35歳のときに、35年間・3000万円のローンを組んだとすると、65歳時点でまだあと5年間の返済が残る計算になります。

試算してみると、総額で600万円以上、月額で10万円以上を、65歳以降5年間にわたって支出しなければなりません。これが定年後の年金生活にとって大きな経済的負担になるのは間違いないところです。

できれば、定年までに住宅ローンは完済する、それが無理なら70歳までの返済額をできる限り少なくしておきたいものです。

繰り上げ返済より貯蓄を優先

定年後の住宅ローンの負担を減らす方法として繰り上げ返済があります。毎月やボーナス時の返済とは別に、まとまった資金をローンの元金の返済にあてることによって、元金とそれにかかる利息が軽減されるしくみです。

住宅ローン返済の負担に注意

●住宅ローンは30年以上、3,000万円以上で組む人が多い

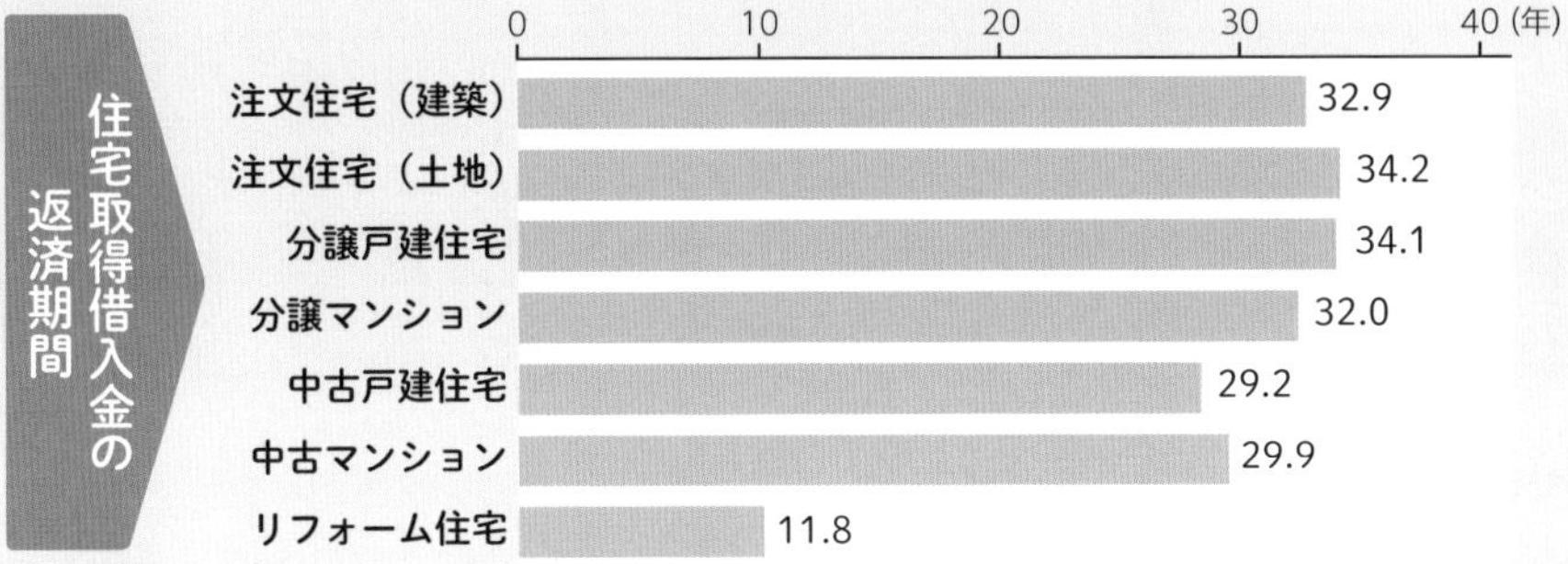

（資料：国土交通省住宅局「令和３年度住宅市場動向調査報告書」より作成）

●定年時点で住宅ローン残高はどれくらい残るか

計算例

●借入額3,000万円、借入期間35年、借入金利2.475%※

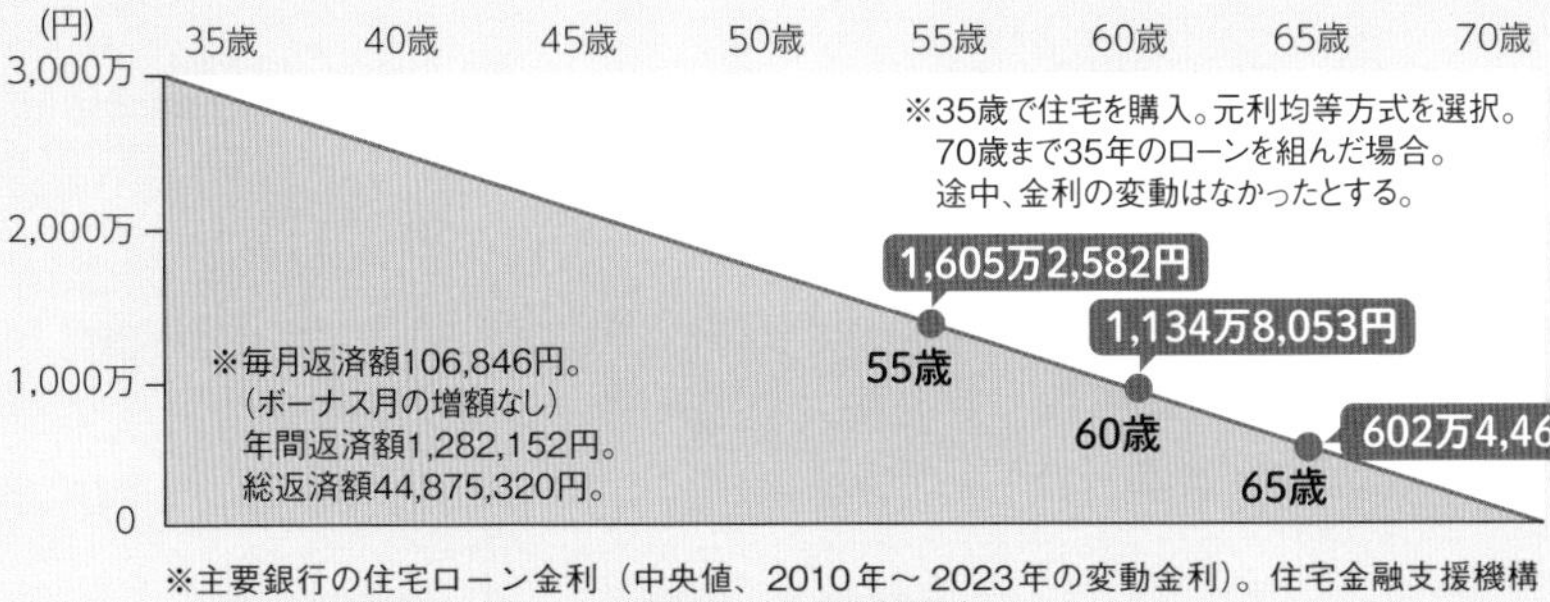

※主要銀行の住宅ローン金利（中央値、2010年～2023年の変動金利）。住宅金融支援機構「民間金融機関の住宅ローン金利推移（変動金利等）」による。

繰り上げ返済によって住宅ローンの負担は軽くなりますが、50歳代で繰り上げ返済をして貯蓄を減らしてしまうと、老後資金の不足につながります。貯蓄は現役時代にしかできないので、50歳代は繰り上げ返済より貯蓄を優先すべきです。

退職金でローンを一括返済しようと考えている人も多いと思いますが、退職金は貴重な老後の資金なので、大きく減らすことは避けたいもの。

定年後に住宅ローンが残る場合は、定年以降も働きながら返済していくのが基本です。定年後の収入が減ってローンの返済が大きな負担になるのであれば、退職金の一部で繰り上げ返済することを考えます。

変動金利型の場合は借り換えも

住宅ローンの金利は低い状態が長く続いており、多くの人は固定金利型より金利の低い変動金利型の住宅ローンを借り入れています。

変動金利型の住宅ローンは半年ごとに金利が見直されますが、毎月の返済額は5年間変わらないため、急激に金利が上昇すると毎月の返済額では払い切れない〝未払い利息〟が生じることがあります。

この利息や返済しきれなかった元本は、返済期間が終わるときに一括して支払わなければなりません。ローンが終わったはずなのに、想定外の支出が生じて、定年後のお金が大きく減ってしまうリスクがあるのです。

それを避ける方法は、固定金利の住宅ローンへの借り換えです。毎月の返済額はアップしますが、その額がずっと変わらないので老後資金の計画が立てやすくなります。

未払い利息の心配もなくなって、定年後の安心につながるといえます。

繰り上げ返済は貯蓄を減らしてしまう

●繰り上げ返済の例

計算例
●50歳で500万円を繰り上げ返済する

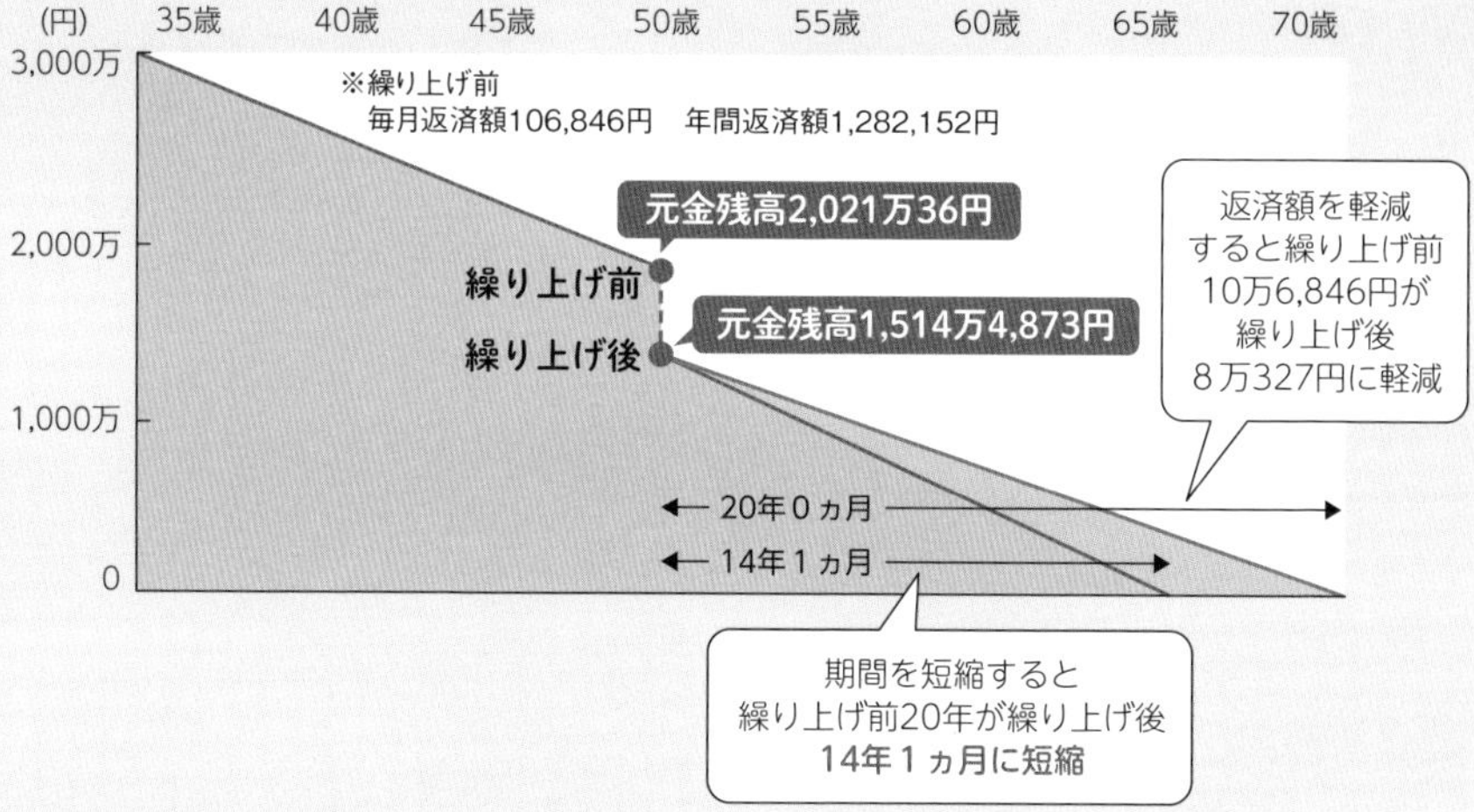

(円)
35歳
40歳
45歳
50歳
55歳
60歳
65歳
70歳
3,000万
2,000万
1,000万
0
※繰り上げ前
毎月返済額106,846円　年間返済額1,282,152円
元金残高2,021万36円
繰り上げ前
繰り上げ後
元金残高1,514万4,873円
返済額を軽減すると繰り上げ前10万6,846円が繰り上げ後8万327円に軽減
20年0ヵ月
14年1ヵ月
期間を短縮すると繰り上げ前20年が繰り上げ後14年1ヵ月に短縮

●変動金利型ローンは金利が上昇すると未払い利息が生じることも

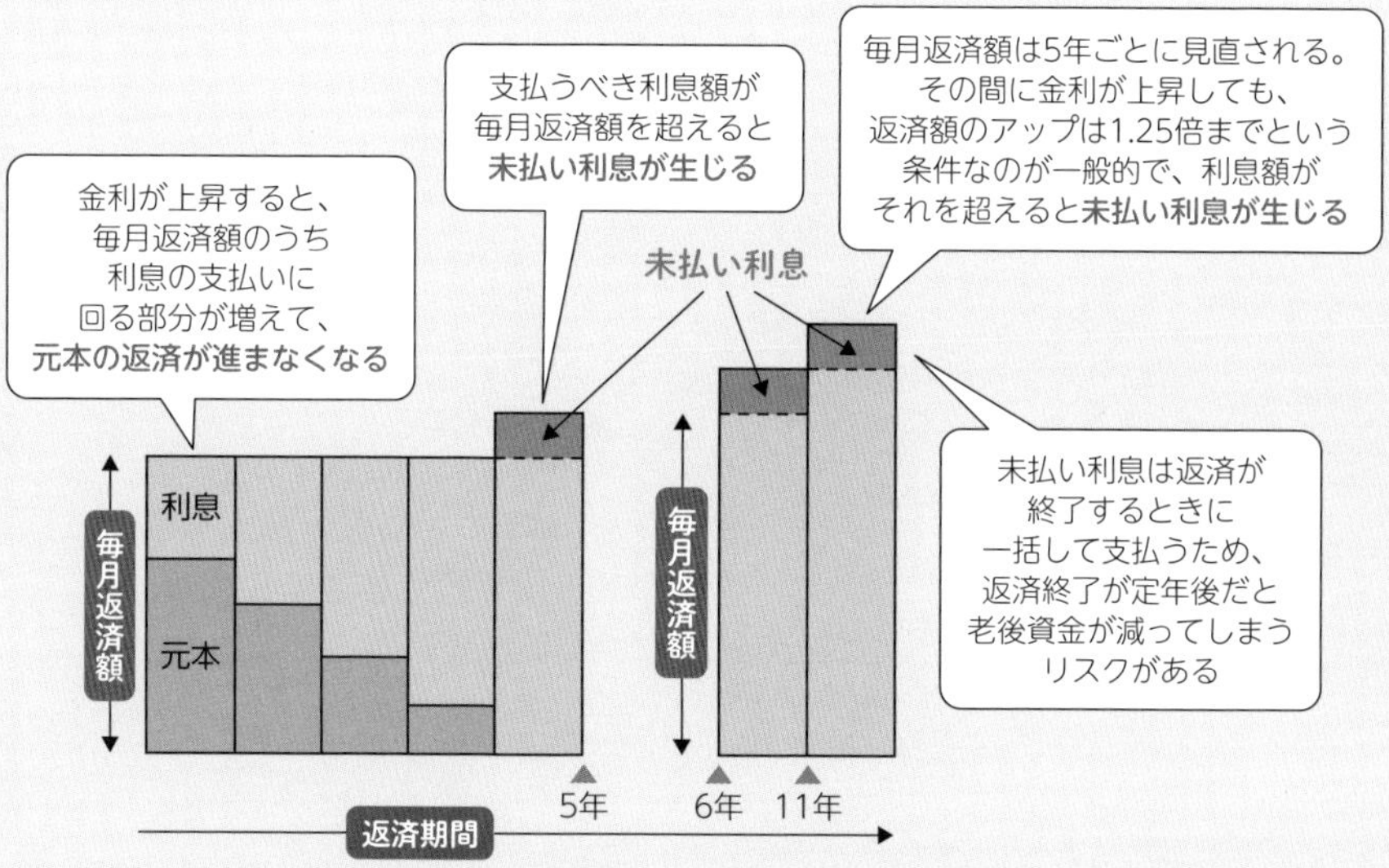

金利が上昇すると、毎月返済額のうち利息の支払いに回る部分が増えて、元本の返済が進まなくなる
支払うべき利息額が毎月返済額を超えると未払い利息が生じる
毎月返済額は5年ごとに見直される。その間に金利が上昇しても、返済額のアップは1.25倍までという条件なのが一般的で、利息額がそれを超えると未払い利息が生じる
未払い利息
利息
元本
毎月返済額
毎月返済額
未払い利息は返済が終了するときに一括して支払うため、返済終了が定年後だと老後資金が減ってしまうリスクがある
5年
6年
11年
返済期間

コラム column

税金がかかる所得は10種類

本文中に「退職所得」「雑所得」などの用語がでてきますが、所得税と住民税では**所得を10種類に分類**しています。下表は主な所得の種類をなじみがある順にまとめたものです。どの所得に分類される収入かによって、**税金の計算方法や税負担の軽重、確定申告の要・不要**などが変わります。

<table>
<tr><th>所得の種類</th><th>収入の例</th><th>特徴</th></tr>
<tr><td>給与所得</td><td>給料、賞与など</td><td>一定の給与所得控除がある。他の所得と合算する「総合課税」</td></tr>
<tr><td>利子所得</td><td>預貯金・公社債などの利子、公社債投信の分配金など</td><td rowspan="2">他の所得と分離して源泉徴収される「源泉分離課税」。税率20.315%</td></tr>
<tr><td rowspan="3">配当所得</td><td>上場株式等の配当</td></tr>
<tr><td>株式の配当金、投資信託の分配金などで総合課税を選択したもの</td><td>借入金がある場合はその利息を差し引いて計算。総合課税</td></tr>
<tr><td>株式の配当金、投資信託の分配金などで申告分離課税を選択したもの</td><td>他の所得と分離して確定申告が必要な「申告分離課税」。税率20.315%</td></tr>
<tr><td>退職所得</td><td>退職一時金、企業年金の一時払い金など</td><td>退職所得控除を差し引いた上、2分の1を掛ける計算で税負担が軽くなる。申告分離課税</td></tr>
<tr><td rowspan="3">譲渡所得</td><td>ゴルフ会員権・金地金・機械などの譲渡による所得</td><td rowspan="2">動産と不動産、保有期間5年超の長期譲渡と5年以下の短期譲渡で税率が異なる。申告分離課税</td></tr>
<tr><td>土地・建物・借地権などの譲渡による所得</td></tr>
<tr><td>株式などの譲渡による所得</td><td>申告分離課税。税率20.315%</td></tr>
<tr><td>不動産所得</td><td>マンション・駐車場の賃貸料など</td><td rowspan="2">収入金額から必要経費を差し引いて計算。総合課税</td></tr>
<tr><td>事業所得</td><td>商業・工業・農業・漁業・自由業などの自営業から生じた所得</td></tr>
<tr><td>一時所得</td><td>満期の保険金・懸賞の当せん金・馬券の払戻金など</td><td>2分の1を掛ける計算などで税負担が軽くなる。総合課税</td></tr>
<tr><td rowspan="2">雑所得</td><td>公的年金等</td><td>一定の公的年金等控除がある</td></tr>
<tr><td>原稿料・講演料その他、他の所得にあてはまらないもの</td><td>収入金額から必要経費を差し引いて計算。総合課税</td></tr>
<tr><td>山林所得</td><td>山林の伐採や譲渡による所得</td><td>特殊な計算で税負担が軽くなる</td></tr>
</table>

Part 3

知ってトクする年金の知識

知ってトクする年金の知識

定年後の生活を支える収入の柱が公的年金です。制度のしくみや、もらえる額の確認方法、有利な受け取り方などを見ていきます。

会社員がもらえる
年金額を増やす
方法は？

→ P.112

老齢基礎年金
のみの平均受け取り
月額は約5万6,000円

→ P.82

老齢厚生年金
の平均月額は
約14万6,000円

→ P.80

定年後に
働き過ぎると
年金が減らされる
ケースも

→ P.102

ねんきん定期便、
ねんきんネットは
必ず内容を
確認しておくべき

→P.88・92

年金を
70歳から
受け取ると
もらえる額が
4割以上増える

→P.94

年金を
60歳から
受け取ると
4分の1も
減額される

→P.98

遺族厚生年金は
配偶者の
老齢厚生年金の
4分の3の額

→P.106

生涯の
平均年収と勤続年数で
おおよその
年金受給額がわかる

→P.86

Part 3

24

公的年金制度で知っておきたい基礎知識

↓自分が加入する年金と、将来いくらもらえるかを知る

㊎厚生年金保険料は会社と折半で支払う

定年後、多くの人にとって生活を支える主な収入は公的年金になります。この章では、制度のしくみや、もらえる年金額の確認方法、年金額のシミュレーション、有利な受け取り方、税金や社会保険料などについて見ていきます。

公的年金には20歳以上のすべての人が加入する国民年金（基礎年金）と、会社勤めの人や公務員が加入する厚生年金保険があることはご存知でしょう。公的年金制度はこの2つの年金からなる2階建てとなっています。

このほかに私的年金と呼ばれる企業年金などがあるため、年金制度全体で見た場合は3階建てとなっています（左図参照）。

国民年金の加入者（第1号被保険者）は毎月の保険料を全額自分で負担します。厚生年金の加入者（第2号被保険者）は会社と折半して負担し、自分の負担分は毎月の給料から天引きされます。第2号被保険者に扶養されている配偶者など（第3号被保険者。年収130万円未満）は保険料を支払う必要はありません。

国民年金の保険料は月額1万6592円（2023年度）。ただし物価や実質賃金を反映して毎年変わります。

厚生年金の保険料は、毎月の給与や賞与を一定額ごとに区分した標準報酬月額・標準賞与額に18・3%を掛けたものとなります。保険料は勤務

公的年金制度は2階建てになっている

●公的年金に加えて私的年金で上乗せ

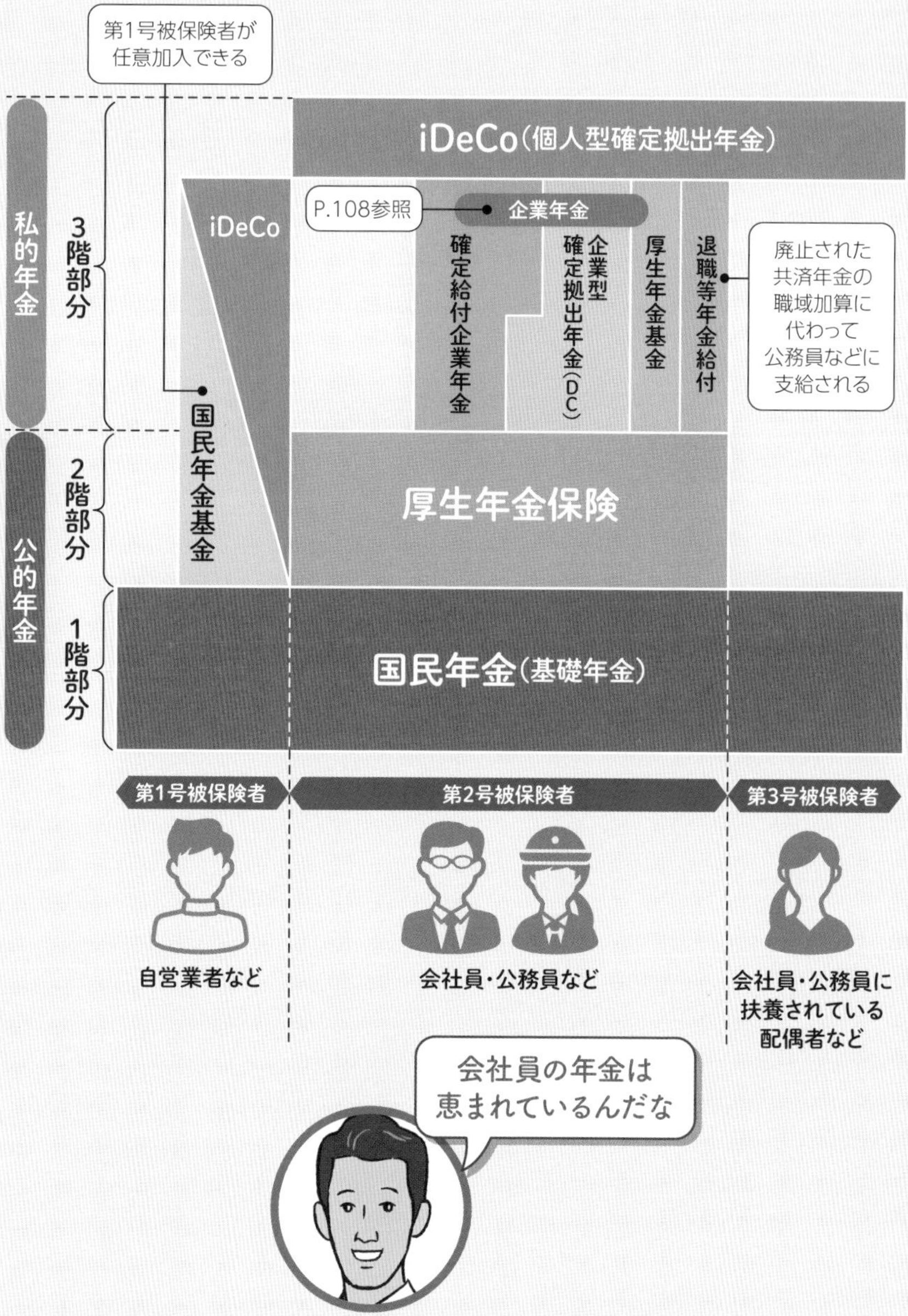

先と半分ずつ負担するので、本人の負担率は9・15%です。給与・賞与の額が変われば、保険料も変わることになります。

老齢厚生年金の平均月額はいくらか

公的年金制度に加入後、一定の要件を満たすと、原則65歳から老齢年金が一生涯受け取れます。

国民年金の加入者は老齢基礎年金を、厚生年金保険の加入者は老齢基礎年金に加えて老齢厚生年金がもらえます（左上の図参照）。

気になる受給額ですが、老齢基礎年金は加入期間1ヵ月あたりいくらという形で決まります。加入期間は最長40年（480ヵ月）で、保険料を40年間完納した場合で、年額79万5000円（2023年度。満額）、月額換算で6万6250円です。ただしこの金額も、物価や実質賃金を反映して毎年見直されます。

老齢厚生年金の額は、厚生年金に加入していた月数と、その間に受け取った給与・賞与の平均（平均標準報酬額）によって決まります。加入期間が長いほど、またその間に受け取った給与・賞与が多いほど受け取れる年金額が多くなるわけです。

会社勤めをしたあと、結婚して専業主婦になった場合だと、勤めていた期間分の老齢厚生年金・老齢基礎年金と、専業主婦の期間分の老齢基礎年金を受け取ることになります。

厚生労働省の調査※によれば、老齢厚生年金の平均月額は約14万6000円となっています（老齢基礎年金を含む）。

自分が受け取れる年金額は、日本年金機構から年に一度送られてくる「ねんきん定期便」や、同機構が運営する「ねんきんネット」で確認することができます（P88・92参照）。

※厚生労働省「令和3年度　厚生年金保険・国民年金事業の概況」による。

公的年金と私的年金の中身を知っておく

●国民年金（基礎年金）と厚生年金保険を比べてみる

国民年金（基礎年金）		厚生年金保険
●基礎年金として20～60歳のすべての人が加入する ●自営業者など（第1号被保険者） ●会社員や公務員に扶養されている配偶者など（第3号被保険者）	加入する人	●会社員や公務員など（第2号被保険者）
●第1号被保険者は加入者自身が全額負担 ●月額1万6,520円（2023年度） ●第3号被保険者の保険料は第2号被保険者全体で負担	保険料の支払い	●勤務先の会社と加入者が折半して負担
●老齢基礎年金※を原則65歳から受け取る	受給する年金の種類	●老齢厚生年金を原則65歳から受け取る（老齢基礎年金を含む）
●加入期間に応じて一律 ●満額で年額79万5,000円（2023年度）	受給する年金額	●加入期間中の所得額や加入期間の長さによる

※老齢基礎年金は国民年金加入者（第１号被保険者）、厚生年金保険加入者（第２号被保険者）、第２号被保険者に扶養される配偶者（第３号被保険者。年収130万円未満）のいずれにも一定の要件を満たせば支給される。

●公的年金に上乗せされる様々な私的年金

企業年金	確定給付企業年金	会社が社員の掛金を負担し、運用も行う
企業年金	企業型確定拠出年金（DC）	会社が社員の掛金を負担し、運用は社員が行う
企業年金	厚生年金基金	会社が厚生年金保険の一部を代行する。掛金を負担し、運用も行う
	iDeCo（個人型確定拠出年金）	加入は任意。自分で掛金を負担し、運用も行う
	国民年金基金	自営業者などが任意で加入でき、年金を上乗せするための制度

Part 3

25

自分がもらえる年金額はいくらか

↓年金額を決める計算式はとても複雑にできている

老齢基礎年金の受給額の計算は

では実際に、自分が将来もらえる年金額はいくらになるのか、どのように計算されるのかを見ていきましょう。

なお、国民年金に加入している自営業者などは将来、老齢基礎年金を受け取りますが、厚生年金に加入している会社員などは国民年金（基礎年金）にも加入しているため、老齢基礎年金に老齢厚生年金を加えた金額を受け取ります。

老齢基礎年金の計算式は次の通りです。

〈その年の老齢基礎年金の満額×（保険料納付済み月数÷480ヵ月）〉

この老齢基礎年金の「満額」というのは毎年変わります。

例えば2023年度は年間79万5000円（月額6万6250円）となっていますが、その前年は年間77万7800円で、前々年は78万900円でした。

この計算式を用いて、例えば学生時代や転職中に保険料の未納期間があり、納付済み月数が430ヵ月だったら、〈79万5000円×（430ヵ月÷480ヵ月）〉＝年間71万2187円となります。

計算方法はこのようになっていますが、では実際に、いま国民年金（老齢基礎年金のみ）を受け取っている人はいくらもらっているかというと、平均受け取り月額は約5万6000円※（令和3年

※厚生労働省「令和3年度　厚生年金保険・国民年金事業の概況」による。

老齢年金はどうやって計算されるか

●老齢基礎年金の計算式は

その年の老齢基礎年金の満額 × **(保険料納付済み月数÷480ヵ月)**

- 保険料を40年間払い込むと老齢基礎年金は「満額」受給できる
- この額は前年の物価や賃金などをもとに毎年変更される

- 保険料納付済み月数は「ねんきん定期便」(P.88参照)や「ねんきんネット」(P.92参照)などで確認できる
- 保険料を納付した期間が40年に満たない場合は、未納の月数分、年金額は少なくなる

計算例

- 満額:79万5,000円(2023年度)
- 保険料納付済み月数:430ヵ月(未納期間50ヵ月)

79万5,000円 ×(430ヵ月 ÷ 480ヵ月)= 71万2,187円(年額)

実際の老齢基礎年金の平均受け取り月額は約5万6,000円(令和3年度末)

●老齢基礎年金の年間受給額・早見表(2023年度の概算)

加入年数	基礎年金額
10年	20万円
11年	22万円
12年	24万円
13年	26万円
14年	28万円
15年	30万円
16年	32万円
17年	34万円
18年	36万円
19年	38万円

加入年数	基礎年金額
20年	40万円
21年	42万円
22年	44万円
23年	46万円
24年	48万円
25年	50万円
26年	52万円
27年	54万円
28年	56万円
29年	58万円

加入年数	基礎年金額
30年	60万円
31年	62万円
32年	64万円
33年	66万円
34年	68万円
35年	70万円
36年	72万円
37年	74万円
38年	76万円
39年	78万円
40年	80万円

度末）となっています。

老齢厚生年金の受給額の計算は

老齢厚生年金は、加入期間中の給与・賞与の額と、加入期間（月数）に応じて金額が決まります。

金額の計算式は左上の図の通りです。

平成15年3月以前は、給与からのみ厚生年金保険料が天引きされていましたが、その年の4月からは賞与からも天引きされるようになったので、**計算期間が2つに分かれています。**

左下の表は、平均標準報酬額と加入期間から計算した、老齢厚生年金（報酬比例部分のみ）の年間受給額の目安※（概算）です。これを使えば、およその金額がつかめるでしょう。

例えば、厚生年金の加入期間が40年（480ヵ月）で、平均標準報酬額が40万円だった場合、老齢厚生年金は年額で約110万8000円、月額換算だと約9万2000円になります。

この金額に、老齢基礎年金を加えると、受け取る老齢年金の総額となります。例えば老齢基礎年金が満額の約79万5000円の場合、右の老齢厚生年金と合わせて約190万3000円が年間受給額になります。

なお、厚生年金に20年以上加入していた人が65歳で老齢厚生年金を受け取り始めたとき、65歳未満の配偶者がいるときは、老齢厚生年金に**加給年金がプラス**されます。

金額は約40万円（2023年度）で、配偶者が65歳になるまで受け取れます。

ただし、配偶者の年収が850万円未満であることが条件です。

加給年金は「ねんきん定期便」には記載されていないので、該当する人は受け取れる期間を自分で確認してみてください。

※平成15年4月以後の期間についての計算式にあてはめて算出した。

年金の計算はかなり複雑

●老齢厚生年金は2つの期間で計算式が異なる

A〈平成15年3月以前の期間〉の計算式

平均標準報酬月額 × （7.125/1,000） × 平成15年3月までの加入月数

被保険者であった期間の標準報酬月額の合計を、
被保険者であった期間の月数で割って算出した額（平均月収額）

B〈平成15年4月以後の期間〉の計算式

平均標準報酬額 × （5.481/1,000） × 平成15年4月以後の加入月数

加入期間中の標準報酬月額と、標準賞与額の総額を、
加入期間の月数で割って算出した額（給与に賞与を加えた平均月収額）

A ＋ B ＝ 老齢厚生年金の年間受給額

●老齢厚生年金の年間受給額・早見表（概算）※

加入期間	平均標準報酬額			
	20万円	30万円	40万円	50万円
10年（120ヵ月）	13.8万円	20.8万円	27.7万円	34.6万円
15年（180ヵ月）	20.8万円	31.2万円	41.5万円	51.9万円
20年（240ヵ月）	27.7万円	41.5万円	55.4万円	69.2万円
25年（300ヵ月）	34.6万円	51.9万円	69.2万円	86.5万円
30年（360ヵ月）	41.5万円	62.3万円	83.1万円	103.8万円
35年（420ヵ月）	48.5万円	72.7万円	96.9万円	121.1万円
40年（480ヵ月）	55.4万円	83.1万円	110.8万円	138.5万円

※すべて「平成15年4月以降の期間」についての計算式にあてはめて算出した金額。

- 例えば、平均標準報酬額が40万円で、加入期間が40年だった場合、老齢厚生年金は年額110.8万円、月額換算で約9.2万円となる。
- この金額に老齢基礎年金を加えた額が、受け取る老齢年金の額となる。

年収と勤続年数でわかる

会社員のあなたがもらえる年金額

〈早見表〉

会社員のあなたの生涯の平均年収と勤続年数から
おおよその年金受給額がわかる早見表です。
タテ軸の勤続年数と、ヨコ軸の平均年収をあてはめて
示されている金額がおおよその年金額になります。

	年収				
	500万円	550万円	600万円	650万円	700万円
	108万円	111万円	114万円	117万円	120万円
	123万円	127万円	131万円	136万円	140万円
	137万円	143万円	149万円	154万円	160万円
	152万円	159万円	166万円	173万円	180万円
	166万円	175万円	183万円	192万円	201万円
	180万円	191万円	201万円	211万円	221万円
	195万円	206万円	218万円	229万円	241万円

※早見表に示した予想年金額（年額）は、老齢基礎年金と老齢厚生年金の合計額（概算）。
※老齢基礎年金は勤続年数とは関係なく、満額受け取れるものとする（40年加入で79.5万円。2023年度）。
※老齢厚生年金は「平成15年4月以後の期間」の計算式にあてはめて算出した金額。
※平均年収は、毎月の給与と1年間の賞与の合計額。勤続年数は厚生年金加入期間。

	平均				
勤続年数	250万円	300万円	350万円	400万円	450万円
10年	94万円	97万円	100万円	103万円	105万円
15年	101万円	105万円	110万円	114万円	118万円
20年	108万円	114万円	120万円	126万円	131万円
25年	116万円	123万円	130万円	137万円	144万円
30年	123万円	131万円	140万円	149万円	157万円
35年	130万円	140万円	150万円	160万円	170万円
40年	137万円	149万円	160万円	172万円	183万円

Part 3
26

ねんきん定期便を確認しよう

↓50歳未満と50歳以上では内容が異なるので注意

必ず開封して内容を確認する

前項で見た通り、将来受け取る年金額の計算は複雑でわかりにくいものですが、もっと手軽に確認できる方法があります。

それが、ねんきん定期便や、ねんきんネットの活用です。

ねんきん定期便は、毎年誕生月に日本年金機構から送られてくるハガキサイズの書類※です。

「確かに来ているけれど中身はよく見ていない」という人もいるかもしれませんね。でも、これはとても重要な書類です。届いたら必ず開封して内容を確認しましょう。

ここには、自分がいままでどの年金保険に、どのくらいの期間加入し、保険料をいくら払ったのかといった情報が記載されています。

また、現時点までの保険の加入実績に基づいて、予想される受け取り年金額も書かれています。

50歳以上の内容はより具体的なものに

ねんきん定期便は50歳未満の人向けのものと、50歳以上の人向けのものとでは書式と内容が異なります。

50歳未満の人向けには、これまでの加入実績に応じた（現時点での）年金額が書かれています。

これから先支払う年金保険料は考慮されていないので、実際に受け取れる年金額とは違った金額になっています。

※ねんきんネットに登録すれば、送付を停止し、ペーパーレス化も可能。

ねんきん定期便には何が書かれているか

●50歳未満の人向け／ねんきん定期便〈ハガキ・表面〉

50歳未満

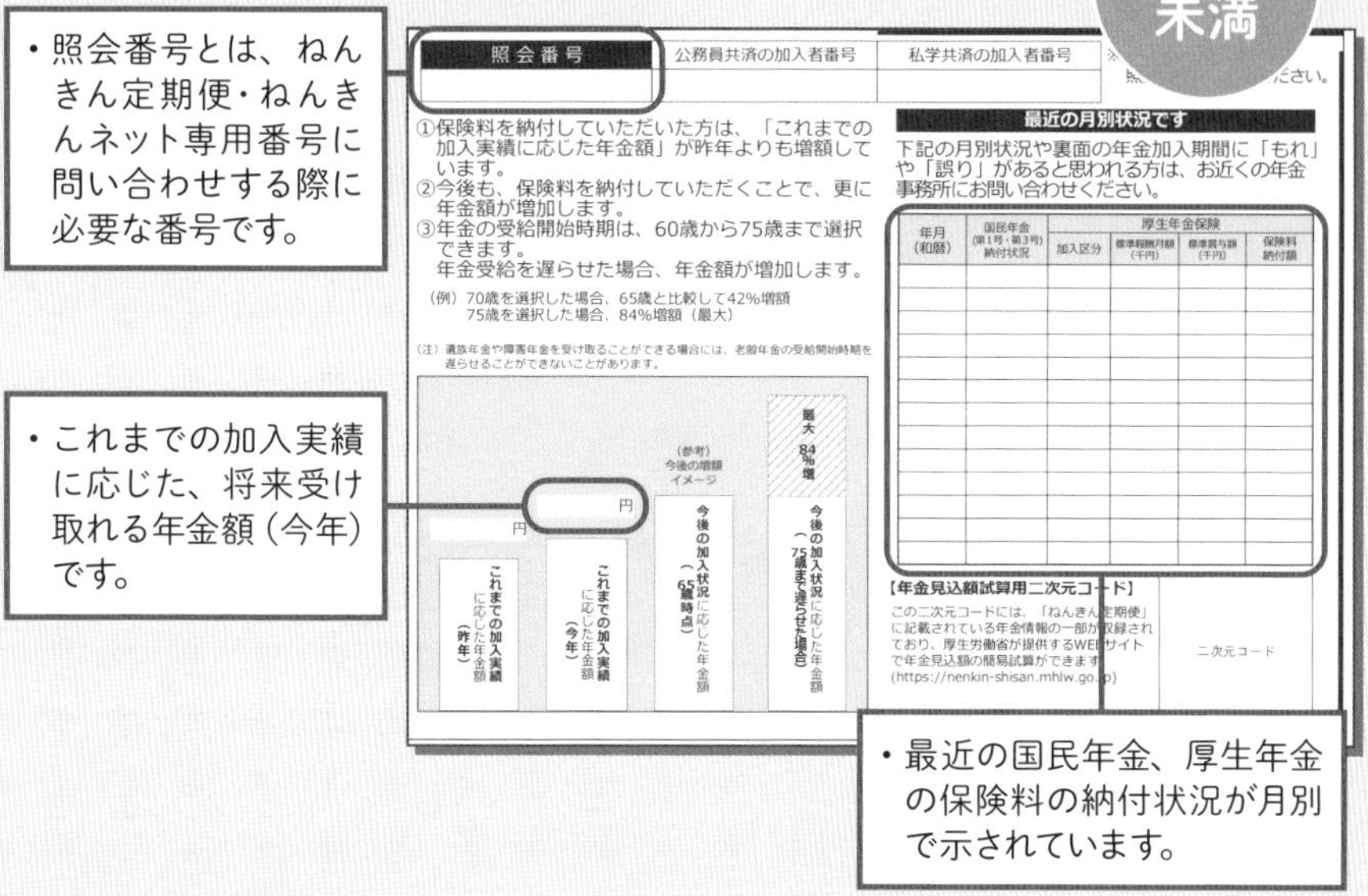

●50歳未満の人向け／ねんきん定期便〈ハガキ・裏面〉

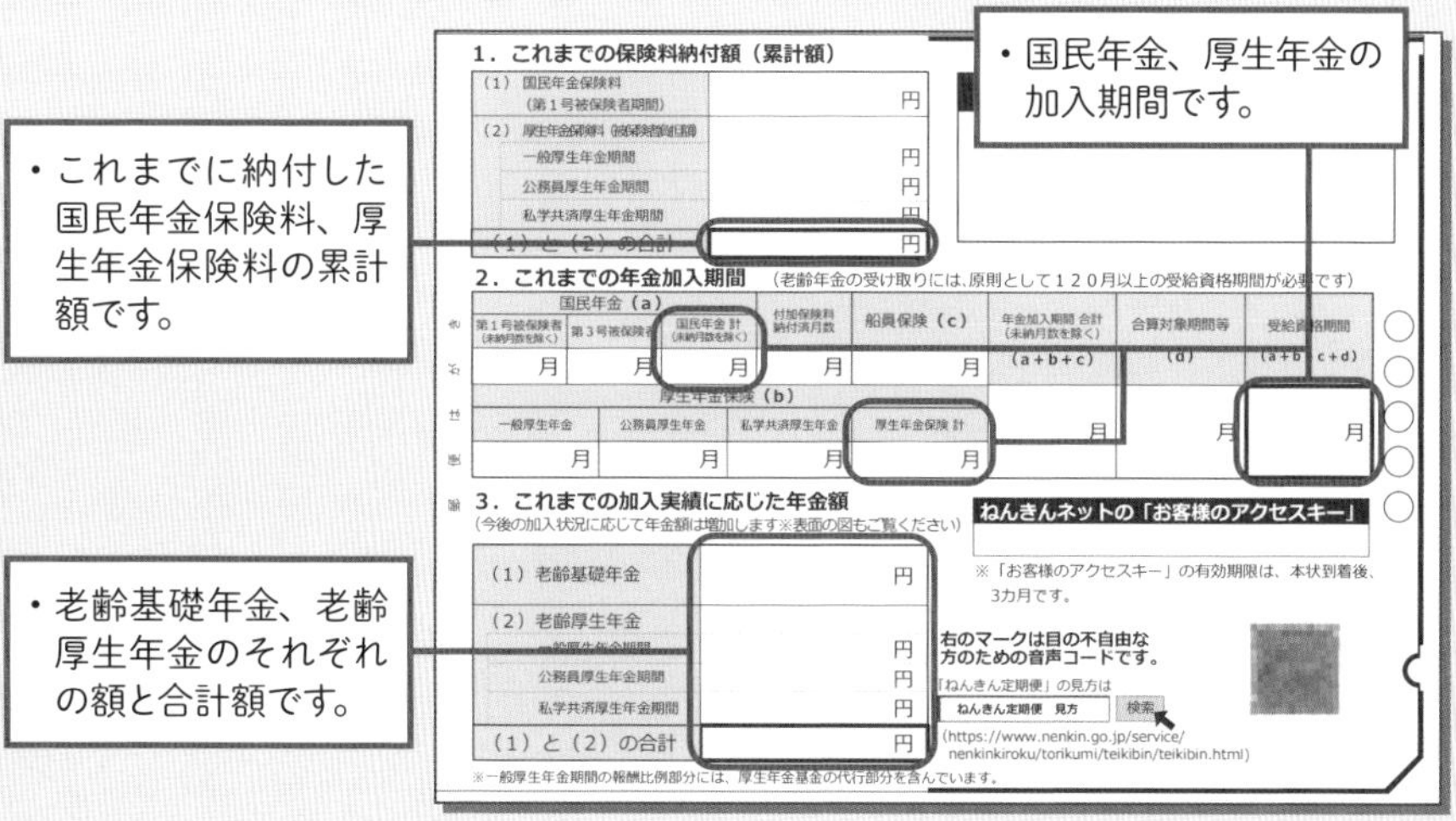

一方、50歳以上の人向けには、加入実績に加えて、いまと同じ条件で引き続き60歳まで加入したときに、65歳から受け取れる年金の見込み額が示されています。

もちろん、60歳までの間に給与・賞与の額が変動するでしょうし、60歳以降も働くとすれば、金額は変わりますが、実際に受け取れる金額に近いものといえます。

チェックするのは、「3　老齢年金の種類と見込額（年額）」の表です。

一番右に、年金の受給開始年齢、老齢基礎年金の額、老齢厚生年金の額が記載されていて、その下にある合計額が65歳以降に受け取れる年金額となります。

表面には、原則65歳から受け取れる年金を繰り下げ受給した場合の年金見込み額も示されています。

また、35歳、45歳、59歳時のねんきん定期便は、左の図のようにA4サイズの封書で届きます。通常の情報のほかに、厚生年金保険における標準報酬月額などの月別状況など、より詳細なデータが記載されています。

定年後の暮らしを支える年金がいくらもらえるのか、毎年確認するようにしましょう。

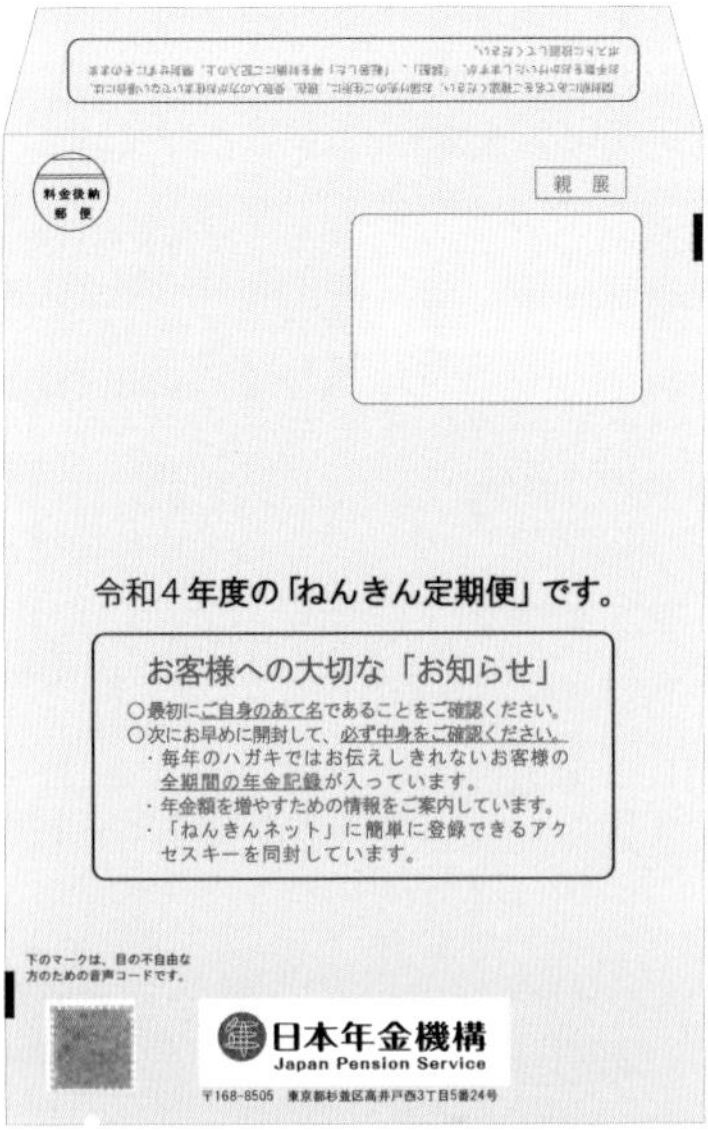
親展
令和4年度の「ねんきん定期便」です。
お客様への大切な「お知らせ」
○最初にご自身のあて名であることをご確認ください。
○次にお早めに開封して、必ず中身をご確認ください。
・毎年のハガキではお伝えしきれないお客様の全期間の年金記録が入っています。
・年金額を増やすための情報をご案内しています。
・「ねんきんネット」に簡単に登録できるアクセスキーを同封しています。
日本年金機構
Japan Pension Service

内容を確認して、誤りがあれば
日本年金機構へすぐ連絡！

50歳以上のねんきん定期便はさらに詳しい

●50歳以上の人向け／ねんきん定期便〈ハガキ・表面〉

50歳以上

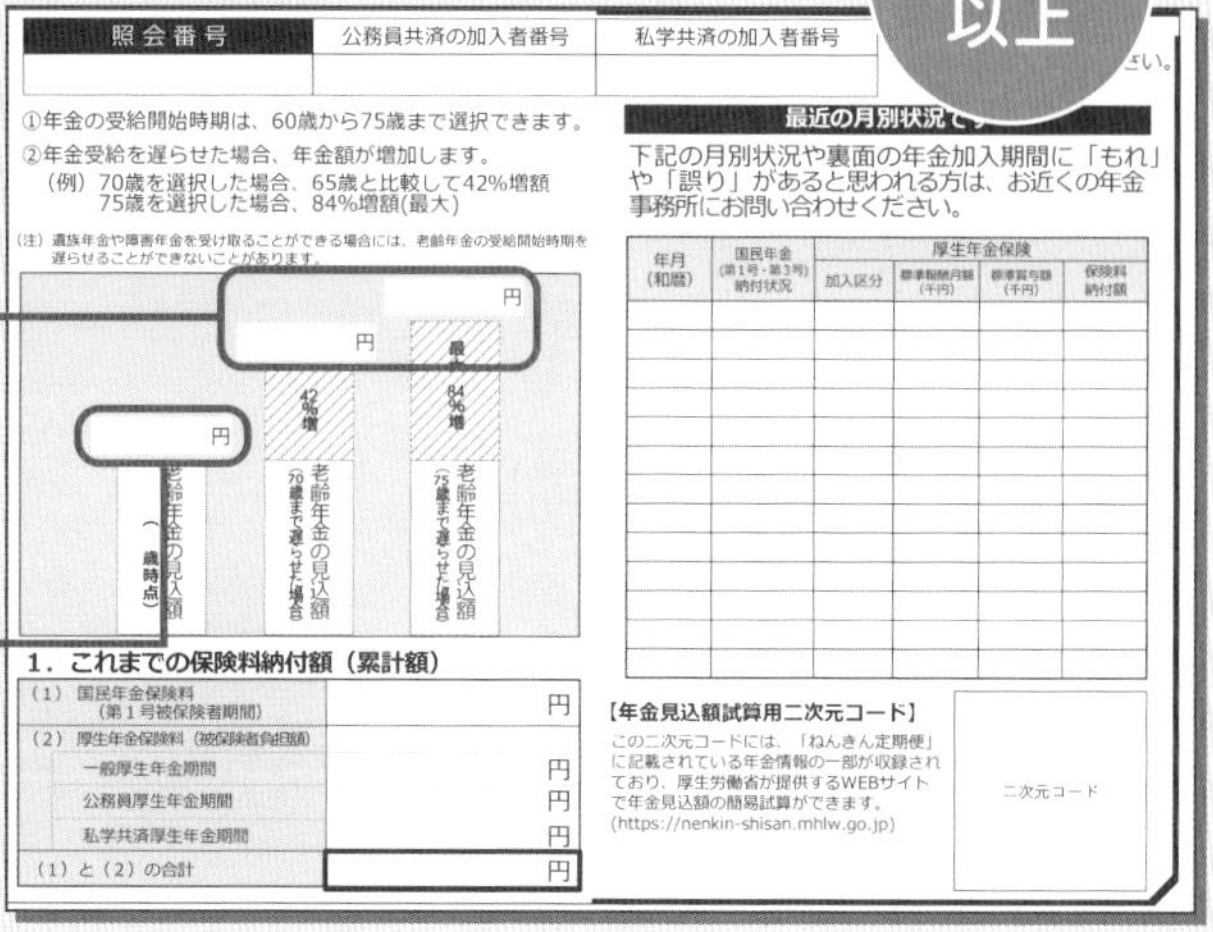

・受給開始時期を70歳まで遅らせて42%増額した場合と、75歳まで遅らせて84%増額した場合の年金見込み額が示されています。

・60歳未満の人は、いまのまま60歳まで加入し続けた場合に65歳から受け取れる年金の見込み額が示されています。

●50歳以上の人向け／ねんきん定期便〈ハガキ・裏面〉

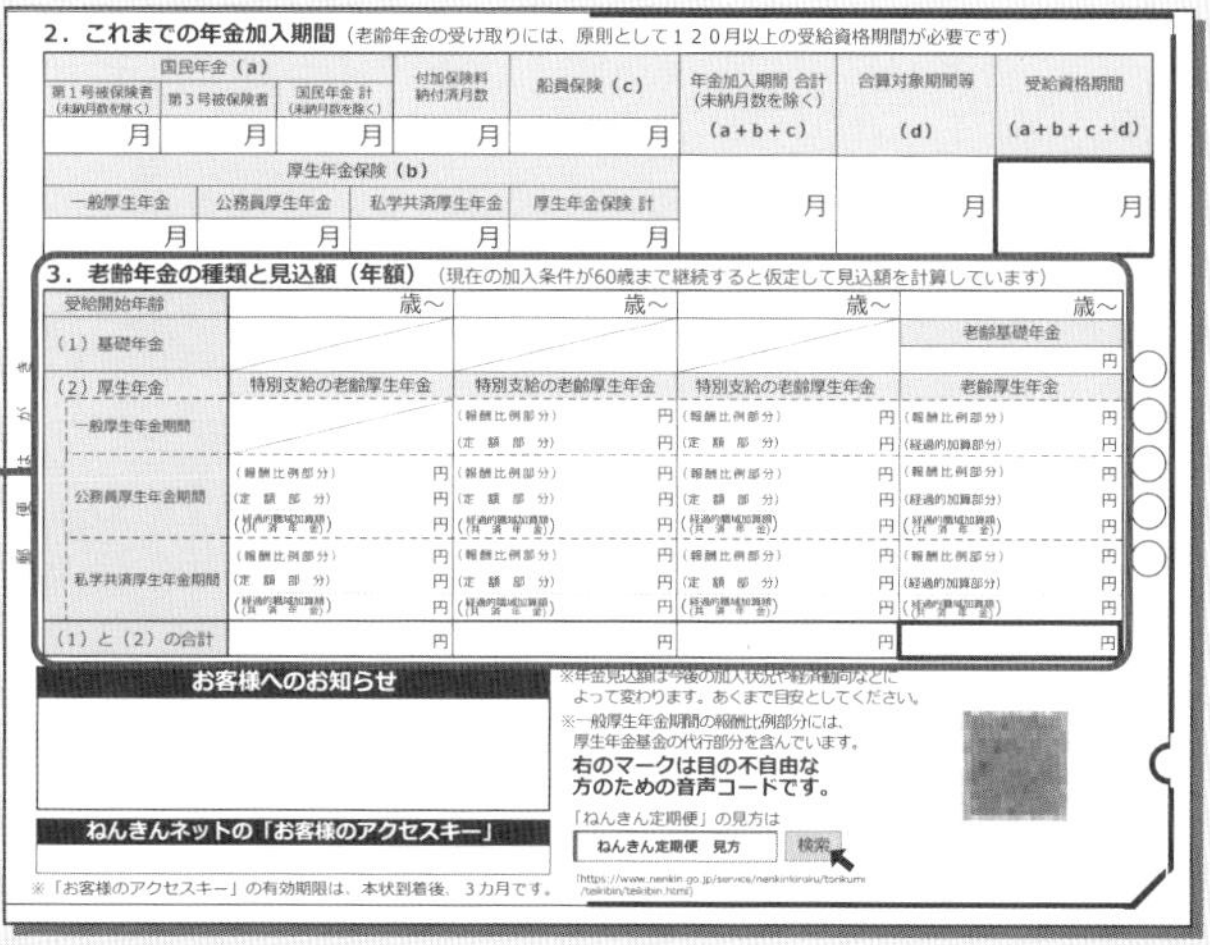

・50歳未満の人向けにはなかった、老齢年金の種類ごとの年金見込み額が示されています。

・いまのまま60歳まで会社に勤めた場合に受け取れる年金の見込み額です。

・65歳以降に受け取れる、老齢基礎年金の額、老齢厚生年金の報酬比例部分の額、老齢年金の合計額などが記載されています。

Part 3

27

いろいろ便利なねんきんネットを使う

↓年金情報の確認や受け取る年金額の試算が手軽にできる

年金関係の通知書の再発行も申請可

自分の年金情報をスマホやパソコンから確認できるのが、日本年金機構のウェブサイト、ねんきんネットです。

ねんきんネットを使えば、毎年ハガキで受け取っているねんきん定期便の電子版を見ることができますし、**全期間の年金の記録をチェック**することもできます。

また、**将来受け取る年金額の試算**もできます。いまの加入条件が60歳まで続いた場合に65歳から受け取れる年金額のほか、年金の受給開始時期を繰り下げ、または繰り上げした場合の年金額、あるいは未納期間がある人はその分を今後納付した場合にいくら受け取れるかなど、様々な条件を設定して詳細に試算できます。

ねんきんネットにはもう1つ便利な機能があります。国民年金保険料を納付した人は、確定申告のときにその全額を「社会保険料控除」として所得から差し引くことができ、所得税・住民税が安くなります。控除を受けるのに必要な「社会保険料控除証明書」は日本年金機構から送られてきますが、それを紛失したとき、**ねんきんネットから再発行の申請ができます**。

ねんきんネットを使うには、利用登録が必要です。基礎年金番号※1と「お客様のアクセスキー※2」でユーザーID《アイディー》を取得するか、マイナンバーカードがあればマイナポータルからログインできます。

※1　年金加入時に受け取る10桁の番号。年金手帳などに記載されている。
※2　ねんきんネットのユーザID取得に必要な17桁の番号。ねんきん定期便などに記載されている。

便利なねんきんネットを使いこなそう

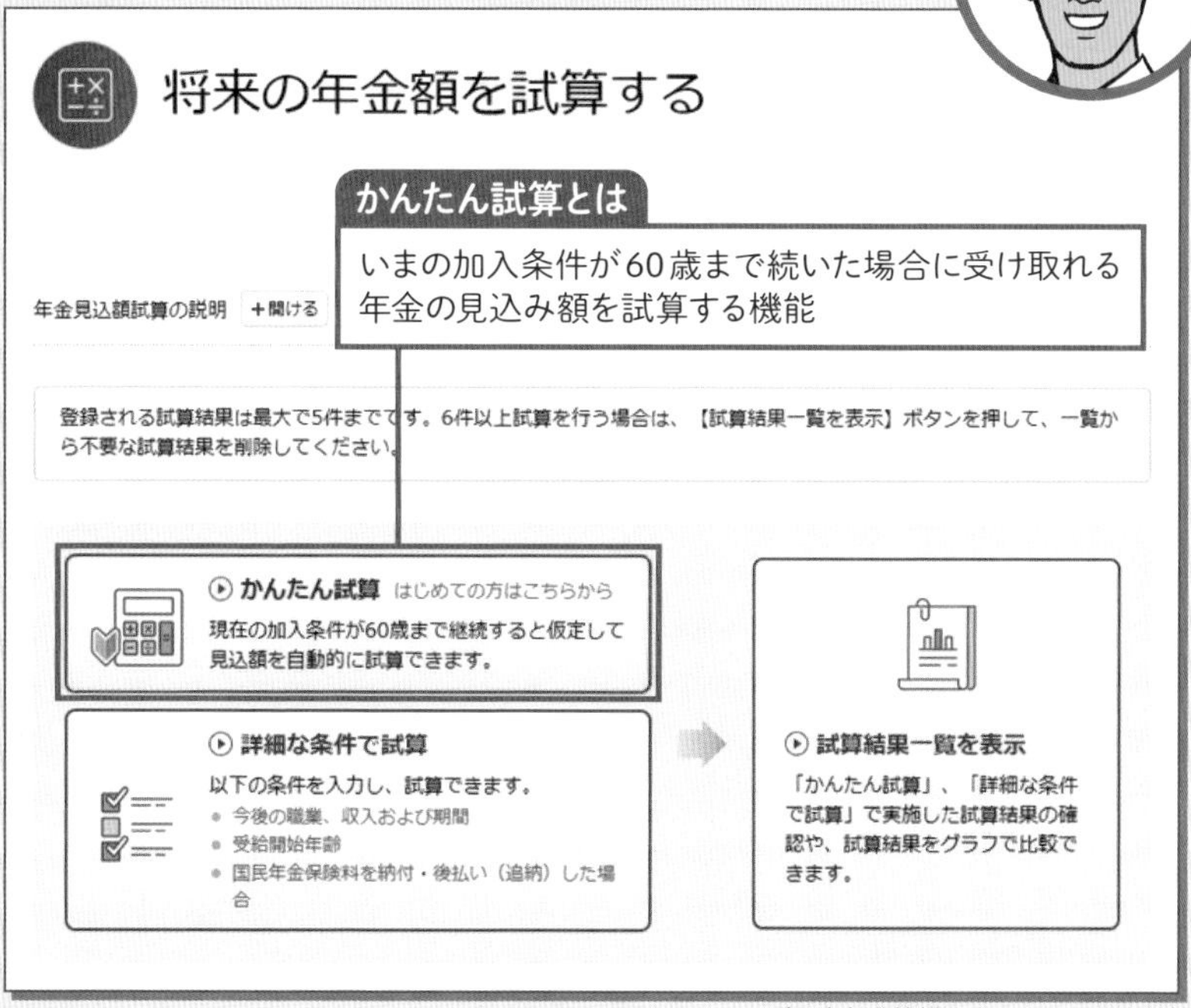

将来の年金額を試算する

かんたん試算とは
いまの加入条件が60歳まで続いた場合に受け取れる
年金の見込み額を試算する機能

年金見込額試算の説明 ＋開ける

登録される試算結果は最大で5件までです。6件以上試算を行う場合は、【試算結果一覧を表示】ボタンを押して、一覧から不要な試算結果を削除してください。

かんたん試算 はじめての方はこちらから
現在の加入条件が60歳まで継続すると仮定して見込額を自動的に試算できます。

詳細な条件で試算
以下の条件を入力し、試算できます。
- 今後の職業、収入および期間
- 受給開始年齢
- 国民年金保険料を納付・後払い（追納）した場合

試算結果一覧を表示
「かんたん試算」、「詳細な条件で試算」で実施した試算結果の確認や、試算結果をグラフで比較できます。

（日本年金機構のホームページより）

＼ 操作手順 ／

1. ねんきんネットにログインする
2. トップページから「将来の年金額を試算する」を選択
3. 「かんたん試算」と「詳細な条件で試算」の2つがあらわれる
   「かんたん試算」を選択
4. 試算条件などを確認して「試算する」ボタンを選択
5. 試算結果が表示される

コチラを選ぶと、今後の職業の変更や、年金受給開始時期の変更、未納分の保険料を納付した場合など、様々な条件を設定して試算できます

注意 受給予定年金見込額（月額）は、あくまでも「いまの加入条件」をもとに計算されたもので、目安に過ぎません。とくに会社勤めの人が加入する厚生年金で受け取る老齢厚生年金の部分は、今後、給与・賞与の額に増減があると考えられ、それに伴い年金見込み額も変わります。

Part 3

28

年金の受給開始を遅らせるとどうなるか

↓70歳受け取り開始なら年金額は4割以上増える

繰り下げ受給で年金額が増える

ここまでで、自分が受け取る年金額を確認してみて、「予想していたよりも少ないな」「もっともらえないと年をとってからの生活が心配だ」などと思った人もいるかもしれませんね。

確かに年金の受給額が増えれば定年後の暮らしはラクになります。ではどうすれば年金額を増やすことができるのでしょうか。

その方法の1つが、年金の繰り下げ受給です。

公的年金は、原則65歳からの受給になりますが、60~75歳の間で受け取り開始時期を変えることができるのです。

年金の受け取りを65歳から始めずに、先延ばしして受け取るのが、繰り下げ受給です。

なぜ、早くもらわずにわざわざ先延ばしするのかというと、そうすることでもらえる年金額が増えるからです。

1ヵ月繰り下げで0・7%増額

繰り下げは最大75歳まで、1ヵ月単位で先延ばしできるしくみになっています。

そして、1ヵ月繰り下げるごとに、65歳から受給する年金額よりも0・7%増額されます。

ですから、もし5年(60ヵ月)繰り下げればプラス42%となり、最大10年(120ヵ月)繰り下げればプラス84%になります。

例えば、65歳から受給する老齢年金が月額15万

受給開始時期を遅らせると年金額が増える

●年金の繰り下げ受給とは

□老齢年金は、65歳から受け取り始めないで60～75歳までの間で受け取ることが可能

□65歳を過ぎて66～75歳の間に受け取り始めると1ヵ月遅らせるごとに本来の年金額に0.7%ずつ増額された額が一生涯受け取れる

繰り下げ受給で年金が増える!

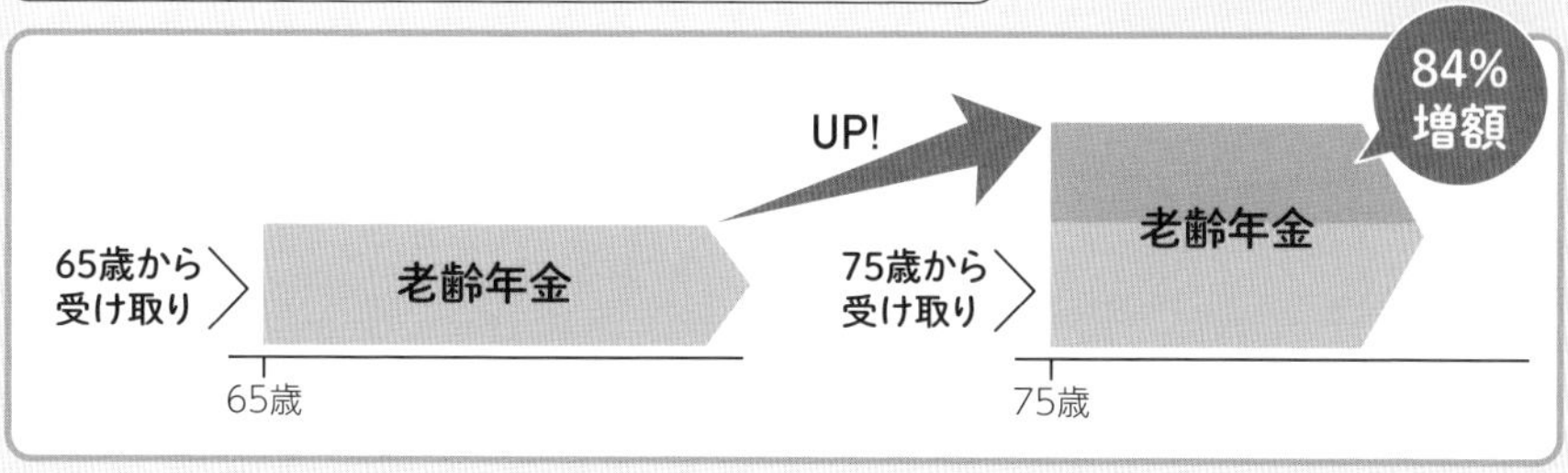

●繰り下げ受給時の増額率〈早見表〉

受給開始年齢	0ヵ月	1ヵ月	2ヵ月	3ヵ月	4ヵ月	5ヵ月	6ヵ月	7ヵ月	8ヵ月	9ヵ月	10ヵ月	11ヵ月
66歳※1	8.4%	9.1%	9.8%	10.5%	11.2%	11.9%	12.6%	13.3%	14.0%	14.7%	15.4%	16.1%
67歳	16.8%	17.5%	18.2%	18.9%	19.6%	20.3%	21.0%	21.7%	22.4%	23.1%	23.8%	24.5%
68歳	25.2%	25.9%	26.6%	27.3%	28.0%	28.7%	29.4%	30.1%	30.8%	31.5%	32.2%	32.9%
69歳	33.6%	34.3%	35.0%	35.7%	36.4%	37.1%	37.8%	38.5%	39.2%	39.9%	40.6%	41.3%
70歳	42.0%	42.7%	43.4%	44.1%	44.8%	45.5%	46.2%	46.9%	47.6%	48.3%	49.0%	49.7%
71歳	50.4%	51.1%	51.8%	52.5%	53.2%	53.9%	54.6%	55.3%	56.0%	56.7%	57.4%	58.1%
72歳	58.8%	59.5%	60.2%	60.9%	61.6%	62.3%	63.0%	63.7%	64.4%	65.1%	65.8%	66.5%
73歳	67.2%	67.9%	68.6%	69.3%	70.0%	70.7%	71.4%	72.1%	72.8%	73.5%	74.2%	74.9%
74歳	75.6%	76.3%	77.0%	77.7%	78.4%	79.1%	79.8%	80.5%	81.2%	81.9%	82.6%	83.3%
75歳※2	84.0%											

※1　66歳以降に繰り下げ受給の請求ができる。
※2　繰り下げ受給の上限年齢。

円だった場合、5年繰り下げれば21万3000円に、10年繰り下げれば27万6000円となり、この額を生涯にわたって受け取れます。年額で見るとかなり大きな差となってあらわれますね。

65歳以降も働き続けて収入を得るので、いますぐ年金を受け取る必要はない、といった人は、繰り下げ受給をしてその分増額された年金を先々に受け取ることを考えてもいいでしょう。

長生きするほどトクする制度

老齢基礎年金と老齢厚生年金は、別々に繰り下げることができます。

例えば、65歳から受け取るのは老齢厚生年金だけにして、老齢基礎年金のほうは繰り下げして割り増しされた額を70歳から受け取り始める、といったことができます。

2つとも繰り下げて、受給開始年齢を別々にすることも可能です。

ただ、一方で気をつけたい点もあります。

1つは、受給開始年齢を後ろへずらすということは、年金を受け取る期間が短くなるかもしれないリスクがある点です。

何歳まで繰り下げても、受け取る年金の総額が65歳から受け取った場合の総額を上回るのは、受取開始から11～12年。

もし70歳から年金受給を始めた場合、受け取り総額で65歳開始を上回るのは、だいたい82歳です。それ以上長生きする自信があるなら、繰り下げが選択肢になります。

もう1つは、受け取る年金額が増えると、それによって年金に対してかかる税金や社会保険料も増えることです。繰り下げによって仮に年金額が40%増えても、手取り額の増加は40%を下回ることになります。

繰り下げた年金の受け取り方に注意

●年金の繰り下げ受給をするには

65歳になっても

年金の受給開始(請求)手続きをしない

「○歳まで繰り下げる」といった申請は必要なし

▼

年金を受け取らずに「待機」後、

いよいよ受け取ることにしたら年金の受給開始手続きを行う(ただし66歳以降)

老齢基礎年金と老齢厚生年金を一緒に繰り下げるか、またはどちらか一方だけ繰り下げることもできる

▼

その際に、2つの受け取り方のどちらかを選ぶ

受け取り方①	受け取り方②
繰り下げによって増額した年金を受け取る	受け取っていない待機期間中の年金を増額なしでまとめて受け取る

老齢基礎年金と老齢厚生年金を合わせて年100万円受け取れる人が、5年(60ヵ月)繰り下げて、70歳から受け取ることにした場合

受け取り方①	受け取り方②
5年繰り下げて増額した年142万円の年金を、以降毎年受け取る	70歳まで受け取っていない待機期間中の年金の合計500万円をまとめて受け取り、70歳以降に増額のない100万円の年金を毎年受け取る

繰り下げで老齢厚生年金を受給していない期間は加給年金※が受け取れない!

※厚生年金に20年以上加入している人が65歳時点で扶養する65歳未満の配偶者などがいる場合に上乗せして受け取れる年金(P.84参照)。

繰り下げ受給の注意点

- 受け取る年金額が増えた分、それにかかる税金や社会保険料が増額する場合がある
- 夫が亡くなった後にのこされた妻がもらえる遺族年金は、増額した額ではなく、もとの年金額で計算される

Part 3

29

年金の受給開始を早めるとどうなるか

↓60歳受け取り開始なら年金額は4分の1減ってしまう

繰り上げ受給すると年金額が減る

「用意できる貯蓄も退職金もあまり多くなさそうだから、定年後の生活費が心配」――。

とくに経済的な理由から、頼みの綱の公的年金を、できるだけ早く受け取りたいと考える人もいるでしょう。

公的年金は原則65歳から受給開始ですが、60～75歳の間で受け取り開始時期を変えられます。したがって、前項で説明した繰り下げ受給とは逆に、年金の受け取りを65歳よりも早く、前倒しして始めることもできます。

これを、**繰り上げ受給**といいます。

繰り上げは最も早くて60歳から年金受給をスタートできます。

繰り上げる時期は1ヵ月単位で決められるので、例えば30ヵ月繰り上げて62歳7ヵ月めから年金の受け取りを開始するといったこともできます。

1ヵ月繰り上げで0・4％減額

ただし、1ヵ月繰り上げるごとに、65歳から本来受給できる年金額よりも0・4％減額されてしまいます。

例えば、65歳から受給する本来の年金が月額15万円だった場合、5年（60ヵ月）繰り上げて60歳受給開始にすると、減額率はマイナス24％、月額11万4000円に減ってしまいます。つまり月

年金は65歳より前倒しでもらうこともできる

●年金の繰り上げ受給とは

□老齢年金は、65歳から受け取り始めずに60～75歳までの間で受け取ることが可能

□65歳より前倒しして60～64歳の間に受け取り始めると1ヵ月前倒しするごとに本来の年金額に0.4％ずつ減額された額を一生涯受け取ることになる

繰り上げ受給だと年金が減る！

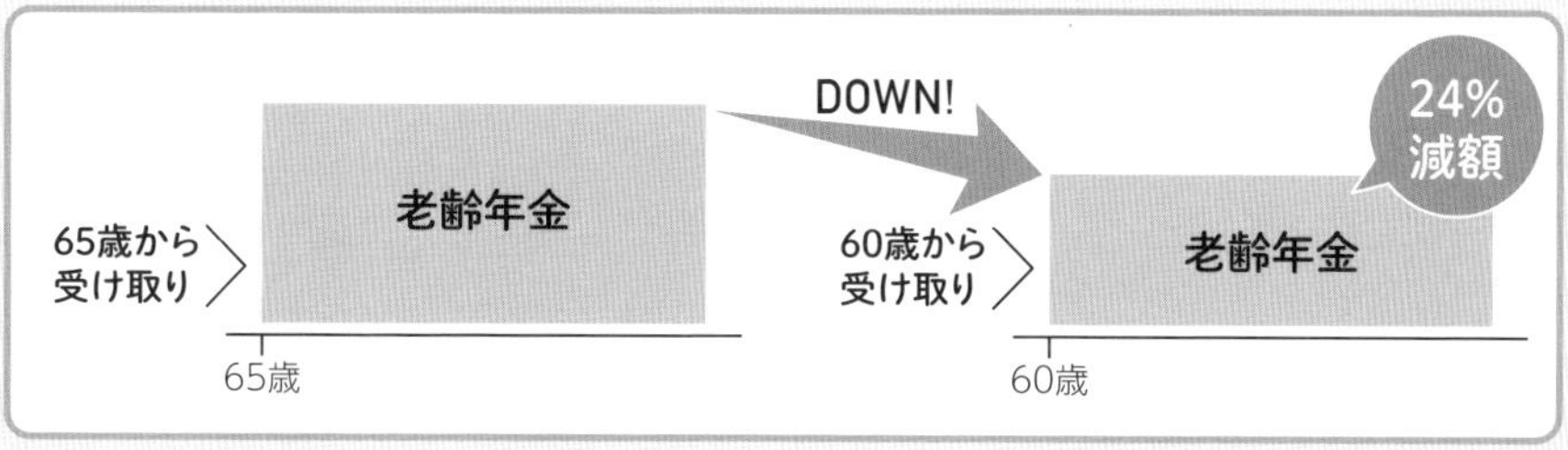

●繰り上げ受給時の減額率〈早見表〉

受給開始年齢	0ヵ月	1ヵ月	2ヵ月	3ヵ月	4ヵ月	5ヵ月	6ヵ月	7ヵ月	8ヵ月	9ヵ月	10ヵ月	11ヵ月
60歳※1	24.0%	23.6%	23.2%	22.8%	22.4%	22.0%	21.6%	21.2%	20.8%	20.4%	20.0%	19.6%
61歳	19.2%	18.8%	18.4%	18.0%	17.6%	17.2%	16.8%	16.4%	16.0%	15.6%	15.2%	14.8%
62歳	14.4%	14.0%	13.6%	13.2%	12.8%	12.4%	12.0%	11.6%	11.2%	10.8%	10.4%	10.0%
63歳	9.6%	9.2%	8.8%	8.4%	8.0%	7.6%	7.2%	6.8%	6.4%	6.0%	5.6%	5.2%
64歳	4.8%	4.4%	4.0%	3.6%	3.2%	2.8%	2.4%	2.0%	1.6%	1.2%	0.8%	0.4%

※60歳から繰り上げ受給の請求ができる。

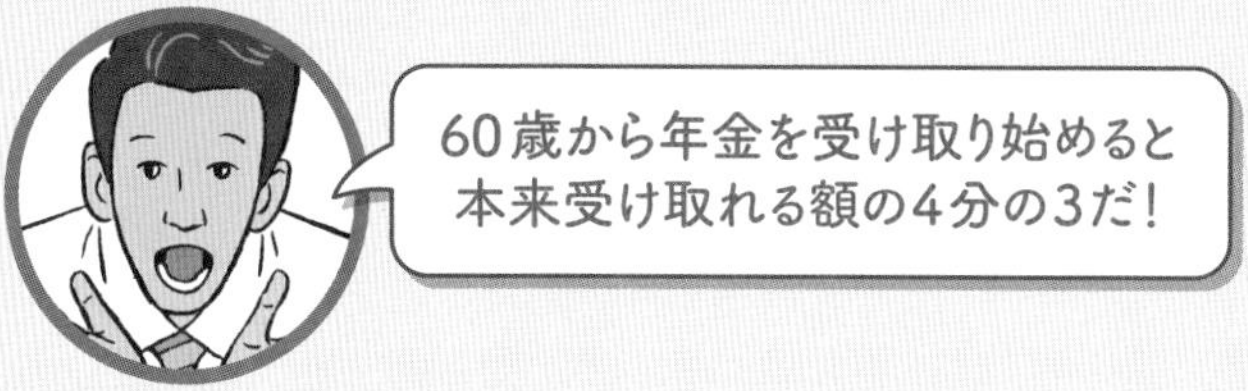

額では3万6000円の減額、年額だと約43万円もの減額となります。

何歳から前倒しで年金をもらい始めると、どのくらいの割合が減らされるかは、前ページの早見表を参照してください。

そして、いったん繰り上げ受給をすると、途中でやめるなどあとから変更はできません。

一度減額された年金額は、そのまま一生涯受け取ることになります。

また、前項で説明した繰り下げ受給は、老齢基礎年金と老齢厚生年金を別々に繰り下げることができましたが、**繰り上げ受給は2つの年金を必ずセットで行います**。どちらか一方だけを繰り上げ受給することはできません。

さらに、繰り上げを請求した日以降は、高度障害を負ったときに受け取れる**障害基礎年金・障害厚生年金が受け取れない**などのデメリットもあるので、繰り上げ受給はできるだけ避けるのが賢明といえるでしょう。

では実際に、どれくらいの人が繰り上げ受給や繰り下げ受給を行っているのでしょうか。

厚生労働省の調査※によると、繰り上げ受給については、国民年金（基礎年金のみ）で27%、厚生年金で0・5%となっています。一方、繰り下げ受給は、国民年金（基礎年金のみ）で1・8%、厚生年金で1・2%です。

老齢基礎年金だけを受け取る人の**3割近く**が、年金を減額されても早く受け取れる繰り上げ受給を選んでいるのに対して、年金が増額される繰り下げ受給を選ぶ人は**2%以下**です。

ただ、ここ5、6年で見ると、繰り上げ受給を選ぶ人の割合は年々減っていますが、繰り下げ受給を選ぶ人の割合はわずかずつですが増えてきています。

※「令和3年度　厚生年金保険・国民年金事業年報」による。

繰り上げるか、繰り下げるか慎重に考えよう

●年金の受給開始時期と受け取り総額はどうなるか

下のグラフは、
老齢基礎年金を満額（年79万5,000円・2023年度）受け取れる場合に、
繰り上げ受給、繰り下げ受給するとどうなるかをあらわしたものです

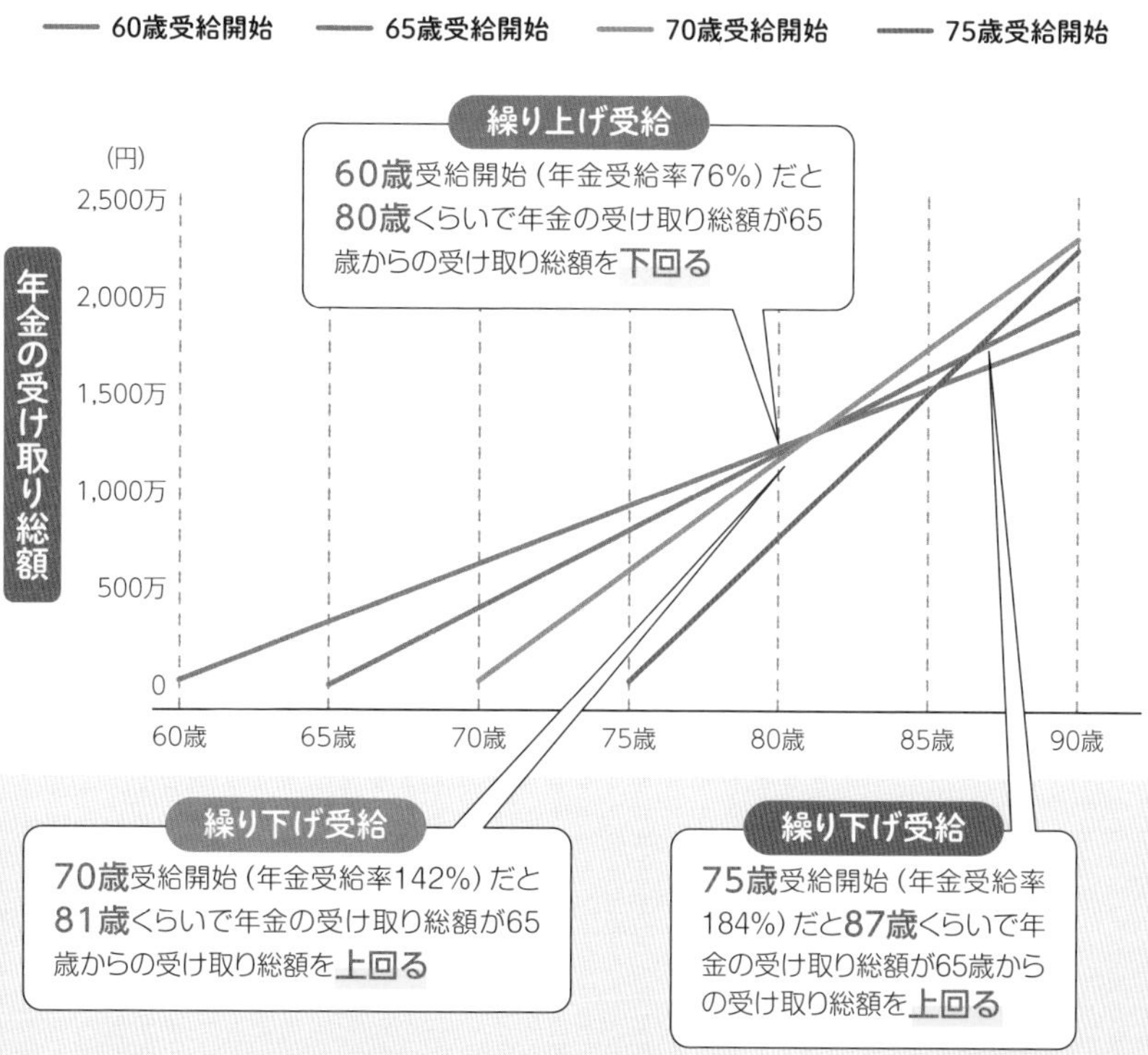
60歳受給開始
65歳受給開始
70歳受給開始
75歳受給開始
(円)
2,500万
2,000万
1,500万
1,000万
500万
0
年金の受け取り総額
60歳
65歳
70歳
75歳
80歳
85歳
90歳
繰り上げ受給
60歳受給開始（年金受給率76%）だと80歳くらいで年金の受け取り総額が65歳からの受け取り総額を下回る
繰り下げ受給
70歳受給開始（年金受給率142%）だと81歳くらいで年金の受け取り総額が65歳からの受け取り総額を上回る
繰り下げ受給
75歳受給開始（年金受給率184%）だと87歳くらいで年金の受け取り総額が65歳からの受け取り総額を上回る

ただし上のグラフは年金にかかる税金や
社会保険料の支払いは勘定に入れていません
それらを差し引いた後の金額で見ると
例えば70歳受給開始が受け取り総額で
65歳受給開始を上回るのはもっと後になります

Part 3

30

働きながら年金をもらうとどうなるか

↓働き過ぎると年金の一部がもらえなくなるので注意

㊎働きながらもらう在職老齢年金とは

年金は、働いて給与や賞与をもらいながらでも受け取れます。勤務形態は正社員、嘱託、パートなどのいずれでもかまいません。

ただし、老齢厚生年金を受給しながら、定年後の勤め先で**厚生年金保険の被保険者**になると、**老齢厚生年金の一部または全額が支給停止**されるケースがあります。

これが、**在職老齢年金**という制度です。

支給停止の対象になるのは老齢厚生年金のみで、老齢基礎年金は対象外です。

支給停止になるのは、老齢厚生年金の基本月額と、総報酬月額相当額の合計が**48万円を超える**場合です。

総報酬月額相当額とは、給与の月額（標準報酬月額）に、直近1年間の賞与額を12で割った額を足した額です。

そして**48万円を超えた額の2分の1の年金が支給停止**されます。

つまり、働いて得る給与や賞与の月額を、**48万円から老齢厚生年金の基本月額を差し引いた額以内に納めれば**、働きながら給与などを受け取っても、老齢厚生年金は減らされず、満額受け取れることになります。

例えば、老齢厚生年金を月額15万円受給しているのなら、48万円から15万円を差し引いた月額33万円までの月収（総報酬月額相当額）ならば、

働き過ぎるともらえる年金が減ってしまう

●働いて、いくらもらうと年金が減るか

老齢厚生年金の**基本月額** ＋ **総報酬月額相当額**

●年金額（年額）を12で割った金額

●標準報酬月額（毎月の賃金）と標準賞与額（1年間の賞与）の合計を12で割った金額

この合計額が **48万円以下**
▼
老齢厚生年金は
全額支給

この合計額が **48万円超**
▼
老齢厚生年金は
一部または全額支給停止

在職老齢年金制度により調整された後の年金支給月額の計算式
➡基本月額 −（基本月額 ＋ 総報酬月額相当額 − 48万円）÷2 A

●在職老齢年金の計算例

計算例

老齢厚生年金額が年144万円（基本月額12万円）で、働いて得た収入の総報酬月額相当額が40万円（標準報酬月額30万円、標準賞与額120万円〈月額10万円〉）の場合

1. 基本月額と総報酬月額相当額の合計が48万円を超えるので老齢厚生年金の支給停止対象となる
▼
2. 支給停止額（月額）は上の A の計算式にあてはめて（基本月額12万円+総報酬月額相当額40万円ー48万円）÷2=月額2万円（年24万円）
▼
3. 老齢厚生年金の支給額は
本来支給される基本月額12万円（年144万円）ー支給停止月額2万円（年24万円）=月額10万円に減額される（年120万円に減額）

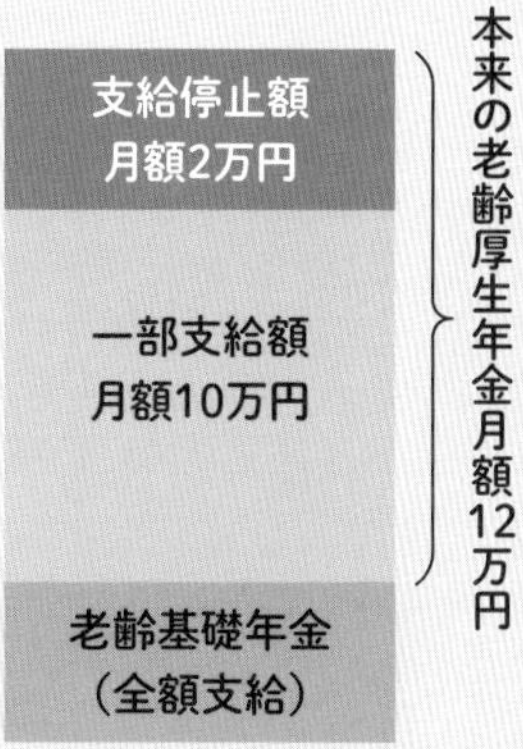

年金が減らされることはありません。

これがもし月収35万円になると、1万円が支給停止されて、受け取る老齢厚生年金は月額14万円に減ってしまいます。

さらに月収が63万円になると、老齢厚生年金は全額支給停止されます。

確定申告が必要になるケースも

年金をもらいながら働く際に、もう1つ注意したいのは、年金受給者が働いて収入を得ると、**確定申告が必要になる場合があることです。**

年金受給者には、**確定申告不要制度**という特別な優遇措置があります。

公的年金の収入金額が400万円以下で、そのすべてが源泉徴収の対象となり、かつ公的年金（雑所得扱い）以外に得られた所得金額（給与所得など）が20万円以下の場合は、確定申告をする必要がありません。

例えば、年金を受け取りながら短期間のアルバイトをして、その給与などの収入が年70万円だった場合は、70万円から給与所得控除の55万円を差し引いた15万円が給与所得になります。

そのため、年金とアルバイトの給与のほかに収入がなければ、「公的年金等にかかる雑所得以外の所得金額が20万円以下」となるので、確定申告をする必要はありません。

ですから、パートやアルバイトなど短期間だけ働いて給与などを得ている人で、**厚生年金の被保険者の条件に該当しない場合は**、老齢厚生年金の減額はありませんし、確定申告の必要もありません。

一方で、定年後も現役時代並みに働いて、それなりの収入を得ようと考えている人は、以上の点について注意が必要です。

●在職老齢年金がいくらもらえるか〈早見表〉

総報酬月額相当額	基本月額（老齢厚生年金の月額）8万円	10万円	13万円	15万円	18万円	20万円
27万円	8万円（減額なし）	10万円（減額なし）	13万円（減額なし）	15万円（減額なし）	18万円（減額なし）	20万円（減額なし）
30万円	8万円（減額なし）	10万円（減額なし）	13万円（減額なし）	15万円（減額なし）	18万円（減額なし）	19万円（減額1万円）
33万円	8万円（減額なし）	10万円（減額なし）	13万円（減額なし）	15万円（減額なし）	16.5万円（減額1.5万円）	17.5万円（減額2.5万円）
36万円	8万円（減額なし）	10万円（減額なし）	12.5万円（減額0.5万円）	13.5万円（減額1.5万円）	15万円（減額3万円）	16万円（減額4万円）
39万円	8万円（減額なし）	9.5万円（減額0.5万円）	11万円（減額2万円）	12万円（減額3万円）	13.5万円（減額4.5万円）	14.5万円（減額5.5万円）
42万円	7万円（減額1万円）	8万円（減額2万円）	9.5万円（減額3.5万円）	10.5万円（減額4.5万円）	12万円（減額6万円）	13万円（減額7万円）
45万円	5.5万円（減額2.5万円）	6.5万円（減額3.5万円）	8万円（減額5万円）	9万円（減額6万円）	10.5万円（減額7.5万円）	11.5万円（減額8.5万円）
48万円	4万円（減額4万円）	5万円（減額5万円）	6.5万円（減額6.5万円）	7.5万円（減額7.5万円）	9万円（減額9万円）	10万円（減額10万円）
51万円	2.5万円（減額5.5万円）	3.5万円（減額6.5万円）	5万円（減額8万円）	6万円（減額9万円）	7.5万円（減額10.5万円）	8.5万円（減額11.5万円）
54万円	1万円（減額7万円）	2万円（減額8万円）	3.5万円（減額9.5万円）	4.5万円（減額10.5万円）	6万円（減額12万円）	7万円（減額13万円）
57万円		0.5万円（減額9.5万円）	2万円（減額11万円）	3万円（減額12万円）	4.5万円（減額13.5万円）	5.5万円（減額14.5万円）
60万円			0.5万円（減額12.5万円）	1.5万円（減額13.5万円）	3万円（減額15万円）	4万円（減額16万円）
63万円					1.5万円（減額16.5万円）	2.5万円（減額17.5万円）
66万円			全額支給停止			1万円（減額19万円）
69万円						

Part 3

31

のこされた妻がもらう年金はいくらか

↓遺族厚生年金は老齢厚生年金の4分の3の額

自分の老齢基礎年金は全額支給

夫婦で年を重ねていき、先に夫が亡くなったあと、のこされた高齢の妻が不自由なく暮らせるか、もらえる年金額はどうなるのか、気になるところだと思います。

亡くなった夫に生計を維持されていた妻は、遺族年金を受け取れます。遺族年金には遺族基礎年金と遺族厚生年金の2つがあります。

遺族基礎年金の受給要件は、亡くなった夫に生計を維持されていた、高校生（18歳）までの子どもがいる配偶者、となっています。ですから、妻が65歳以上であれば、この受給要件にあてはまるケースはあまり多くないかもしれません。

会社員の夫が亡くなった場合、妻は遺族厚生年金が受け取れます。

その金額は、亡くなった夫が受け取っていた、あるいは亡くなった時点で受け取れるはずだった老齢厚生年金額の4分の3です。

遺族厚生年金を受け取っていた妻が65歳になったとき、妻自身の老齢基礎年金はそのまま受け取れます。

妻が厚生年金に加入していて老齢厚生年金が受け取れる場合は、「遺族厚生年金の額」か「遺族厚生年金の3分の2＋妻の老齢厚生年金の2分の1」のどちらか多いほうを受け取ります。

そこから老齢厚生年金を差し引いた差額が、遺族厚生年金となるよう調整されます。

1人暮らしの妻の生活費は年金でまかなえるか

●遺族年金の受け取りイメージ

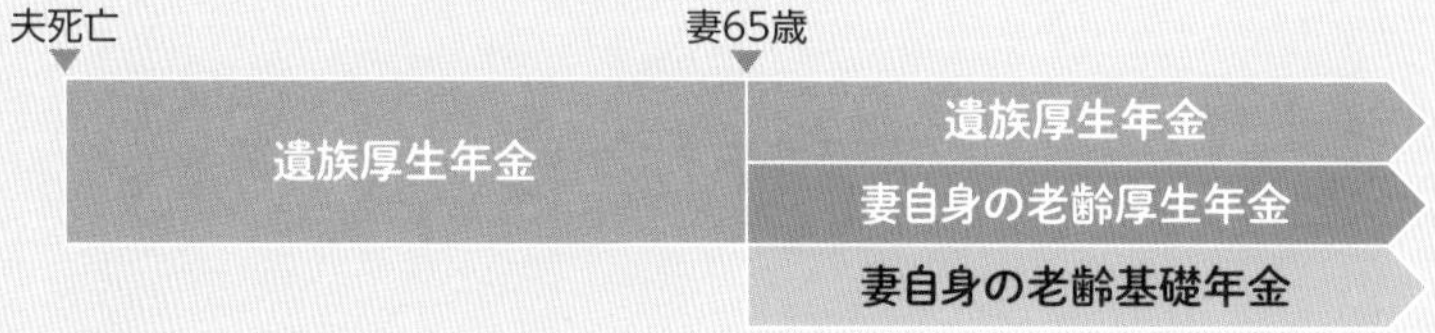

●妻65歳以降は老齢厚生年金と調整される

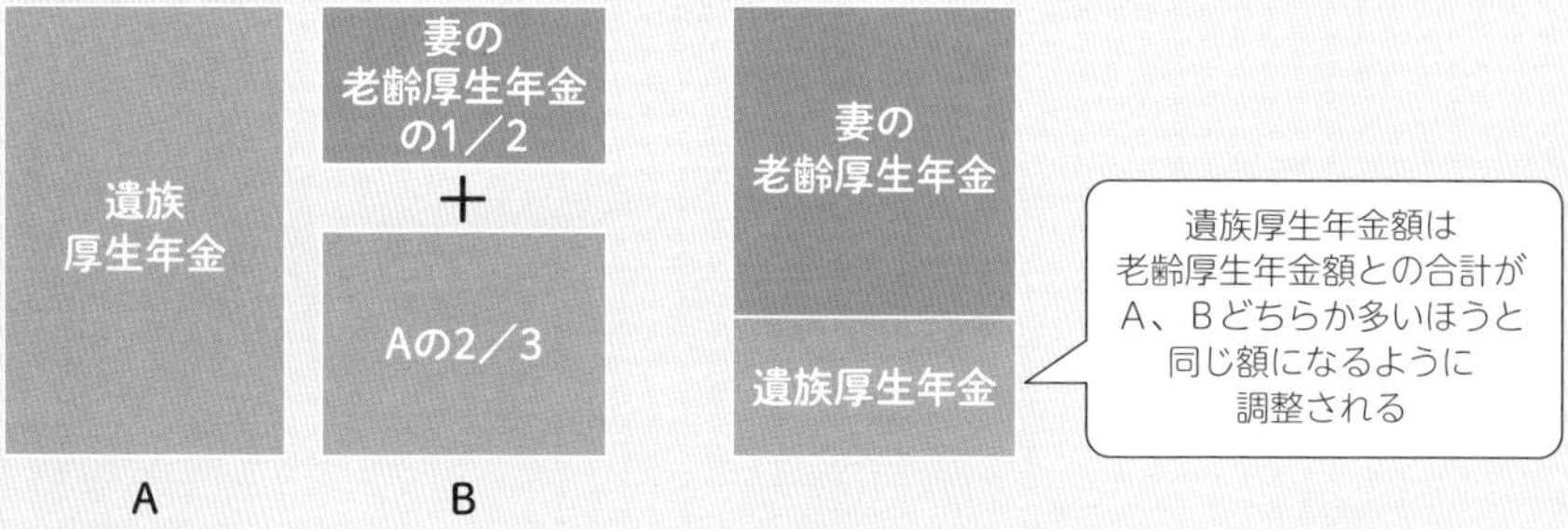

計算例

亡くなった夫が受け取っていた老齢厚生年金・年120万円の場合に、妻が65歳から受け取る年金額

妻自身に老齢厚生年金がない場合

●妻の老齢基礎年金
：年79万5,000円（2023年度）

●遺族厚生年金
：年90万円（120万円の75％）

➡受け取る年金合計
：**年169万5,000円**

妻自身の老齢厚生年金が20万円の場合

●妻の老齢基礎年金
：年79万5,000円（2023年度）

●遺族厚生年金・年90万円　＞　遺族厚生年金の2/3にあたる60万円＋妻の老齢厚生年金・年20万円の1/2にあたる10万円＝70万円なので、この場合は遺族厚生年金・年90万円を受け取る

➡受け取る年金合計
：**年169万5,000円**

32 企業年金はいくらもらえるか

↓確定給付年金の平均は年額で約60万円。DCは運用の結果次第

企業年金は2つの制度が主流

退職に伴って会社から受け取れるお金が、退職給付です。以前は退職後に一括で受け取る退職一時金が退職給付の主流で、これを一般に退職金と呼んでいました。

退職給付には一時金のほかに、年金形式の分割で、一定期間または一生涯受け取れるものもあります。これを企業年金といいます。

会社が社員の定年後の生活のために、現役時代に掛金（原資）を拠出して支給します。日本の年金制度の〝3階部分〟にあたる私的年金です。

企業〝年金〟とはいうものの、年金形式のほかにも、一時金、あるいは両方合わせた形で受け取ることもできます※。

ここでは、いま主流となっている2つの企業年金、確定給付年金と確定拠出年金について見ていきます。なお退職金についてはPart4で改めて取り上げます。

給付額が決められている企業年金

確定給付企業年金は、あらかじめ給付額が決められている制度です。

会社とは別の法人格をもつ企業年金基金を設立して運営する基金型と、会社が信託銀行などの金融機関と契約して給付などを委託する規約型の2つのタイプがあり、多くが基金型になっています。

給付額は、会社ごとに決められた複雑な算出方

※もともとは会社が退職金を一時金で支払う負担を軽減するために、退職金を分割して年金形式で支払うものだったので"年金"の名称がついている。

会社員は企業年金の上乗せがある場合も

●企業年金は年金制度の3階部分にあたる

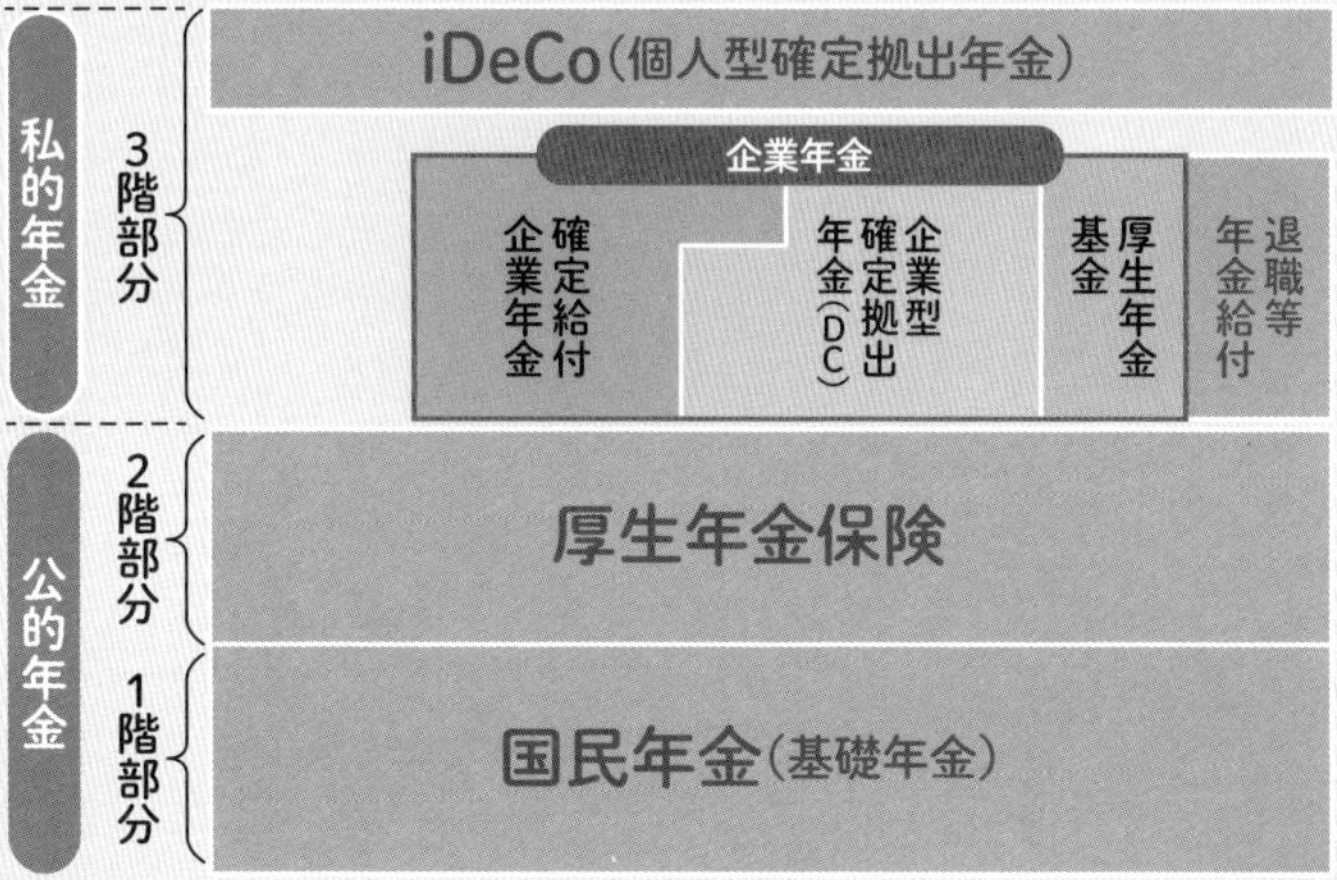

会社員（第2号被保険者）の年金は
1階・2階の公的年金に加えて
3階に企業年金という私的年金が
上乗せされる場合があります

●企業年金のいろいろな種類

確定給付企業年金	あらかじめ給付額などの内容が決められていて、社員は退職後にその給付を受ける形の企業年金
基金型	会社がつくった別法人の企業年金基金が資産運用する
規約型	会社が外部の金融機関に委託して資産運用する
企業型確定拠出年金（DC）	会社が社員のために出した（拠出した）掛金を、社員が運用する企業年金。給付額は掛金と運用益の合計額になる。なお「個人型」の確定拠出年金（愛称iDeCo）もあり、こちらは個人で加入して自分で掛金を払い、自分で決めた金融商品で運用する（Part 6参照）
厚生年金基金	1社または複数の会社で厚生年金基金という法人格を設立・運営。国の老齢厚生年金の一部を代行し、会社で独自の上乗せをして給付する。現在は事実上廃止となり、既存の基金の多くが他の企業年金に移行済み

法で計算されます。多くの場合、現役時代の給与の額や、勤続年数がポイントになります。

企業年金連合会の調査によると、基金型の平均年金額は58万４０００円となっています（令和3年度末）が、会社によって大きく異なります。

退職一時金や確定給付型の年金は、定年後の貴重な財源です。金額がわからないと定年後のマネープランが立てられないので、50歳になったら、退職金規程を見たり、勤務先に問い合わせたりするなどして必ず確認しておきましょう。配偶者が働いている場合も同様です。

給付額は運用の結果次第の企業年金

確定拠出年金を導入する企業も増えています。これは会社が掛金を拠出し、それを社員それぞれが運用しながら積み立てていくしくみです。積み立てたものは60歳から75歳になるまでの間に一時金か年金で受け取ります※。

企業型確定拠出年金に加入している人には、運営管理機関から定期的に運用報告書が送られてきます。それを見ると、これまでの拠出金の総額や現在の残高、運用している商品ごとの運用状況などがわかります。

最終的な受け取り額は、これから先の運用の結果によって変わるので正確にはわかりませんが、定年後のマネープランを考えるときは、現在の残高にこれから拠出する掛金の総額を足したものを受け取りの目安額にするとよいでしょう。60歳近くになったら、それ以降の働き方や公的年金の額も考慮して、確定拠出年金の受け取り方や、いつ、あるいはいつから受け取るかを考えます。

なお、確定給付年金も確定拠出年金も、一時金で受け取る場合は退職所得控除、年金で受け取る場合は公的年金等控除の対象となります。

※年金での受け取りを選択後、一時金への変更も可能など、会社によって対応が異なる。

確定給付企業年金と企業型確定拠出年金が多い

●確定給付企業年金の受給者数と平均年金額

		受給者数	平均年金額
合計		190万8,055人	62.3万円
	基金型	173万1,975人	58.4万円
	規約型	17万6,080人	100.0万円

（資料：企業年金連合会「令和3年度 企業年金実態調査」）

●企業型確定拠出年金（DC）のしくみ

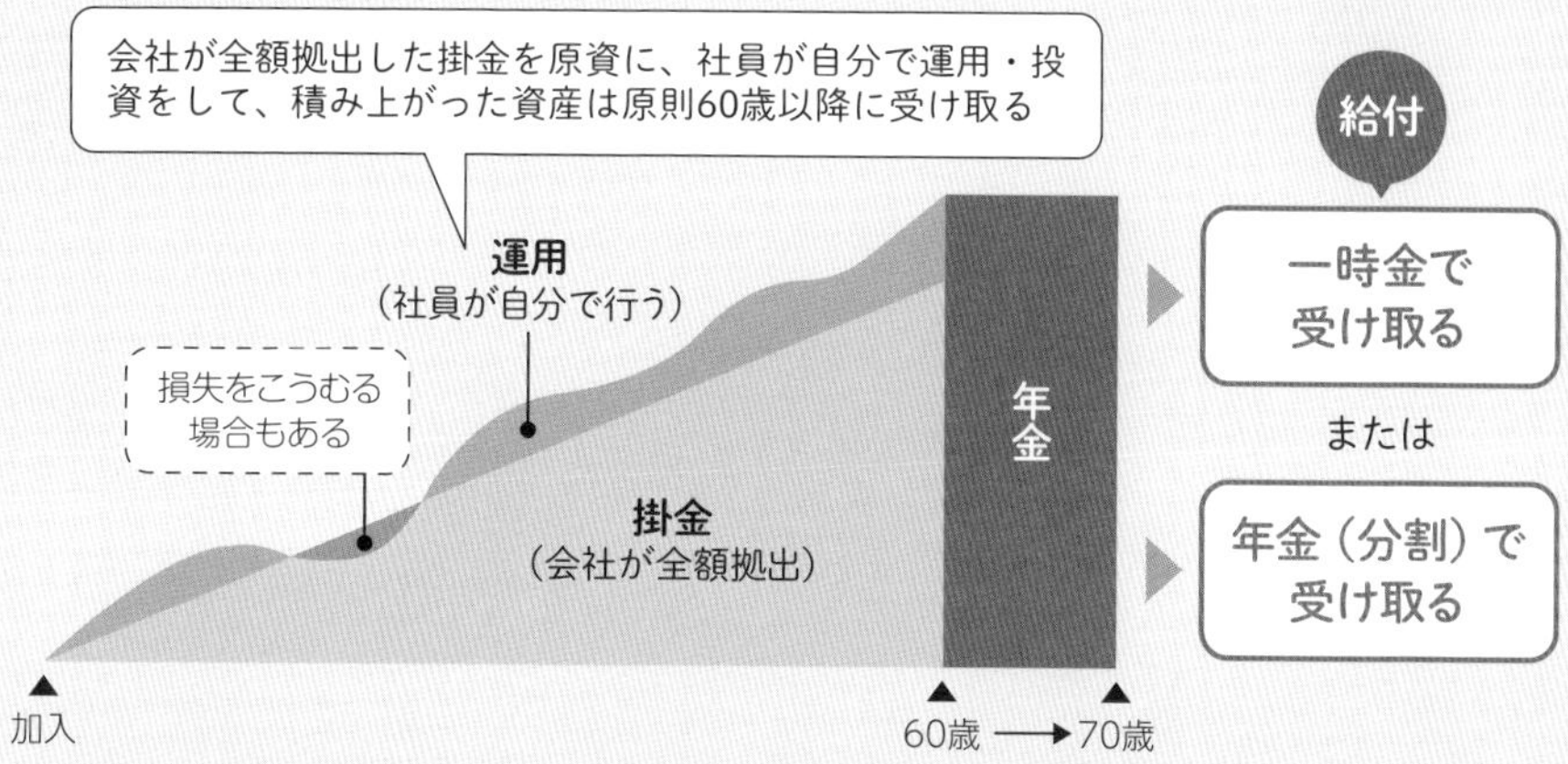

「中退共」「特退共」とは

企業年金のくくりではありませんが、私的年金に位置付けられるもので〝3階部分〟をもたない中小企業向けの退職金制度として、中小企業退職金共済制度（中退共）と特定退職金共済制度（特退共）があります。どちらも自社で退職金を準備することが困難な規模の小さな会社を対象に、国や自治体が支える退職金制度です。しくみはほぼ同じで、中退共の場合、運営する勤労者退職金共済機構の中退共本部に加入した会社が掛金の全額を納め、社員が退職後に掛金の月額や納付月数などに応じて退職金が支払われます。

Part 3

33

会社員がもらえる年金額を増やすには

↓長く働いて老齢厚生年金を増やすのが一番の近道

繰り下げ受給やiDeCoの活用も

会社勤めの人は、老齢基礎年金に加えて老齢厚生年金や企業年金があるなど、老後に受け取る老齢年金は自営業の人と比べて優遇されています。

それでも、もっと年金をもらえる方法はないかと考えたくなるもの。その一番の近道は、働き続けることです。会社で入る厚生年金保険は70歳まで加入でき、加入期間が長いほど老齢厚生年金がアップします。企業型確定拠出年金も70歳になるまで加入できるので、運用を続けることで受け取れる一時金・年金の増加が期待できます。

配偶者も働いて厚生年金に加入すれば、2人で老齢厚生年金が受け取れて世帯収入が増えます。

国民年金（基礎年金）の未加入期間（通算480ヵ月未満）がある人は、65歳まで国民年金に任意加入して保険料を払えば、老齢基礎年金を増やせます。

国民年金保険料に月400円の付加年金をプラスすると、老齢基礎年金額が若干増えます（ただし、納付期間が2年以下だと、年金のアップはありません）。

年金を65歳で受け取らず、66歳以降75歳までの間に繰り下げ受給すれば、何もしなくても年金は増えるので、ぜひ検討したいものです（P94参照）。

iDeCo（個人型確定拠出年金）を使って資産運用をし、私的年金を増やすのも効果的です（Part6参照）。

年金をできるだけ多く増やす方法は

年金アップ術 1

70歳まで加入可能な**厚生年金保険にできるだけ長く加入**して老齢厚生年金を増やす

年金アップ術 2

配偶者が勤め先の厚生年金保険に加入すれば老齢厚生年金が増える

注意　社会保険に加入すると給与から自己負担分の社会保険料が天引きされるため手取り額が減ってしまう。だが払った保険料は将来年金の形で戻ってくる

年金アップ術 3

国民年金（基礎年金）の未加入期間がある場合（通算480ヵ月未満）は、**65歳まで国民年金に任意加入**して老齢基礎年金を増やす

年金アップ術 4

年金を65歳で受け取らず、66歳以後75歳までの間に**繰り下げ受給**して年金を増やす（→P.94）

年金アップ術 5

iDeCo（個人型確定拠出年金）を使って私的年金を増やす

コラム column

将来、年金受給額が2割減る？

将来、もらえる年金が２割減る、という説があります。その根拠は、厚生労働省が2019年に発表した、**所得代替率の予測**です。

厚労省は、年金財政が破綻しないように、５年に一度、財政検証というチェックを行っています。その中で、年金財政の状況を測るために使われているのが、所得代替率です。

これは現役世代の男性の平均手取り月収に対する、モデル年金の額の割合です。次の財政検証が行われる**５年後までに所得代替率が50%を下回る**と予測されると、年金財政は「危機的状況にある」と判断されます。

直近の2019年の財政検証では、所得代替率は61.7%でした。しかし、最も楽観的なケースの予測でも、2046年度の所得代替率は51.9%とされています。つまり、**20数年後には年金が２割減る**、というわけです。

しかし、所得代替率はあくまで、現役世代の月収に対する年金の割合です。物価や賃金の上昇率によっては、年金の額が減るとは限りません。実際、楽観的なケースの試算でも年金額自体は増えています。

もっとも、現役世代の収入に比べて**年金の給付水準が下がり、実質的な価値が減る**ことには違いありません。

年金の水準が下がっただけで、すぐに生活に困ることがないように、老後の資金に余裕を持たせておくことが必要です。

Part 4

定年後のお金に不安はないか

定年後のお金に不安はないか

公的年金とともに定年後の生活を支える「収入」——貯蓄を増やす方法や、退職金はいくらかなどを見ていきます。

会社員の
主な老後資金は
貯蓄、退職金、年金

→P.118

65歳以上世帯の
4割強が
貯蓄額2,000万円以上

→P.120

大手企業の
定年退職金は
平均で約1,870万円

→P.122

退職金を
一時金で受け取ると
退職所得控除
が適用

→P.126

退職金を
年金で受け取ると
公的年金等控除
が適用

→P.126

早期退職は
有利か、不利か？

→P.128

定年後の収支は
プラスか、マイナスか？

→P.130

退職金の支給額は
ここ10年で
大きく減少

→P.122

Part 4

34

定年後に備えて貯蓄を増やすには

↓老後資金にする貯蓄は、生活費とは別枠で確保する

定年後の「収支」のメドは

ここまで、定年後は何に、いくらお金がかかるのか、そして定年後の収入の柱となる公的年金はどんなしくみで、いくらもらえるのかを見てきました。続いてこの章では、定年後のお金の「収支（収入と支出）」を見ていきましょう。

とくに会社勤めの人が老後資金として考えている、貯蓄と退職金の備え方、それに年金などと合わせた定年後の「収入」が、Part2で見た「支出」をまかなえるのかどうかをチェックします。

まず、「収入」ですが、定年後の生活を支えるお金としては、①Part3で見た年金が大きな柱となります。そして②定年を迎えるまでにつくった資産（貯蓄や運用・投資）。そして③退職金があります。これらのお金が定年後の生活を支えるお金＝「収入」です。

この収入の合計で定年後の支出をまかなえないなら、その不足分がいくらになるかを見積もり、いまから用意する必要があります。

その方法にはいろいろありますが、この章では①節約して貯蓄か運用に回す、②定年後も働いて収入を得る（配偶者にも働いてもらう）、③個人年金保険などの私的年金を利用する、④リースバックの利用を検討する、などを取り上げます。

60歳代の貯金額はいくらか

はじめに、貯蓄について見ていきましょう。

老後資金は貯蓄、退職金、年金

●定年後の生活を支える３つの「収入」

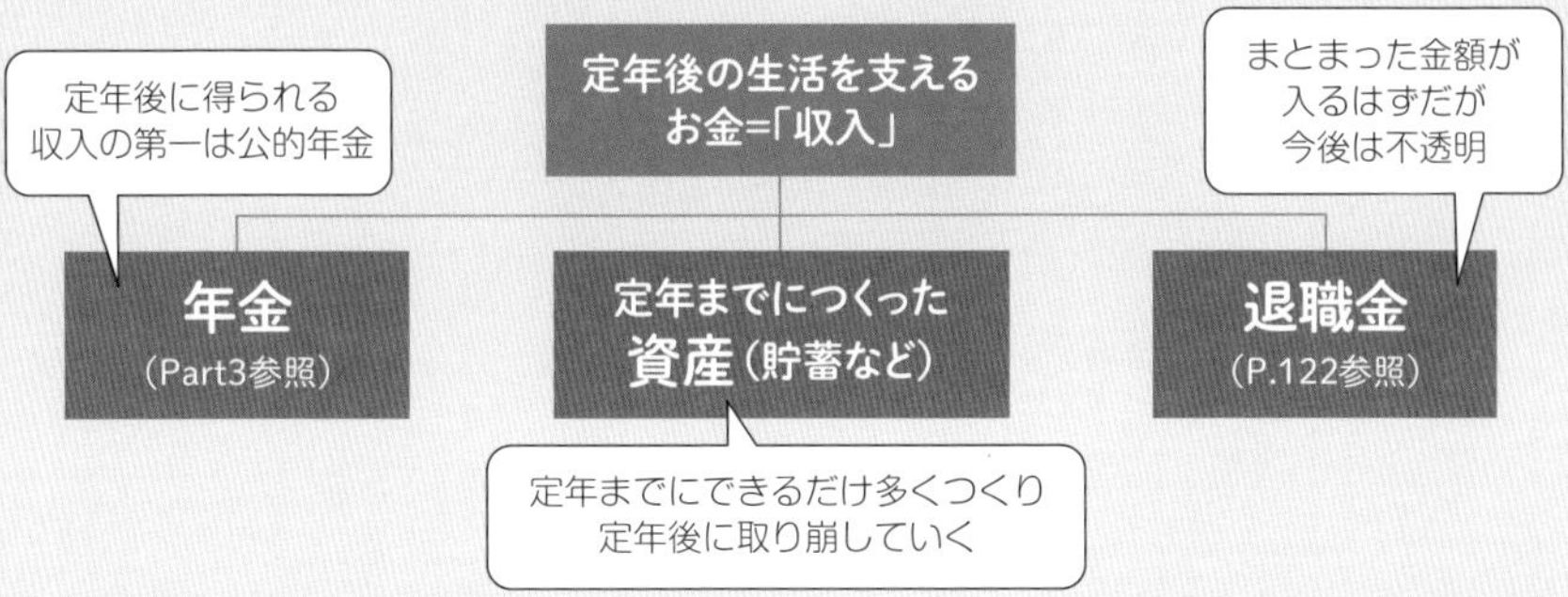

定年後に得られる
収入の第一は公的年金
まとまった金額が
入るはずだが
今後は不透明

資産（貯蓄など）

●60歳代はいくら貯金があるか①

〈世帯主の年齢別60歳代の金融商品保有額（金融資産を保有していない世帯を含む）〉

金融資産保有額	預貯金（運用または将来の備え）	うち定期性預貯金	金銭信託	生命保険	損害保険	個人年金保険	債券	株式	投資信託	財形貯蓄	その他金融商品
1,819万円	834万円	480万円	25万円	219万円	27万円	130万円	79万円	321万円	149万円	16万円	20万円
100%	45.8%	26.4%	1.4%	12.0%	1.5%	7.1%	4.3%	17.6%	8.2%	0.9%	1.1%

（資料：金融広報中央委員会「家計の金融行動に関する世論調査［２人以上世帯調査］令和４年」より作成）

※パーセンテージは本書が計算。四捨五入のため合計は100%にならない。

貯蓄を取り崩すときの考え方

例えば2,000万円の預貯金があり、うち500万円は不測の事態に備えて取り置くとして、残りの1,500万円を取り崩していくとします。この場合、65歳以降の25年間で、月5万円ずつの取り崩しになる計算です。これを年金などに足して生活費とする、といった考え方ができます。

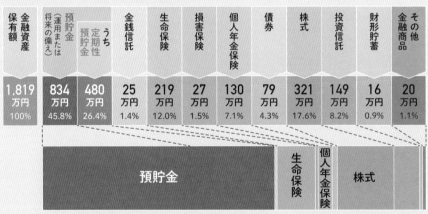

金融広報中央委員会が実施した調査によると、世帯主が60歳代の2人以上世帯では、金融資産の平均保有額は1819万円となっています。その内訳は、預貯金が834万円（うち定期性預貯金480万円）、生命保険が219万円、個人年金保険が130万円、株式321万円、投資信託149万円などです。定期預金などの預貯金だけでなく、株式や投資信託など様々な金融商品に幅広く運用・投資していることがわかります。

また別の、総務省統計局が発表した調査報告では、60歳代の世帯（2人以上の世帯）の貯蓄の平均額は2537万円（左上の図参照）となっています。これとは別に、65歳以上の世帯の貯蓄額を集計したデータでは、平均値が2376万円で、中央値は1588万円でした。

平均値は、極端に貯蓄の多い一部の世帯が平均を引き上げるので、実態を知るには中央値の額に注目します。

この調査で貯蓄額が2000万円を超えるのは、65歳以上の世帯の41・3％となっています。

定年までにできるだけ貯蓄を増やす

もし現役時に老後資金用の貯蓄をしておかなければ、退職金のほかは公的年金頼りになってしまいます。それでは老後のお金が心配です。

「貯蓄は苦手」という方は、勤務先の財形貯蓄や、口座から毎月自動的に引き落とされる自動積み立て定期預貯金などを使えば計画的に貯められます。

左中の図は、金融広報中央委員会の調査で、40歳代と50歳代の貯蓄額（平均値）を示したものです。ここからスタートして、貯蓄を進めていけば、年金と退職金だけに頼らない、定年後の「収入」を確保できます。

定年までに貯蓄はいくらあればいいか

●60歳代はいくら貯金があるか②

（世帯主の年齢階級別60 ～ 69歳の貯蓄の1世帯当たり現在高）

貯蓄	通貨性預貯金	定期性預貯金	生命保険など	有価証券	貸付信託・金銭信託	株式	債券	投資信託	金融機関外	年金型貯蓄	外貨預金・外債
2,537万円	738万円	890万円	488万円	398万円	6万円	198万円	66万円	128万円	23万円	128万円	52万円
100%	45.8%	26.4%	1.4%	12.0%	1.5%	7.1%	4.3%	17.6%	8.2%	0.9%	1.1%

（資料：総務省統計局「家計調査年次（貯蓄・負債編）2021年」より作成）

※「貯蓄」は通貨性預貯金～有価証券と金融機関外の合計。

●40歳代、50歳代はいくら貯金があるか

〈世帯主の年齢別40歳代、50歳代の金融商品保有額（金融資産を保有していない世帯を含む）〉

	金融資産保有額	預貯金（運用または将来の備え）	うち定期性預貯金	金銭信託	生命保険	損害保険	個人年金保険	債券	株式	投資信託	財形貯蓄	その他金融商品
40歳代	825万円	356万円	125万円	11万円	101万円	12万円	51万円	20万円	149万円	70万円	46万円	10万円
50歳代	1,253万円	508万円	240万円	16万円	176万円	21万円	109万円	18万円	242万円	86万円	56万円	21万円

（資料：金融広報中央委員会「家計の金融行動に関する世論調査［2人以上世帯調査］令和4年」より作成）

老後資金用の貯蓄は別枠で確保する

40歳代、50歳代は、まだ子どもにお金がかかったり、住宅やクルマのローンの支払いなどもあり、なかなか貯蓄ができない現実もあります。そんな中でも老後資金はとくに「別枠」として自動積み立て定期預貯金などで準備していくことが大切です。例えば50歳で貯蓄が1,039万円※あるなら、そこから月々5万円の積み立てで65歳までに合計1,939万円の貯蓄ができます。

※1,039万円は40歳代と50歳代の金融資産保有額の単純平均値。

Part 4

35

退職金はいくらか。アテにできるか

↓貯蓄がなくても退職金があるから大丈夫、は通用しない

十数年後の退職金はどうなるか

会社勤めの人にとって、大事な老後資金の1つが、退職金です。ではこの退職金、みなさんいくらくらいもらっているのでしょうか。

左上の図は、2020年度に退職した人が、退職金をいくらもらったかを調査したデータです。

全体の平均では、定年退職で約1870万円、業種や勤続年数、学歴に応じて1500万～2000万円程度の退職金を受け取っています。

この数字だけ見ると、退職金は老後資金の1つとして十分アテにできると思いますよね。でも、10年前の同じ調査のデータは左中の図の通りです。両方を比較してみると、退職金の支給額は10年間で大きく減っていることがわかります。

おそらくこの傾向は、今後も続くのではないかと考えられます。そうなると、貯蓄がなくても退職金があるから大丈夫、といった考え方はもう通用しないと思ったほうがよいでしょう。

そもそも退職金制度は、終身雇用が当たり前だった時代に、社員に長く働いてもらうためのインセンティブとして意味をもっていたものです。

しかし現在は、転職なども一般化しています。制度の意味そのものが薄れつつあり、退職金制度をもたない企業も少なくありません。

いま50歳代の人は、将来、どんな退職金制度のもとで、いくらもらえるかは不透明だと考えておきましょう。

退職金をいくらもらっているか

●定年退職者の平均と、勤続年数・学歴別の平均は

（定年退職の１人平均退職金額と、定年退職者の勤続年数・学歴別平均退職金額）

令和3年

	調査産業計	製造業
定年退職平均	1,872.9万円	1,900.5万円
大学卒勤続35年	1,903.3万円	1,744.5万円
大学卒満期勤続	2,230.4万円	2,277.3万円
高校卒勤続35年	1,745.7万円	1,508.6万円
高校卒満期勤続	2,017.6万円	2,003.1万円

（資料：中央労働委員会「令和３年賃金事情等総合調査　退職金、年金及び定年制事情調査」より作成）

平成23年

	調査産業計	製造業
定年退職平均	2,072.7万円	1,970.2万円
大学卒勤続35年	2,646.2万円	2,719.8万円
大学卒満期勤続	2,531.3万円	2,608.0万円
高校卒勤続35年	1,904.9万円	1,857.0万円
高校卒満期勤続	2,133.3万円	2,030.9万円

（資料：中央労働委員会「平成23年金賃金事情等総合調査　退職金、年金及び定年制事情調査」より作成）

退職金などの制度を持たない企業も

退職金の制度は、企業に義務づけられているものではないので、制度を持たない企業もあります。

少し古いデータ（2018年）ですが、厚生労働省の調査※では、退職給付の制度（退職一時金、退職年金、両制度併用）がある企業の割合は80.5%となっています。約2割の企業に勤める人は、そもそも退職一時金や、退職年金がもらえないわけです。

※資料：厚生労働省「平成30年就労条件総合調査」。

Part 4

36

退職金の制度と金額の相場を知っておく

↓大企業と中小企業とでは支給額に差がつく

一時金や年金の形で受け取る

退職後にもらえるお金（退職給付）には、一括で受け取る退職一時金と、分割で受け取る退職年金があります。

また退職年金には、支給される額が決まっている（確定している）確定給付年金と、会社が払う（拠出する）掛金の額が決まっている確定拠出年金があります。

退職金制度の中身はこれらの組み合わせにより、会社ごとに異なります。

左上の円グラフは、東京都産業労働局による調査結果で、どの退職金制度を、何パーセントの企業が採用しているかを示しています。

また、下の棒グラフは退職年金と退職一時金について、それぞれ支払いのために企業がどのように積み立てているか（支払い準備形態）を示したものです。

退職一時金では、中小企業退職金共済制度の利用などもあります。

さらに、会社の規模によっても退職金の支給額は変わります。

前項の例は、従業員1000人以上などの比較的大きな会社を対象とした退職金の相場でしたが、東京都の調査はもっと規模の小さい、中小企業を対象としています（左下の図参照）。

規模の小さい会社では、退職金の額も全般的に小さくなることがわかります。

退職金制度の種類と金額の相場

●退職金制度の種類

退職金制度の有無と種類

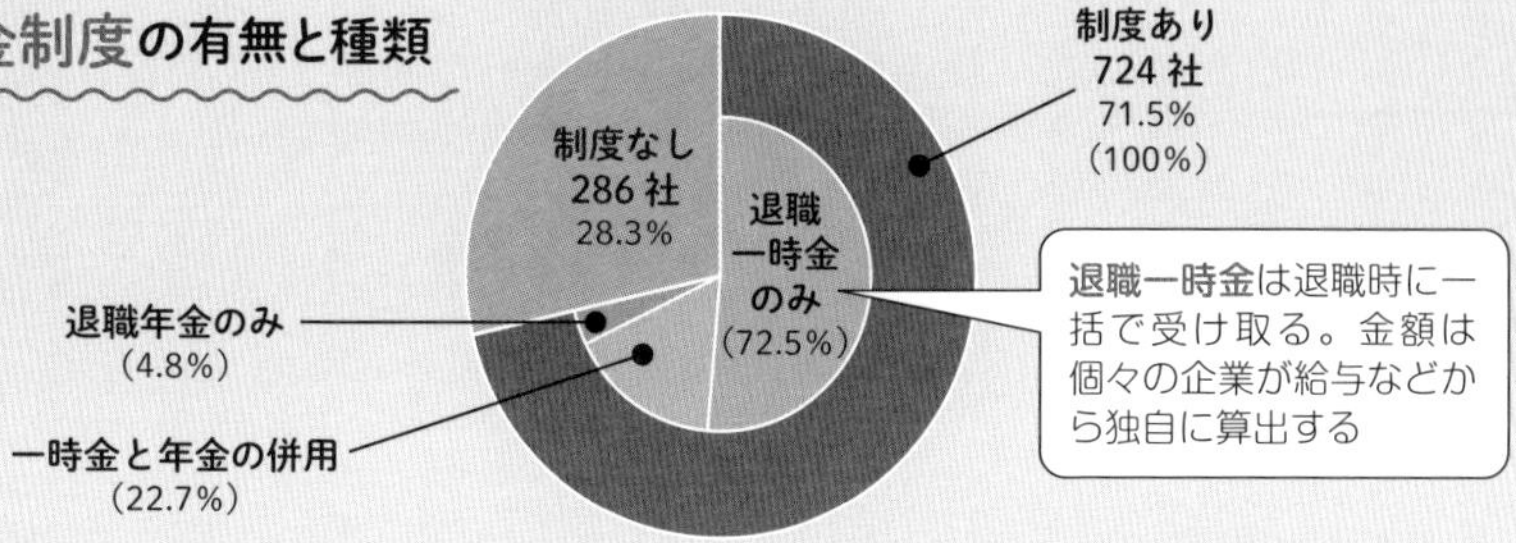

退職年金の種類と積み立て方

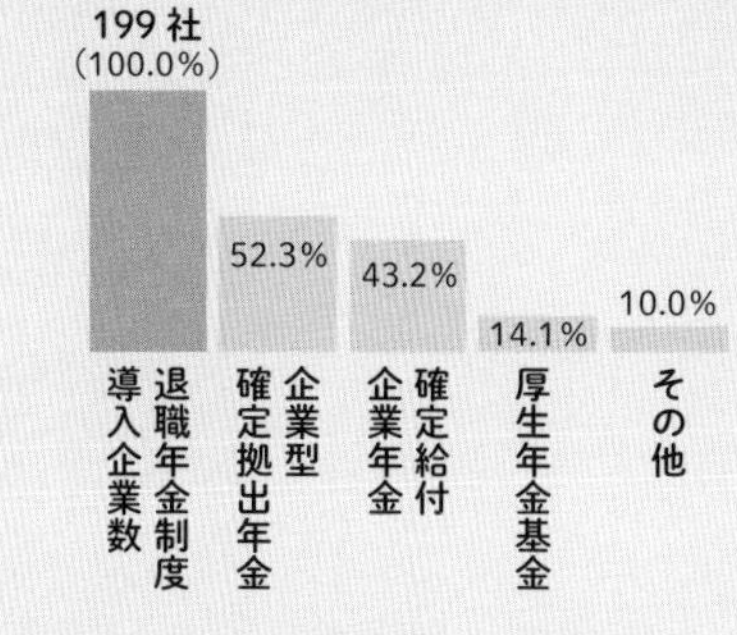

退職一時金の種類と積み立て方

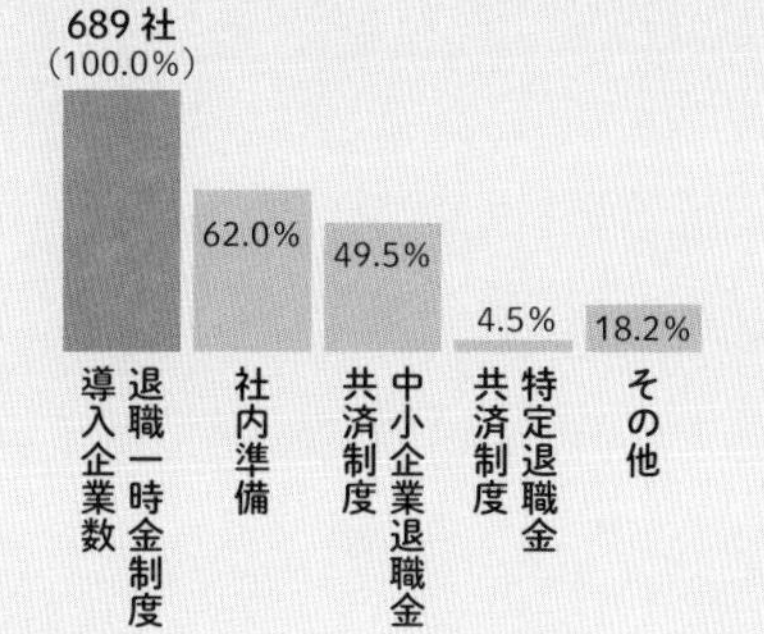

※積み立て方（支払い準備形態）は複数回答のため合計は一致しない。

●中小企業の退職金の相場

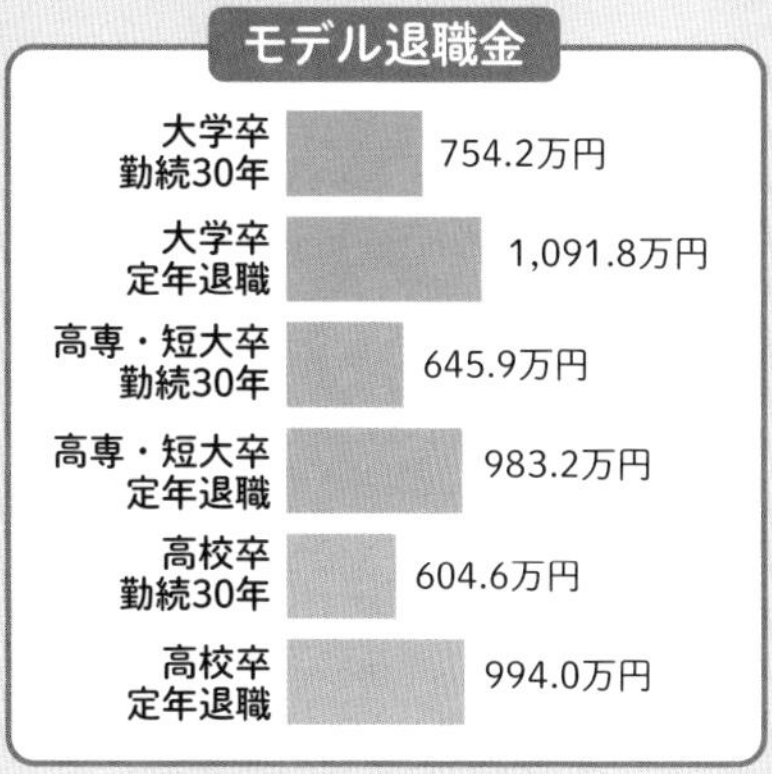

金額は企業規模でも変わる

前項の図は資本金5億円以上かつ労働者1,000人以上の企業380社を対象にしていましたが、左図は常用労働者数10～299人、資本金1,000万円未満～1億円以上の企業1,012社が対象です。自分の会社に近いほうの相場を参考にしましょう。

（資料：東京都産業労働局「中小企業の賃金・退職金事情（令和４年版）」より作成）

37 退職金の受け取り方に注意しよう

↓受け取り方を選べるときは退職一時金を選ぶのが基本

退職金の受け取り方には、①一時金で受け取る、②年金で受け取る、③両方の併用、があり、この中からいずれかを選べる場合があります。

左上の表のように、一時金は退職所得控除が大きいので全額非課税で受け取れることもあります。年金にも左下の図のような公的年金等控除があり、控除額の範囲内に収まれば所得税や住民税はかかりません。ただし、一時金ではかからない社会保険料が発生します。

一般的に、退職金は一時金でもらったほうが有利です。ただし、まとまった金額を一括で受け取ると、旅行やぜいたく品などにお金を使ってしまいがちで、それによって老後資金が不足する可能性がある点には注意が必要です。

㊎ 退職金には各種控除が適用される

退職金にも税金がかかります。ただ、退職金は退職後の主な生活資金になるものなので、税制面では多額の優遇措置が認められています。

とくに一括で受け取る退職一時金には退職所得控除が認められています。左上の図の計算式のように控除額を差し引いた後の2分の1の額に対して税金がかかるように優遇されています。

また、年金の形で分割で受け取る退職年金には公的年金等控除が認められ、控除によって課税額が低く抑えられます。

では、退職金はどんな受け取り方をすれば、より税金が安くなり、トクするでしょうか。

退職金にかかる税金は安い

●退職一時金には多額の退職所得控除が認められる

（退職一時金の収入金額 － 退職所得控除額）× 1/2 ➡ 退職所得の金額

＼退職所得控除額の計算／

勤続年数	退職所得控除額
20年以下	40万円 × 勤続年数（最低80万円）
20年超	800万円 ＋ 70万円 ×（勤続年数－20年）

退職一時金1,850万円までは税金ゼロ！

計算例

●勤続35年の場合　退職所得控除額 ＝ 800万円 ＋ 70万円 ×（35年 － 20年）＝ 1,850万円

●退職年金では公的年金等控除が利用できる

＼公的年金等に係る雑所得の速算表・65歳以上／

公的年金等以外の所得の合計所得金額が1,000万円以下	
公的年金等の収入金額の合計額	公的年金等の雑所得になる金額
110万円以下	0円
110万円超　330万円未満	収入金額の合計額 － 110万円
330万円以上　410万円未満	収入金額の合計額 × 0.75 － 27万5,000円
410万円以上　770万円未満	収入金額の合計額 × 0.85 － 68万5,000円
770万円以上　1,000万円未満	収入金額の合計額 × 0.95 － 145万5,000円
1,000万円以上	収入金額の合計額 － 195万5,000円

※65歳未満については別の速算表があります。

計算例

●老齢厚生年金などと合計1ヵ月あたり25万円（年間300万円）の年金を受給
社会保険料控除、基礎控除など所得控除の合計が140万円

300万円－公的年金等控除110万円=190万円

所得税５%の５万5,000円分の税金が安くなる

他に所得がないとすると……
（190万円－所得控除合計140万円）×所得税5%
=2万5,000円

所得税は２万5,000円、他に住民税、社会保険料がかかる

Part 4

38

早期退職制度がある場合の賢い利用法は

↓まとまった資金を得られるが、独立・起業は慎重に

早期退職後に必要なお金を稼げるか

定年を待たずに、自分の意思で定年よりも早く退職する制度が、早期退職優遇制度（または早期退職制度、選択定年制）です。

企業側は組織の若返りや、長期的に見た人件費の抑制などを目的に、この制度を用意しています。中央労働委員会の調査では、この制度がある会社は、大企業では約半数に及んでいます。

一方、早期退職する側は、早く会社を辞める分、退職金の割り増しや再就職の支援などを受けられるメリットがあります。

とくに退職金の割り増しは、独立や起業を考えている人にとって、まとまった額の資金が手に入るチャンスです。

同じ中央労働委員会の調査では、約半数の企業が定年退職と同等か、退職年齢に応じた加算をしているので、ある程度まとまった額を手にできると思ってよいでしょう（左中の図参照）。

ただし、独立・起業が必ずうまくいくとは限りません。

将来、経済的に困窮するおそれや、会社を辞めることで老齢厚生年金の額が減ってしまうデメリットもあります。

左下の図のように、早期退職をしても「65歳までに稼ぐ必要のあるお金」を計算してみて、それを稼ぐ自信があれば、早期退職を検討してもいいでしょう。

早期退職は有利か、不利か

●早期退職優遇制度を利用するメリット・デメリット

早期退職するメリットは?

- 退職金が割り増しでもらえる
- 独立・起業や転職など次のキャリアに進める
- グループ会社への再就職あっせんなど有利な扱いを受けられる場合がある

早期退職するデメリットは?

- 予定通りにいかず、あとで経済的に困窮する可能性もある
- もらえる年金額が減ることがある
- 退職金の割り増しやグループ会社への再就職が期待通りでないことがある

●早期退職優遇制度で退職金の加算はどれくらいか

退職一時金の加算制度

- 早期退職制度があるのは、調査産業計 186 社のうち 84 社（50.6%）。うち退職一時金の優遇措置があるのは 82 社（97.6%）
- 制度の適用年齢は「50 歳」が最も多く 36 社（42.8%）

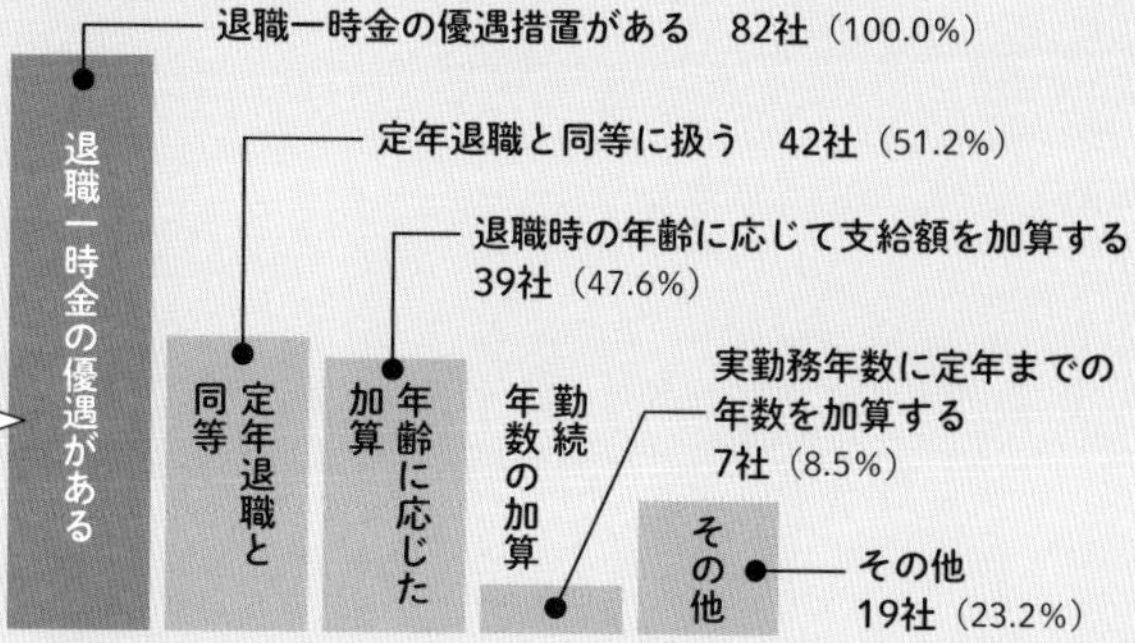

※加算の種類は複数回答のため合計は一致しない。

（資料：中央労働委員会「令和３年賃金事情等総合調査　退職金、年金及び定年制事情調査」より作成）

早期退職して後悔しないために

（65歳までにかかるお金 ＋ 65歳後にかかるお金）－ 確実に用意できるお金 ＝ 65歳までに稼ぐ必要のあるお金

早期退職する前に、後悔しないようにお金の面をチェックしましょう。次項からの説明を参考に、65歳までにかかるお金と、その後にかかるお金を計算して合計します。そこからいまある資産と退職金、年金などの確実に用意できるお金を差し引いて、マイナスならその額が早期退職後、独立・起業や再就職などにより65歳までに稼ぐ必要のあるお金になります。

39

定年後の収支を見てみよう

↓収支はプラスかマイナスか。マイナスならいまから手を打つ

ここまでの話をまとめて、自分の定年後の収支、つまり収入と支出を比較してみましょう。

はじめに、定年後の支出＝出ていくお金から見ていきます。

定年後に出ていくお金を書き出す

定年後に出ていくお金はＰａｒｔ２で見ましたが、最も大きなものは生活費です。

これは月額を12倍して、25年分（65歳から90歳まで）を計算しておきましょう。そのおおまかな金額を、左表の「定年後の収支シミュレーション」に書き込んでみてください。

また、生活費以外に出ていくお金には左表にあげた項目がありますが、これらの支出は収入の額や、持ち家か賃貸住まいか、自家用車を所有しているか、家族構成はどうかなどにより、その人ごとにあてはまる項目と金額が違ってきます。

Ｐａｒｔ２の内容を参考にして、自分にあてはまる項目を選び、おおまかな金額を記入します。

入ってくるお金を書き出す

次に収入、入ってくるお金を見ます。

定年後に入ってくるお金は、退職時に受け取る退職金と公的年金です。それに定年前に貯めた金融資産を足したものが、定年後の暮らしの収入となります。金融資産には、預貯金や個人年金保険、定年後の資金として運用している株式や投資信託などが含まれます。

定年後の収支シミュレーション［支出］

●定年後に出ていくお金の総額はどれくらいか

（定年後の支出試算用チェック表）

支出項目		金　額	参　考
生活費		万円	消費支出平均月額：23万6,696円 非消費支出：3万1,812円※
生活費以外	家の設備機器や家電の買い換え費	万円	エアコン・給湯器・テレビ・冷蔵庫・洗濯機など
	趣味・旅行・レジャー費	万円	→P.62参照
	家族や親戚・友人の冠婚葬祭費	万円	入学・結婚・出産祝い、香典など
	税金	万円	固定資産税・所得税・住民税など →P.42参照
	健康保険料	万円	国保・後期高齢者医療・介護保険料 →P.44・46参照
	住宅の賃貸料	万円	賃貸住宅に居住の場合
	クルマ関連費	万円	自動車税、自動車保険料、車検費用、駐車場代、燃料費など
	民間の保険料	万円	火災保険料・地震保険料・生命保険料・医療保険料など
	医療費	万円	通院、入院、治療、手術費用など →P.50参照
	介護費	万円	介護サービス利用料、介護設備機器費、施設入居費など →P.52・54参照
	リフォーム・建て替え費	万円	→P.60参照
	子や孫への資金援助	万円	結婚・住宅購入・教育の費用など →P.64参照
	高齢の親の医療・介護費	万円	介護サービス利用料、介護設備機器費、施設入居費など
	自分たちの葬儀代・墓代	万円	→P.66参照
	その他	万円	
合　計		万円	

※総務省統計局「家計調査（家計収支編）」2022年（令和4年）より、世帯主が65歳以上の夫婦のみの無職世帯での支出額。非消費支出は税金や社会保険料など。

退職金には、退職一時金として一括で受け取る場合と、退職年金として何年かに分けて受け取る場合があります。退職年金の場合は受け取る総額を計算し、両方を併用する場合は退職一時金も加算します。確定拠出年金は、いまの残高にこれから60歳までの拠出額の合計を足した金額を見積もります。

Part3で詳しく見た公的年金は、終身年金なので、**長生きするほど受給額が増えます**。ここでの総額の計算は、生活費の計算などと合わせて**25年分**としておきましょう。

これらの収入額を左表に書き込んでください。このほかに何か確実な収入があるときは、その他の欄に記入します。

¥ もしも収支がマイナスだったら

前ページの表の合計欄、すなわち出ていくお金の合計額と、左表の収入の合計額を、左下の計算式に記入してください。

そして引き算をすると、収入と支出の差、**定年後の収支**が計算できます。

定年後の収支がプラスなら、ひとまず安心といえるでしょう。

いまの予定通り、貯蓄をしながら、会社勤めを続ければ、定年後に必要なお金はまずまかなえそうです。

一方で、**収支がマイナス**、あるいは**プラスが少ないのでもっと余裕がほしい**という場合は、定年後に入ってくるお金を増やすか、定年までの貯蓄を増やす必要があります。

それには、定年後も働き続けてお金を得たり（Part5参照）、運用・投資を行って資金を増やす（Part6参照）といったことが考えられます。

定年後の収支シミュレーション［収入・資金］

●定年までの金融資産と定年後に入ってくるお金の総額はどれくらいか

（定年後の収入試算用チェック表）

収入項目		金　額	参　考
金融資産	預貯金	万円	普通預金・定期預金
	生命保険	万円	解約返戻金・満期金
	個人年金保険	万円	受け取れる年金の総額
	株式	万円	資産形成の１つとして運用・投資している株式
	投資信託	万円	資産形成の１つとして運用・投資している投資信託
	その他	万円	運用・投資している債券その他の金融商品
退職給付	退職一時金	万円	大企業の平均1,872.9万円※1 中小企業の平均1,091.8万円※2
	退職年金	万円	確定給付企業年金、企業型確定拠出年金 →P.124参照
公的年金の受給額		万円	65～90歳までの25年分で計算 →Part３参照
その他		万円	親からの相続・贈与など確実なものがあれば記入
合　計		万円	

※１　中央労働委員会「令和３年賃金事情等総合調査　退職金、年金及び定年制事情調査」。
※２　東京都産業労働局「中小企業の賃金・退職金事情（令和４年版）」。

●定年までの貯蓄と定年後に入ってくるお金から出ていくお金を差し引く

定年後の収入	−	定年後に出ていくお金	＝	定年後の収支
万円		万円		万円

- マイナスまたは余裕がほしい場合 → 定年後の年金額、または金融資産額を増やす
- プラスならひとまず安心

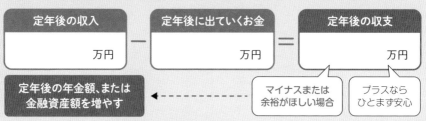

Part 4

40

50歳前後で定年後に備えておくことは

↓マネープランを立てて定年後にしたいことの準備を始める

セカンドライフとマネープランを考える

遅くとも50歳前後になったら、定年に向けた準備を始めるようにしましょう。

それにはまず、定年後のセカンドライフをどう過ごしたいか、想像してみてください。それによって、定年前の準備も、定年後のマネープランも違ってきます。

定年に向けた準備で大切なのがマネープランです。入ってくるお金は、年金の受給額がいくらになるかを必ずチェックしておきましょう。

また退職金の額も、会社の規程を確認するなどしてできるだけ試算しておきたいものです。

老後の暮らしを支える貯蓄も、可能な限り定年までに増やしておく必要があります。それには、節約や、家計の見直しのほかに、副業や資産運用をしてお金を増やすことも考えられます。

出ていくお金は、どんな老後を送りたいかを考えて、予想される額を見積もってみます。配偶者がいる人は、老後の暮らし方を夫婦で話し合うことが大切。2人の考えが一致していないとマネープランが立てられないからです。

もちろん、お金の心配だけでなく、心身ともに健康を保つ努力も欠かせません。健康を損なってしまえば、せっかく進めた定年後の計画が台無しになってしまいます。その上で、定年後の趣味やボランティア、仕事などに向けた人脈づくりなどの準備も始めましょう。

定年後に向けていまから始めること

●定年後、自分と家族はどう過ごしたいか

趣味を楽しむ

これまで時間がなくてできなかったこともできる。そのためのサークルなどのコミュニティ探し、人脈づくりは定年までに準備しておく

ボランティアに取り組む

これまでできなかった社会貢献ができる。地域活動への参加などはすぐにできるが、NPOの設立などはいまから準備しておく

仕事を続ける

定年後のお金が足りていても、生きがいとして仕事を続ける選択肢もある。とくに独立・起業はいまから準備を始めておく

●定年後のための準備で大事なのはマネープラン

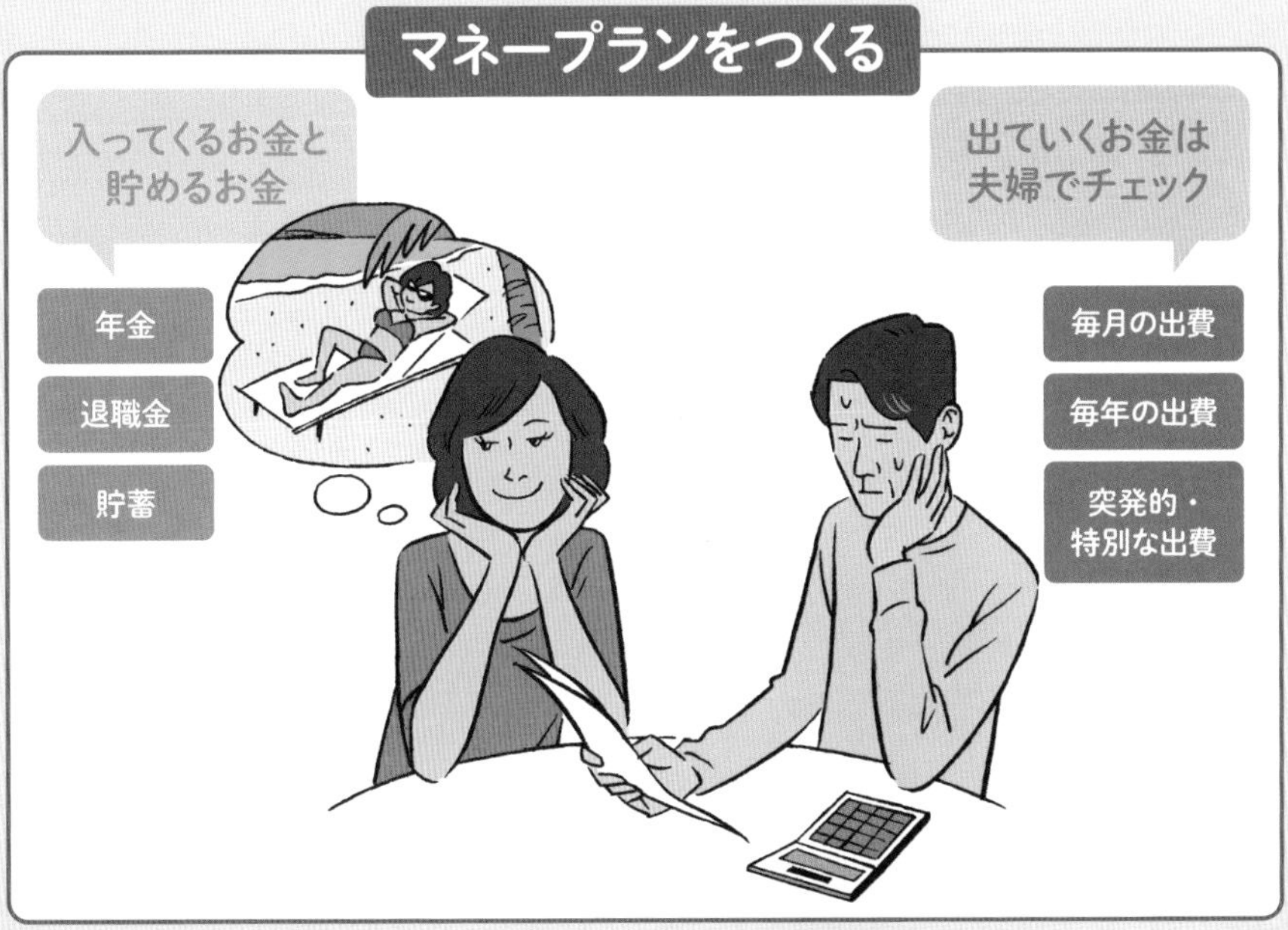

＋ ＋

健康を維持する

健康でなければ、やりたいこともできず、医療費などもかさんで定年後に出ていくお金も増える。定期的な健康診断を受け、必要なら生活習慣を改善する

定年後の準備を始める

貯蓄が足りなければ対策を考える。趣味やボランティア、仕事のために新たなコミュニティや人脈を開拓しておく

コラム column

高年齢求職者給付金とは

64歳までに失業状態になった場合、一定の要件を満たせば、雇用保険の基本手当、いわゆる失業保険が受給できます。

では、年金受給年齢である65歳以上ではどうでしょうか。

失業保険は受給できませんが、65歳以上限定の**高年齢求職者給付金**があります。

失業保険は退職事由などによって最低90日分以上の手当が支給されますが、高年齢求職者給付金は**50日、または30日分の一時金**が支給されます（雇用保険の被保険者期間が1年以上なら50日分、1年未満は30日分）。

要件は、①離職の日以前1年間に雇用保険の被保険者期間が通算して6ヵ月以上あること、②失業の状態（就職したい積極的な意思と就職できる能力があり、積極的な求職活動を行っているにも関わらず就職できない状態）にあることです。

ですから、再就職するつもりのない人や、病気などで就職が難しい人は受給できません。

なお、60歳以降に失業保険を受けていて再就職すると、就職日までの残日数100日以上なら**高年齢再就職給付金**が受けられる場合があります。

また、60歳以上65歳未満の、定年後に継続雇用される人で、60歳時の賃金の75％未満に賃金が低下した場合は**高年齢雇用継続給付**が受けられる場合があります。

Part 5

老後資金の不足分を準備する

老後資金の不足分を準備する

定年後の収支が明らかになり、もし不足するようなら対策が必要です。いまからできる対策と定年後に実施する対策を見ていきます。

老後資金の
不足分は
節約、投資、働く、
年金の上乗せなどで
カバーする

→P.140

半数以上の人が
定年後も
70歳手前まで
働いている

→P.144

再雇用、
再就職、起業と
働き方は
いろいろある

→P.146～155

持ち家なら
リースバックで
資金不足を
解消する手も

→P.164

夫婦2人で
働けば
老後の生活費に
余裕が出る

→P.156

親からの
贈与・相続
に備えて
基本知識を
学んでおく

→P.166

財形年金で
計画的に
お金を貯める

→P.158

個人年金保険は
いまから加入する
メリットはない

→P.160

41 足りない老後資金をどうやって補うか

↓節約する、投資する、働く、運用でお金をつくる

㊎節約して増やすか、働き続けて稼ぐ

Part4で、定年後のお金の収支が明らかになりました。もし不足分が出るようなら、対策を講じなければなりません。

対策には、大きく分けて、①節約する、②投資する、③年金を上乗せする、④働く、⑤自宅を活用する、の5つがあります。

「①節約する」は、いまの家計の支出を見直して節約し、余裕資金をつくる方法です。電気代やスマホ代、食費、服代などを節約しながら、お金を貯めていきます。

「②投資する」は、余裕資金を株式や投資信託などに投資して増やすという対策です。

「③年金を上乗せする」は、個人型確定拠出年金（iDeCo《イデコ》）などで老後資金を増やします。

「④働く」は、定年後も働くことによって、お金を稼いでいく方法です。定年後の再雇用で同じ会社で働くほか、別の会社で働く、独立するなど、様々な選択肢があります。

「⑤自宅を活用する」は、自宅を所有している方が行える対策です。最近は、自宅を買い取ってもらいながら、その後も自宅にそのまま住み続けることができるしくみがあります。

①〜③は、いまから行える対策で、④と⑤は、定年後に実施する対策です。次項から、それぞれ詳しく見ていきましょう。

老後の不足分を準備する5つ方法

＼いまから始められる／

1 節約する

いまから節約して貯蓄を増やし
余裕資金をつくる

水道光熱費　食費　被服費　娯楽費　など

→P.142参照

2 投資する

余裕資金を投資して増やす。
余裕資金をつくりながら増やす

債券　株式　投資信託　など

→Part6参照

3 年金を上乗せする

余裕資金を運用して
年金を上乗せする

iDeCo

→Part6参照

節約したお金を
貯蓄や運用に回せば
さらに期待できる！

＼定年後に行う／

4 働く

定年後もできるだけ長い間、
働き続ける

再雇用　再就職　独立　夫婦で稼ぐ　など

→P.144～157参照

5 自宅を活用する

自宅を売却して資金を得て、
そのまま住み続ける

リースバック　リバースモーゲージ

→P.164参照

42 家計を見直し、節約して貯蓄や運用に回す

↓毎月かかる固定費から見直しをする

㊎毎月かかる固定費とそれ以外の変動費

貯蓄額をいまより確実に増やす方法の1つが節約です。節約して余裕ができた分を、貯蓄へ回すことで将来の資金が増えます。一部を運用・投資すれば、さらに増やすことも期待できます（Part6参照）。

節約を検討するときは、一定額を銀行口座からの引き落としやクレジットカードで支払う固定費の見直しから行いましょう。一度見直すと、節約効果がずっと続くからです。

固定費の中でまず検討すべきは、スマホ代です。大手キャリアからそのサブブランドに変えたり、格安業者に変えたりすることで大幅に料金を下げることが可能です。

生命保険も見直して、保障額を必要額まで下げたり、不要なものを解約したりすれば、年数万円単位で節約できることがあります。

電気やガスの料金は自由化されているので、業者を変えることによって料金が下げられる場合があります。電気・ガス・電話などを同じ会社で契約すると割引が受けられることも多いので調べてみるとよいでしょう。

忘れがちな固定費は、サブスクです。月会費や年会費として支払っているスポーツジムや動画・音楽配信サービス、スマホのアプリ、ゲームなどは一度すべてをピックアップして、使っていないものは解約しましょう。

どの支出を節約するか考えよう

●固定費と変動費に分けて考える

＼定期的にかかる固定費から抑え、貯蓄や投資に回すことで、老後に備える／

固定費の例

水道光熱費	電気代、ガス代、水道代
通信費	スマホ代、ネット接続料
サブスク費	スポーツジム代、動画・音楽配信サービス費、スマホのアプリ代

変動費の例

食費	食材費、酒類費、外食費
家具・家事用品費	家具代、寝具代、食器代、洗剤代
被服費	洋服代、靴代、クリーニング代
教養・娯楽費	旅行代、書籍代、ゲーム代

●45～54歳の月間支出はどうなっているか（2人以上世帯）

＼どの費用を節約するか、一度じっくりと検討してみよう／

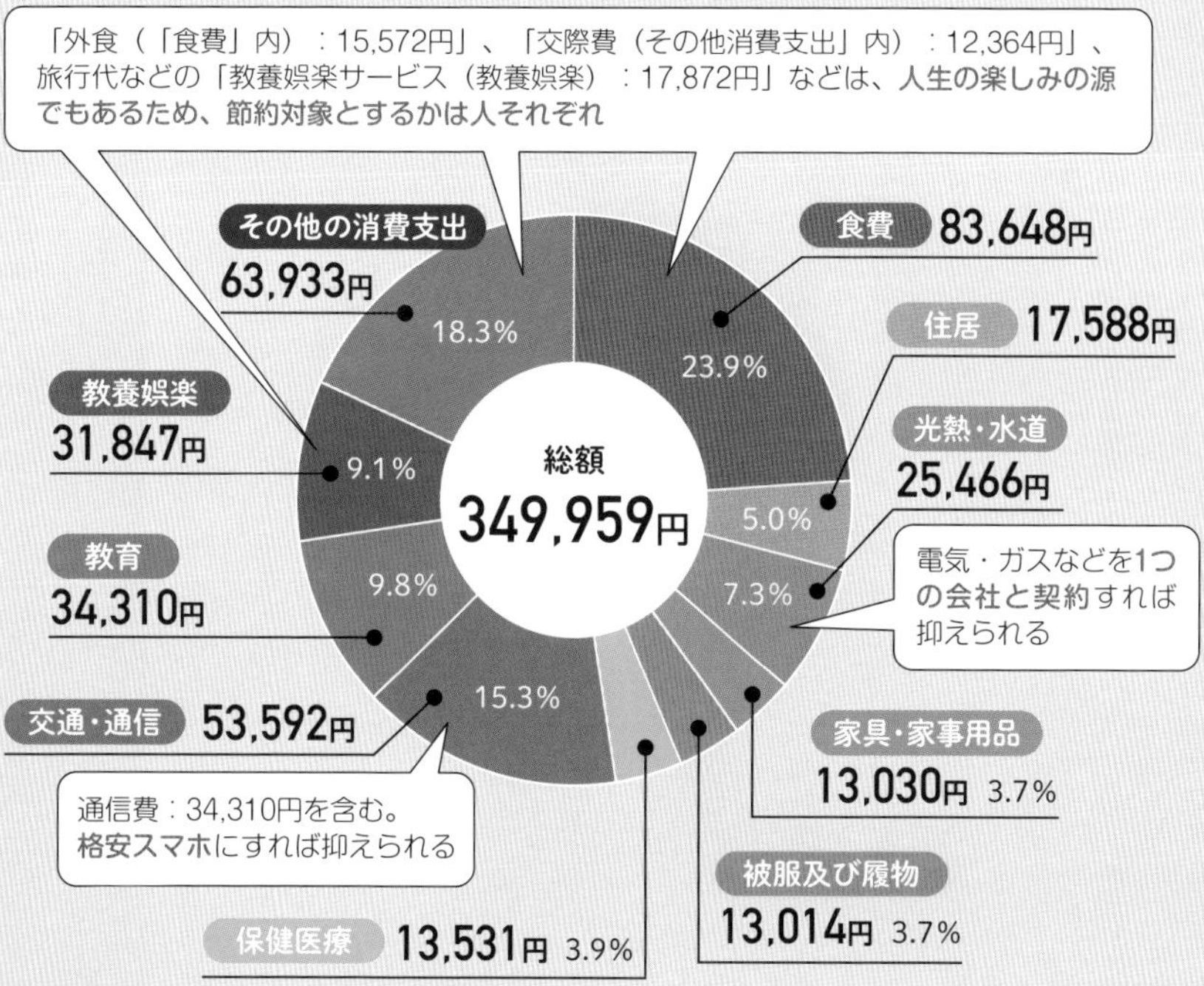

（資料：総務省「家計調査」（家計収支編）2022年）

43

お金だけではない。定年後も働くべき理由

↓働き続けることで精神的にも肉体的にも健康になる

65～69歳の半数以上が働いている

老後資金の補塡として、定年後も引き続き、できるだけ長く働き続けて、収入を得る方法があります。じつは、これが一番確実な「定年後のお金の不安」を払拭する方法といえます。

2013年に「高年齢者雇用安定法」が改正され、65歳までの雇用確保が企業の義務となり、さらに2021年4月からは70歳までの就業機会の確保が努力義務となりました。

このような法改正を背景に、高齢者の多くは定年後も働き続けています。総務省「労働力調査(2022年度)」によると、就業している人は、60～64歳では7割、65～69歳では半数以上、70～74歳では3人に1人、75歳以上の人では10人に1人です。多くの人が60歳の定年後も働き続けています。

働き方には、いろいろあります。①いまの会社で継続雇用(再雇用)、②別の会社に転職(再就職)、③思い切って自分で起業、④配偶者にも働いてもらって夫婦2人で収入を増やすなどです。

定年後も働くことは、金銭的なメリット以外にも様々なメリットがあります。自分の居場所をもてる、社会との接点をもてる(孤立しない)、刺激があるため認知症防止によく、通勤があるので体の健康にもいいなどです。

現役時代から定年後の仕事について、考えておきましょう。

定年後も働き続ける人は多い

●60歳以上の働く人の割合

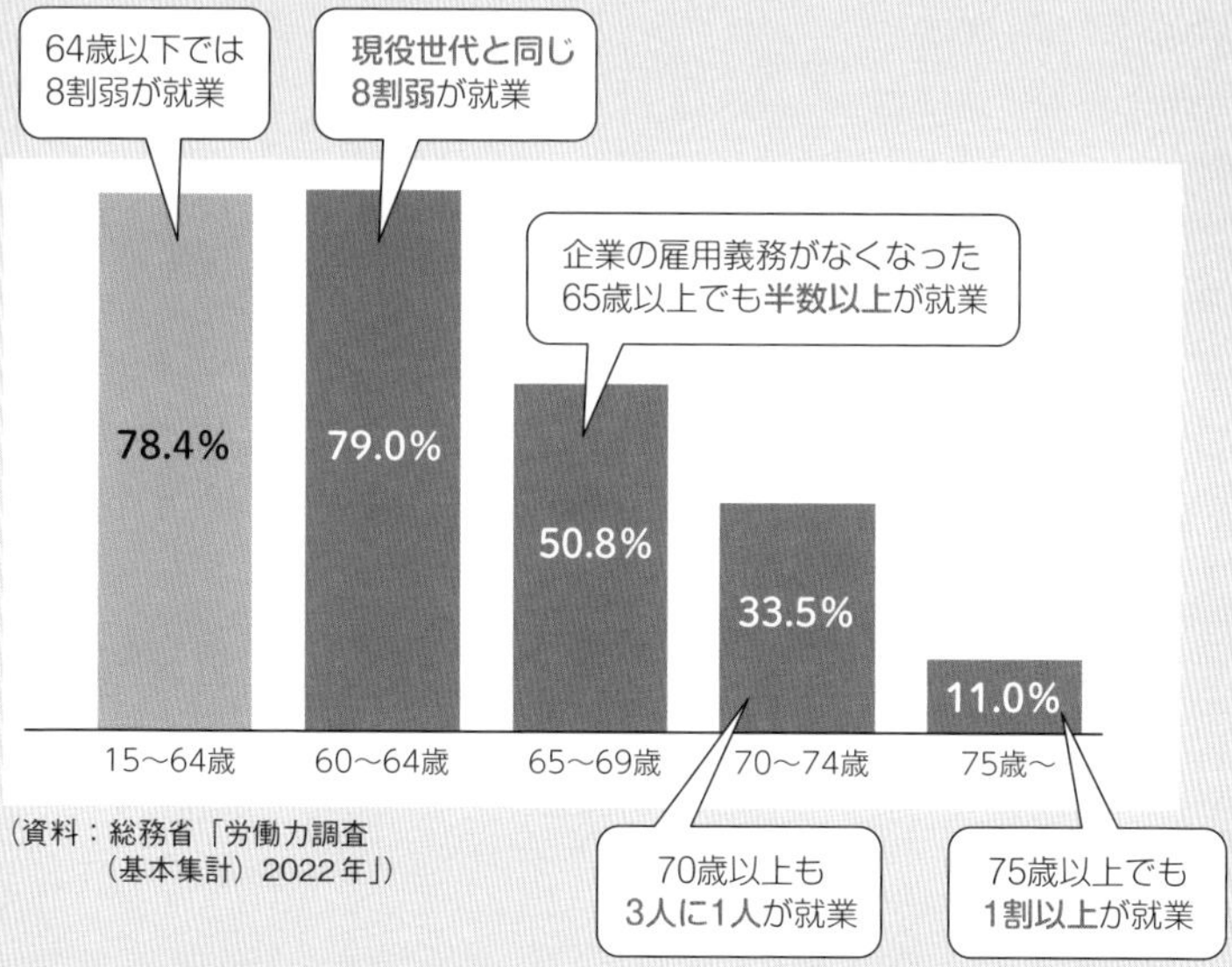

（資料：総務省「労働力調査
（基本集計）2022年」）

●定年後の働き方

①継続雇用（再雇用）

定年後も同じ会社で
そのまま働き続ける

→P.146参照

②転職（再就職）

転職、再就職などで
別の会社で働く

→P.148～151参照

③独立・起業

思い切って
自分で独立・起業して稼ぐ

→P.152～155参照

④夫婦で働く

自分だけでなく
配偶者にも働いてもらう

→P.156参照

Part 5

44

いまの会社で継続雇用（再雇用）で働く

↓企業には65歳まで雇用を続ける義務がある

㊎再雇用で雇用を維持する企業は7割

2013年に改正された「高年齢者雇用安定法」により、定年を60歳以上にすることと、65歳まで雇用を確保することが企業の義務になっています。65歳まで雇用するために、①定年制の廃止、②定年を65歳まで引き上げる、③65歳まで継続雇用（再雇用）する、のいずれかを実施しなければなりません。

厚生労働省「高年齢者雇用状況等報告（2022年）」によると、企業の7割は、③の継続雇用（再雇用）を採用しています。そして、65歳までの雇用維持の制度を実施している企業は99％です。

一般的な再雇用は、60歳の定年で一度退職し、再度、雇用するという形ですが、再雇用後の給与は、通常大幅に落ちます。そのため、下落した給与を補填する「高年齢雇用継続給付」があります。60歳以降の賃金が60歳時点の75％以下に下がった場合、賃金の15％が給付されます（2025年4月からは10％）。

また、2021年には高年齢者雇用安定法がさらに改正され、70歳までの就業機会の確保が努力義務となりました。2022年6月時点の実施企業は27・9％です。

給与が大幅に下がっても、一定の収入が得られ、厚生年金に加入すれば将来受け取る年金額が増えるのですから、働き続けるメリットは大きいといえます。

65歳までの雇用義務への企業の対応の現状

●60歳以降の雇用形態

60歳の定年で一度退職し、再雇用する制度。通常は大幅に給与額が下がる

↓

高年齢雇用継続給付

賃金が75%以下に減った人に対し、賃金の15%を給付（75%に達した人は、その額まで）する制度

例：定年前40万円 → 定年後20万円
20万円 × 15% ＝ 3万円
合計23万円（＝ 20万円 ＋ 3万円）

※2025年4月より賃金の10%給付に減る

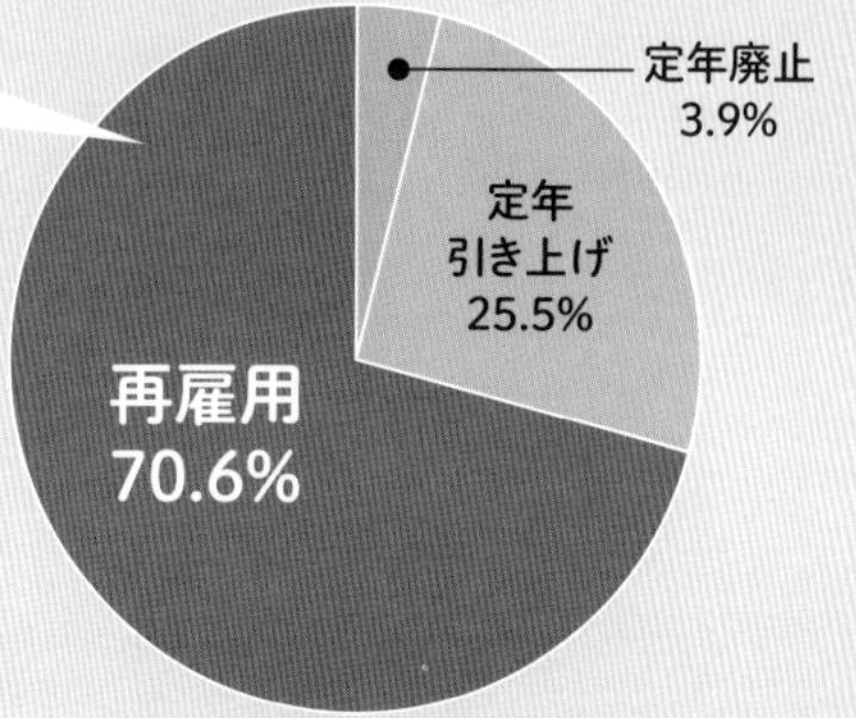

（資料：厚生労働省
「高年齢者雇用状況等報告書（2022年）」）

●70歳まで就業機会の確保（2021年施行）の現状

65歳まで雇用を確保する措置を講じる義務に加え、65〜70歳までの就業機会を確保することが求められ、以下の措置を講じる「努力義務」があります

①定年制の廃止
②70歳までの定年引き上げ
③70歳までの継続雇用（再雇用）
④創業支援（70歳まで、外部スタッフとして、その会社の仕事を続けるなどの制度）

「努力義務」のため普及していくスピードは不透明

「義務」に違反すると、行政より指導が入り、それでも改善されないときは企業名が公表されますが、「努力義務」の違反には公表がありません

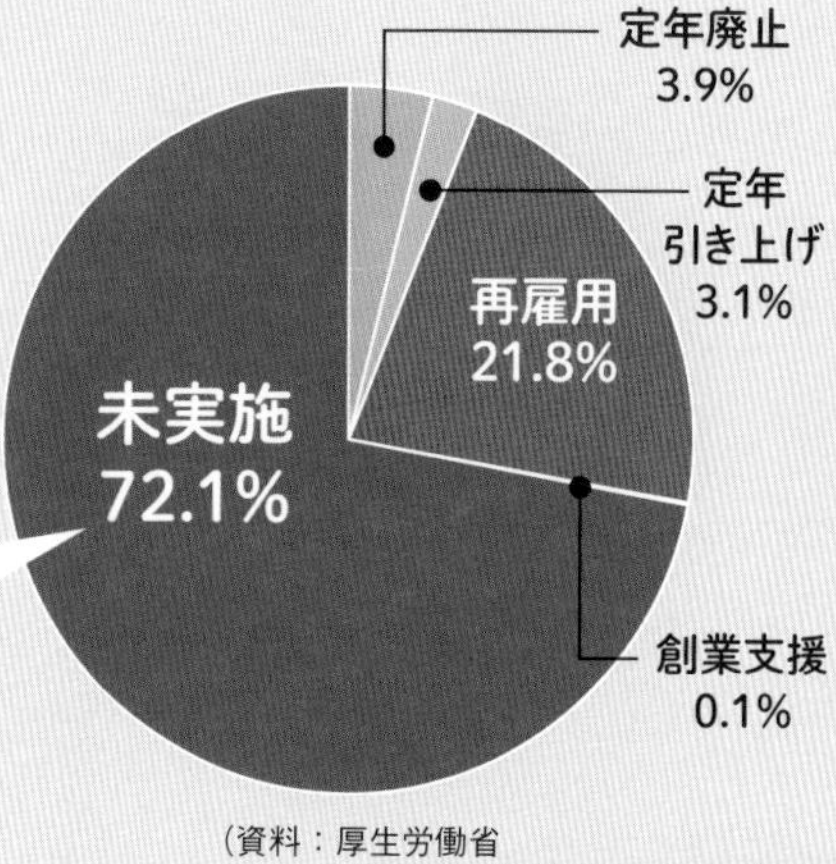

（資料：厚生労働省
「高年齢者雇用状況等報告書（2022年）」）

Part 5

45

新たに転職（再就職）して働く

↓自分の都合に合わせて新たな仕事先で働く

65歳以上の4分の3が非正規社員

定年前に勤めていた企業に継続雇用してもらう再就職の道を選ばない人もいます。理由としては、働く場所を変えたい（自宅近くにしたいなど）、勤務時間や勤務形態を希望通りにしたい、いままでと違う仕事をしたいなどです。

新たな働き口を見つける情報収集先はいろいろあります。それまでの人脈をたどって仕事に就く以外にも、まったくしがらみのないハローワーク、シルバー人材センター、転職サイトなどで新しい仕事を探す方法もあります。

再就職時の雇用形態も、正社員だけでなく、契約社員、嘱託社員、アルバイト・パート、派遣社員などがあります。

総務省「労働力調査」によると、65歳以上の4分の3がアルバイトや契約社員、嘱託社員などの非正規社員です。

嘱託社員とは、一種の契約社員のことで、「1日○時間を週○日働いて、月○万円」のような契約を結んで働くのが一般的です。65歳以上の高齢者は、時間や仕事内容をマイペースで行いたい人が多いため、嘱託社員や契約社員として働くことが多いようです。

同じような理由から、アルバイト・パートとして働く人も多くなっています。もちろん、正社員の仕事がないためにアルバイトを選ぶ人もいますが、「労働力調査」を見ると少数派です。

65歳以上の雇用形態を見てみよう

●65歳以上の非正規社員

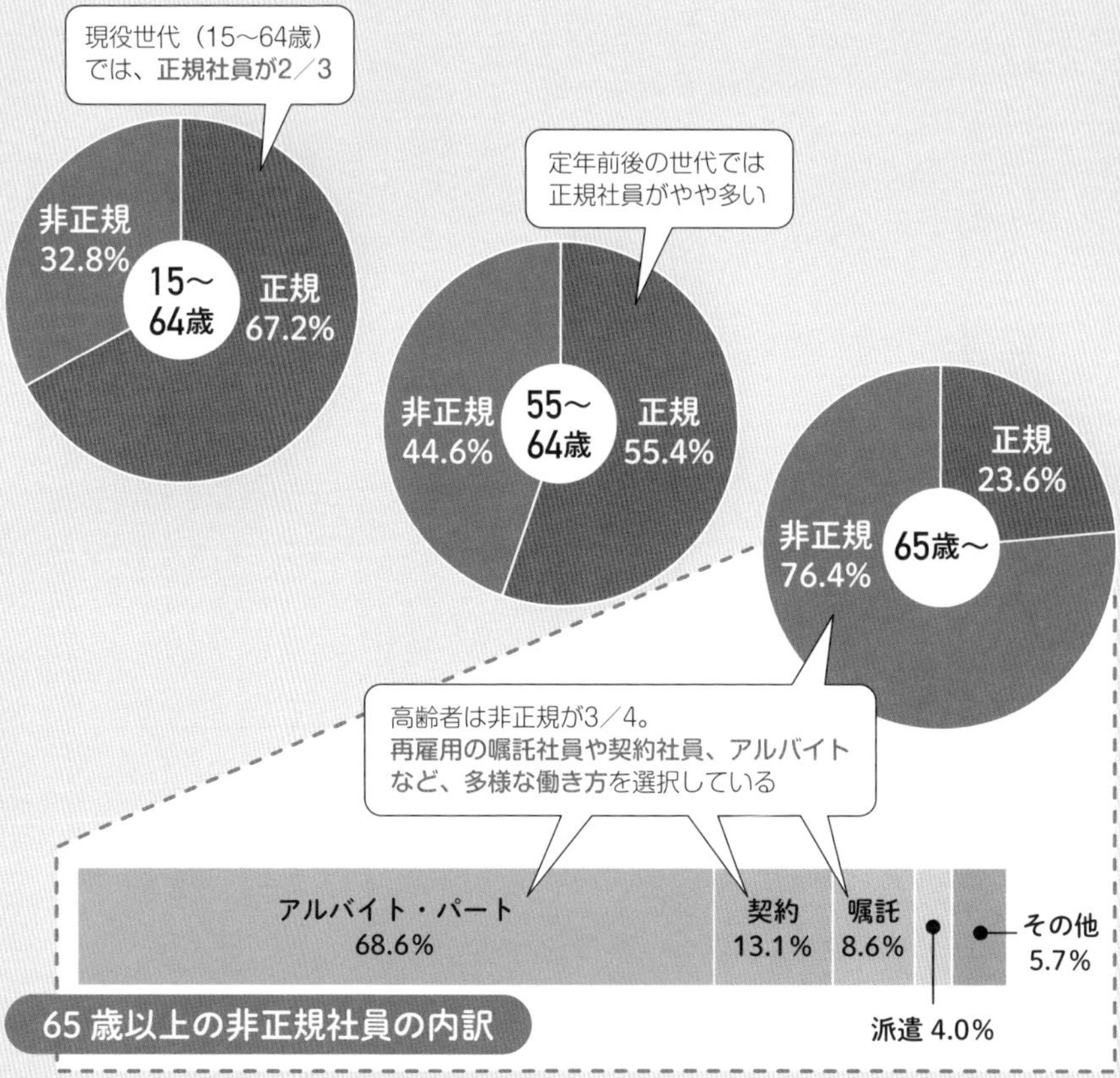

（資料：総務省「労働力調査（詳細集計）2022年」）

●65歳以上の人がいまの職に就いた主な理由

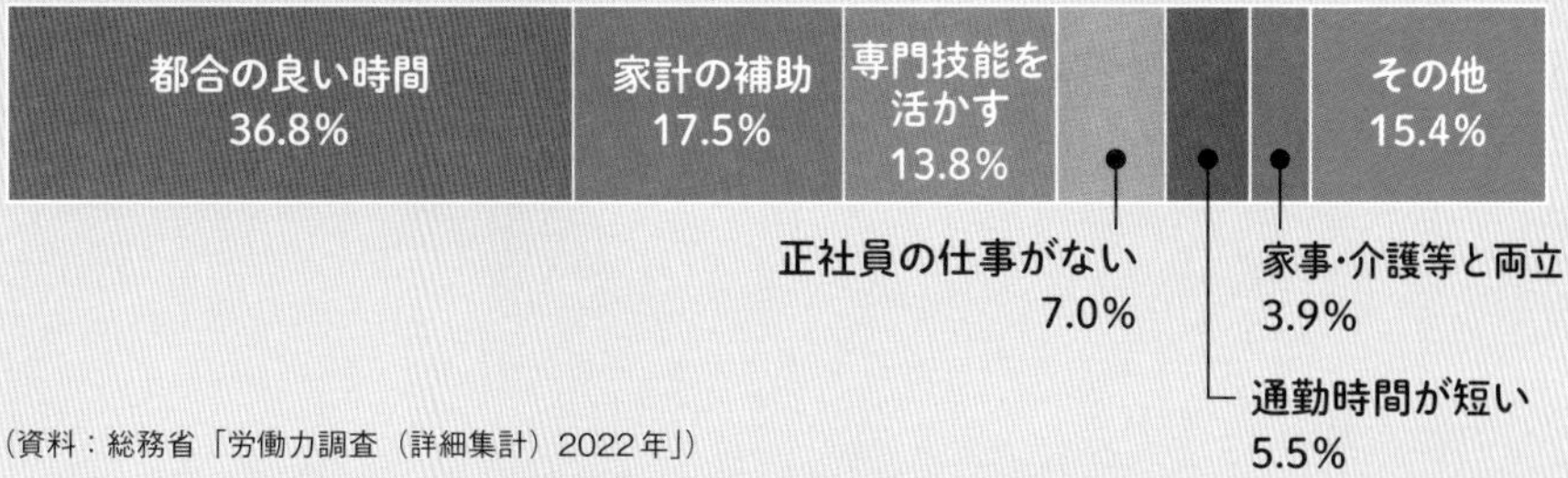

（資料：総務省「労働力調査（詳細集計）2022年」）

¥ 65歳以上が様々な職業に就いている

144ページで、65〜69歳の半数、70〜74歳の3分の1が働いていることがわかりました。では、どのような業種で働いているのでしょうか。

総務省「労働力調査（2020年）」によると、65歳以上の就業者の割合は、農業では半数以上を占め、漁業では3割超、理美容業等も4分の1近くです。これらの多くは、何十年も同じ仕事を続けている人が大半と考えられます。

転職（再就職）が多いと思われる業界は、65歳以上の就業者が多いスーパーなどの飲食料品小売業（15・1%）、その他小売業（12・6%）、警備業を含めたサービス業（警備業等：27・2%）、飲食業（12・8%）、郵便業・運輸業（運輸業等：11・5%）、福祉を含めた介護事業（介護業等：13・7%）などがあげられます。

これらの仕事の給与は、上記の統計データより大きなジャンル分けですが、国税庁「民間給与実態調査（2021年）」という統計があります。

卸売業・小売業では、全世代の平均給与が377万円で、65〜69歳は296万円、70歳以上は276万円です。ホテルや旅館の宿泊業と飲食サービスを合わせた給与は、全世代平均が260万円で、65歳以上は200万円程度、運転手や宅配便の運輸業・郵便業では、全世代平均が425万円で、65〜69歳が318万円と大きく落ちていますが、これは体力が必要な宅配ドライバーの給与が高いことが予想できます。

介護業の給与は、医師も含まれた医療・福祉の統計のため他の業種より高額になっています。

再就職で定年前と別の仕事をするときは、これらを参考にしながら、自分に合った仕事は何かを考えておきましょう。

65歳以上が多く働いている業界

●65歳以上が多くを占める業界

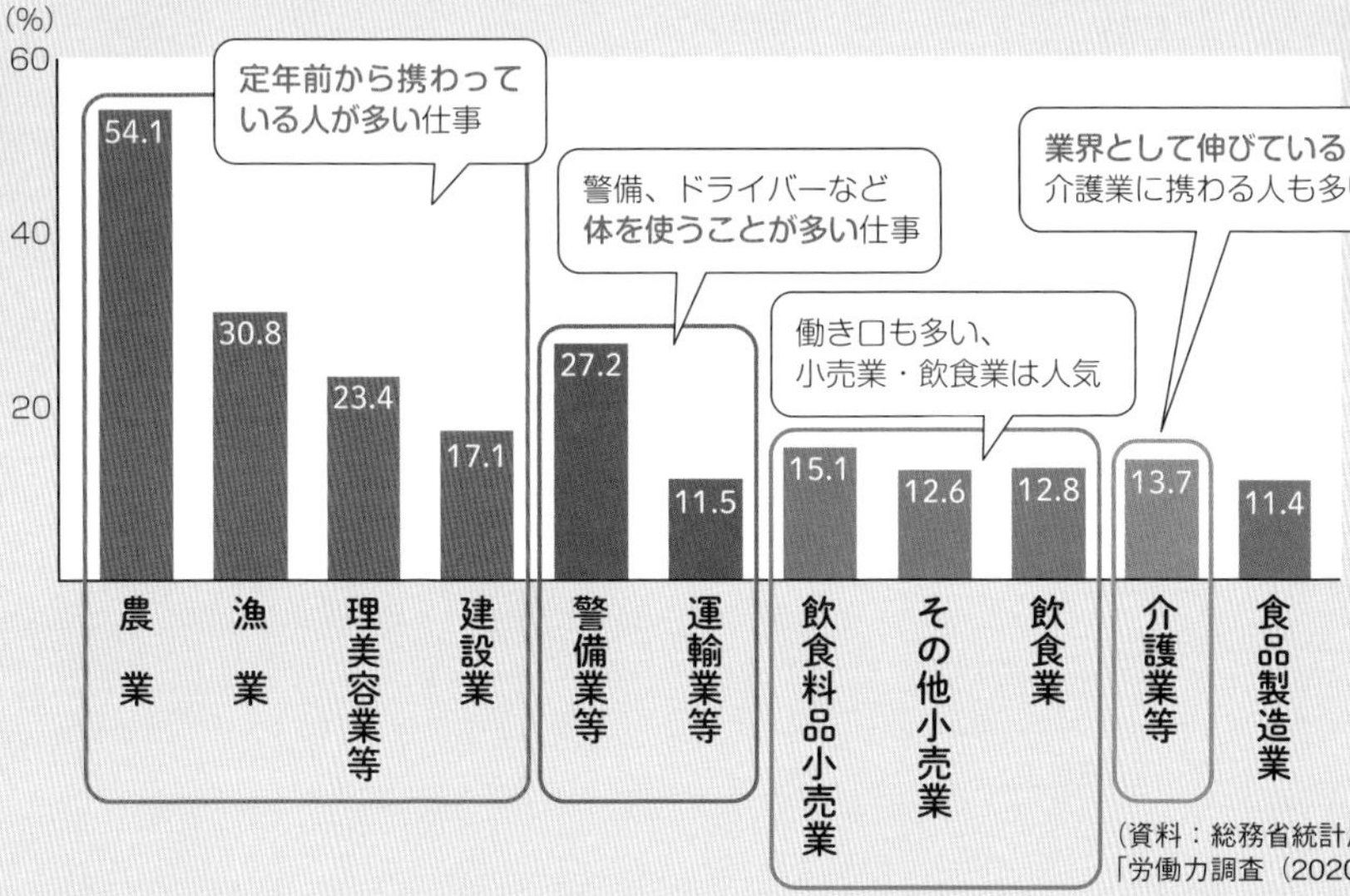

（資料：総務省統計局「労働力調査（2020年）」）

●65歳以上の業界別給与

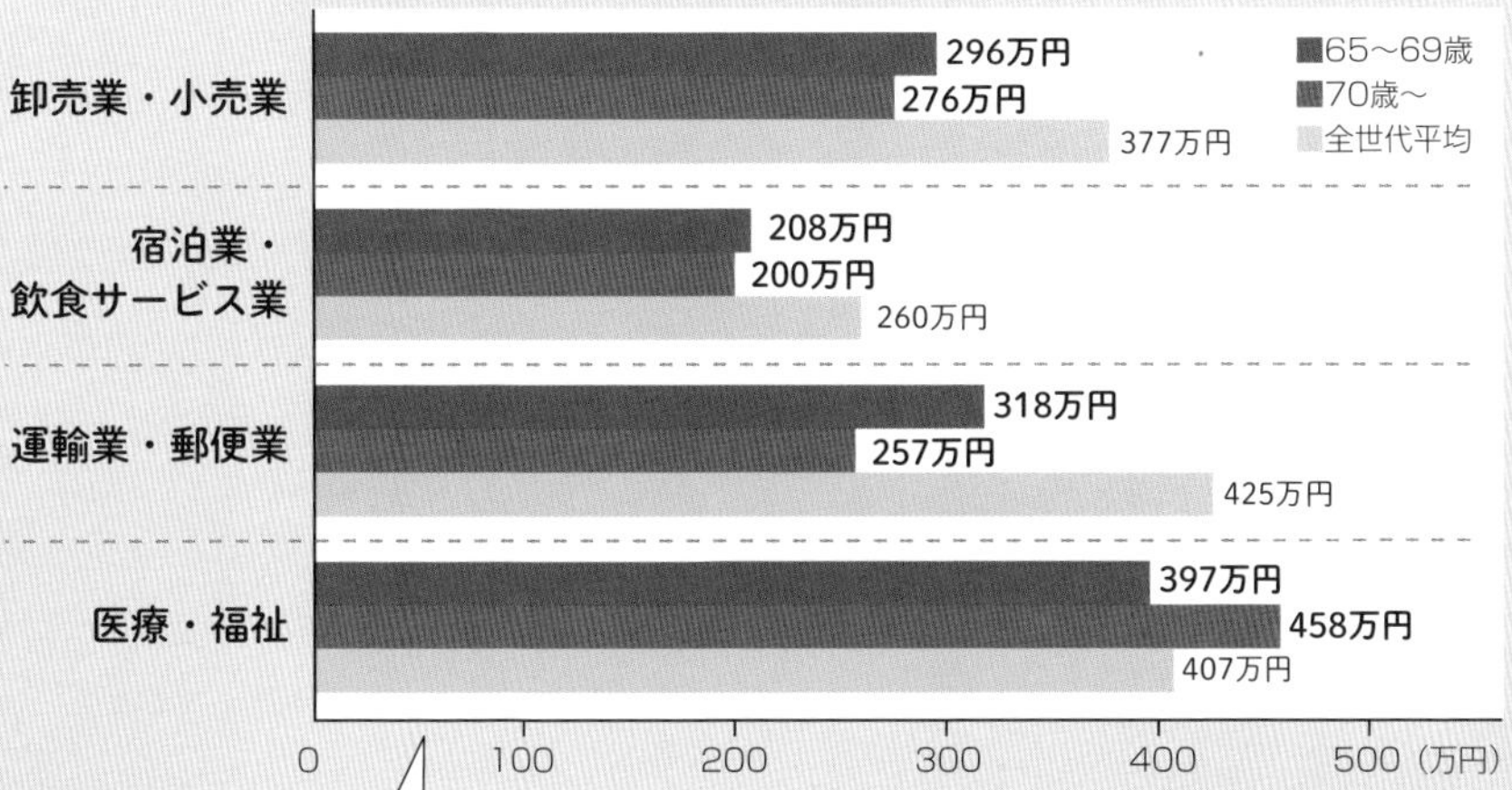

65歳以上の給与の平均は、200万〜300万円の業界が多くなっています。定年後の働き方を考えるときの参考にしてみましょう。

（資料：国税庁「民間給与実態調査（2021年）」）

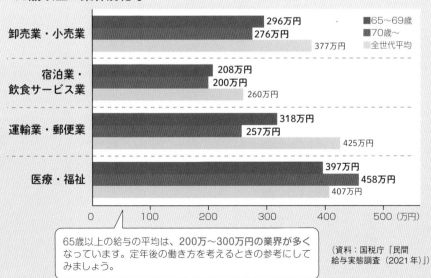

46 定年前後に自分で起業して働く

↓起業するなら定年前から準備しておく必要がある

¥ 経験を活かすか、好きなことをするか

継続雇用も再就職もしないで、思い切って自分で起業して働く方法もあります。

1つは、自分のこれまでの経験やノウハウ、人脈などを活かして、起業する方法です。

次に、趣味を活かすなど、自分のやりたいことを仕事にして収入を得る道もあります。

起業するためには、定年までにしっかりと準備をしておかなければなりません。

必要な資格を取得するほか、勉強をしてノウハウやスキルを磨き、人脈づくりや情報収集を行っておきます。当然、起業資金の準備も必要です。

事業によっては、持っていなければ事業を始められない資格があります。

飲食店の食品衛生責任者という資格は、その代表です。こういった資格は必ず取得しておかなければなりません。

資格が必要ではない事業でも勉強は必須ですし、税金関連をはじめとする最低限の法律や会計知識は押さえておく必要があります。

起業するならば、このような知識・スキルは、定年前から勉強しておきましょう。

会社員が加入している雇用保険には、仕事のための資格取得やスキルアップのための講座を受講したときに、その一部を補填する「教育訓練給付」があります。

このうち一般教育訓練給付は、対象となる講座

起業の形態と必要スキル

●起業するときの2つの形態

「経験」を活かす

これまでしてきた経験、スキル、人脈などを活かした起業

○
- すでにノウハウ・人脈がある
- 業界の将来性等を知っている
- すでにお客がいることも　など

×
- 会社の看板に頼っていた
- 販売スキルがない
- 勉強が苦になる　など

「好き」を活かす

自分の好きなこと、興味があることで起業

○
- 頑張り続けられる
- 勉強が苦にならない
- すでに顧客がいることも　など

×
- 事業のノウハウがない
- 気が乗らないときでもしなければならない　など

●起業に必要なスキル

起業に必要な 3 つのスキル

事業を継続していくためには、以下のようなスキルが必要です

作る・提供するスキル
質のいい製品を作るスキル、質のいいサービスを提供できるスキル

販売スキル
お客様に質のいい商品を提供し販売するスキル

法律スキル
税務やその他の法律のスキル

教育訓練給付

雇用保険には、資格取得のための受講費用を最大で 7 割補助する制度があります

制度名	最大給付額	主な資格
専門実践教育訓練	最大：受講費用の70% 最長：年間上限56 万円× 4 年	介護福祉士、看護師、美容師、保育士、調理師、MBA、IT資格 など
特定一般教育訓練	最大：受講費用の40% 上限：20 万円	介護職員初任者研修、大型自動車免許、税理士、IT資格 など
一般教育訓練	最大：20% 上限：10 万円	英語検定、簿記検定、ITパスポート、博士号など

が幅広く、3年に1回利用できます。ただし、講座を修了することが要件です。

小さく始めるか、覚悟を持って始めるか

起業の形態は、①個人事業として始めるか、②会社を設立するか、の二択です。

それぞれメリット・デメリットがあります。

個人事業のメリットとしては、開業資金が少なくて済む、開業手続きが簡単にできる、日々の経理や確定申告が比較的簡単にできるといったものがあります。

一方、会社を設立した場合のメリットは、節税効果が高い、赤字になったときに翌年以降に繰り越せる期間が長い、商売の信頼性が高いなどです。

個人事業は手軽に始められるため、まずは現役時代に、副業としてチャレンジする方法もあります。

個人事業の給与を見てみよう

国税庁「申告所得税標本調査」（2021年）によると、個人事業が納税するときの区分である「事業所得者」は約176万人います。

申告額は、100万〜200万円が40万人弱、200万〜300万円が35万人強、300万〜500万円が40万人強、500万〜1000万円が32万人強です。1000万円超の人は15万人弱で、しっかり稼いでいる個人事業主もいます。

個人事業も会社設立も、「○時間働いたら○○円」とはなりません。たくさん働いても、経費がまかなえず赤字になる場合もありますし、反対に少ない時間で、多くを稼ぐこともできます。

自分がどのくらい稼ぎたいのか、どのくらいの時間を仕事に割いてもいいのかを、事前にしっかりと考えておきましょう。

個人事業と会社のメリット・デメリット

●個人事業と会社のどっちがトクか

個人事業	個人事業と会社設立のメリット・デメリットを比較	会社
×	所得にかかる税金が安いのは→	○
×	赤字を繰り越せる期間が長いのは→	○
○	←日々の経理や確定申告がラクなのは	×
○	←開業費が安いのは	×
○	←開業の手間がラクなのは	×
×	経費の種類を増やせるのは→	○
×	顧客から信用されやすいのは→	○
×	資金調達が有利なのは→	○

●個人事業の所得金額の構成

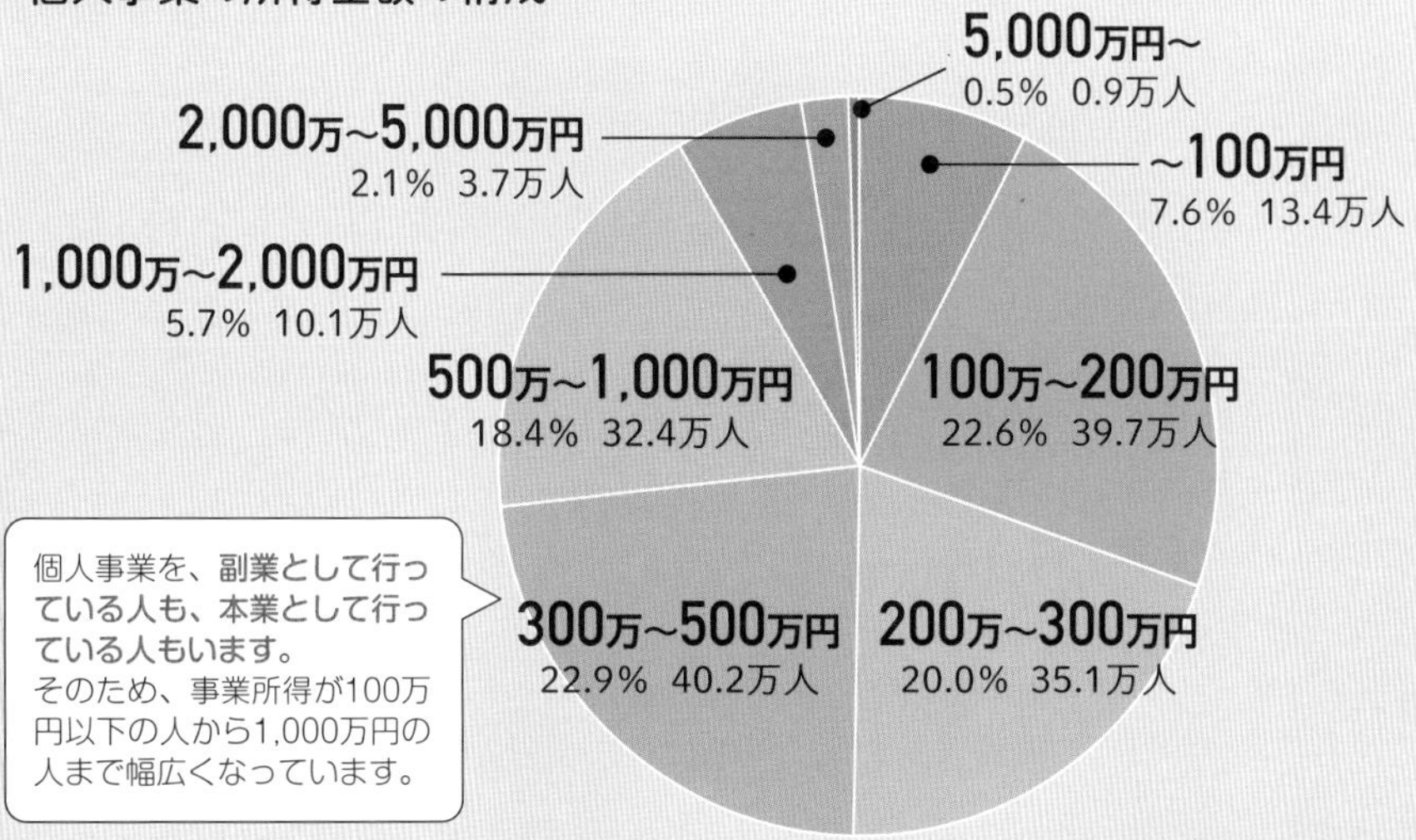

個人事業を、副業として行っている人も、本業として行っている人もいます。
そのため、事業所得が100万円以下の人から1,000万円の人まで幅広くなっています。

（資料：国税庁「申告所得税標本調査」（2021年）

Part 5

47

夫婦2人で働いて収入を増やす

↓アルバイト・パートでも2人なら年数百万円の収入が見込める

65歳以上の女性の就業者は8割がパート

現在の高齢者には、男性が正社員として定年まで働き、女性はパートタイマーとして家計を支えてきた夫婦が少なくないでしょう。この中には、定年後も2人で家計を支えている夫婦がある程度いると思われます。

老後資金の不足分を1人でまかなうのではなく、夫婦2人で協力して支えるという形です。

もし、あなたに配偶者がいるのなら、このような選択肢も考えてみる価値があります。

149ページのグラフで65歳以上の就業形態として4分の3が非正規であり、そのうちアルバイト・パートが7割弱でした。

総務省の「労働力調査（詳細調査）2022年」には、男女別の統計もあります。それによると65歳以上で非正規で働いている人の男女比はほぼ同じです。65歳以上の女性に限っていえば、非正規雇用全体の8割以上がアルバイト・パートで働いています。

賃金は、65～69歳で女性186万円、男性238万円、70歳以上で女性177万円、男性210万円が、アルバイト・パートだけでなく、契約や嘱託なども含めた非正規社員の平均です。

もし、2人ともアルバイトやパートで働けば、400万円前後も収入が増えることになります。

夫婦2人で働くという選択肢も、老後の生活費づくりの手段として検討してみましょう。

65歳以上の非正規社員の男女比較

●65歳以上で非正規で働く男女別の就労人数

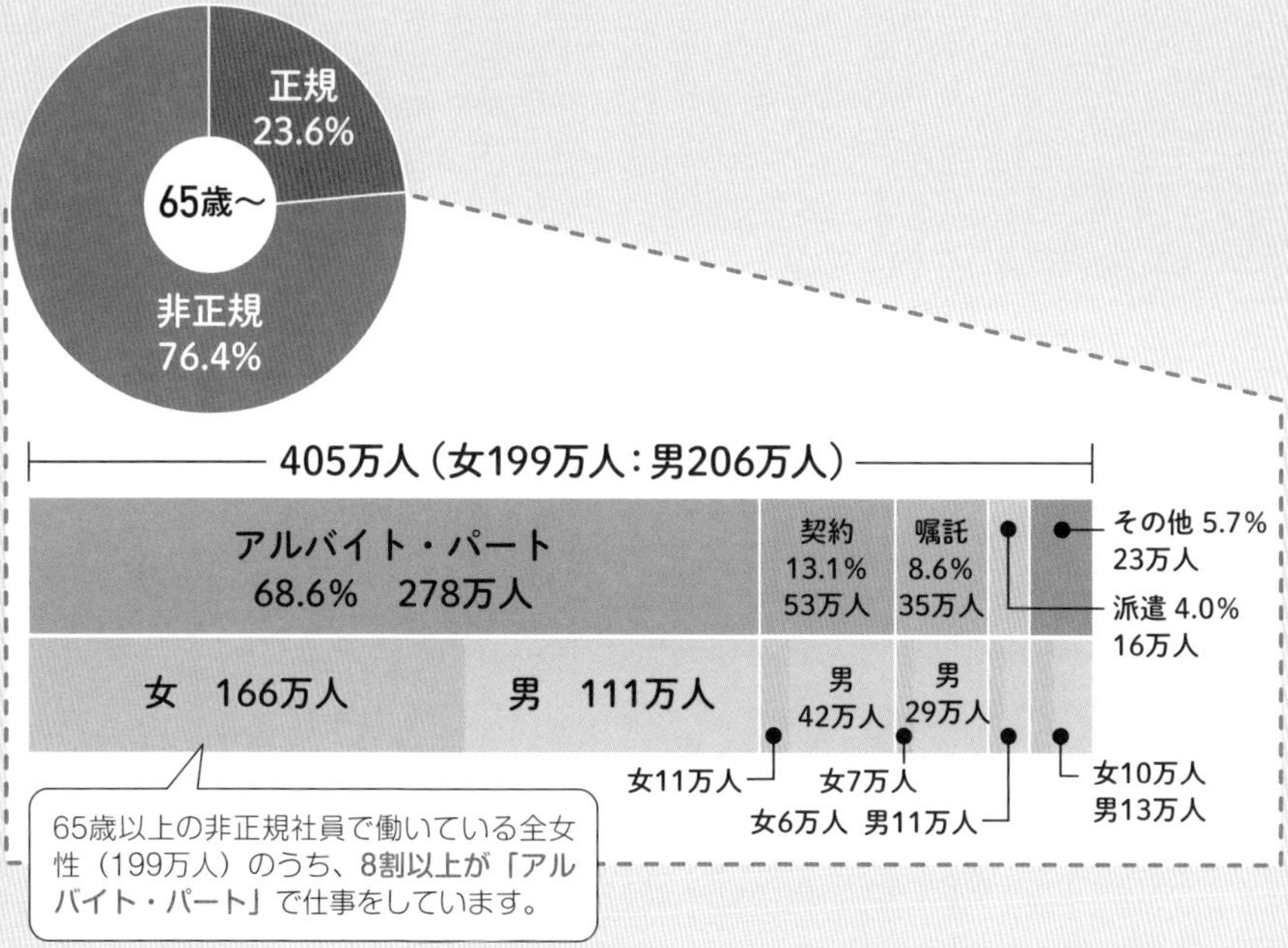

●65歳以上の非正規社員の男女別賃金

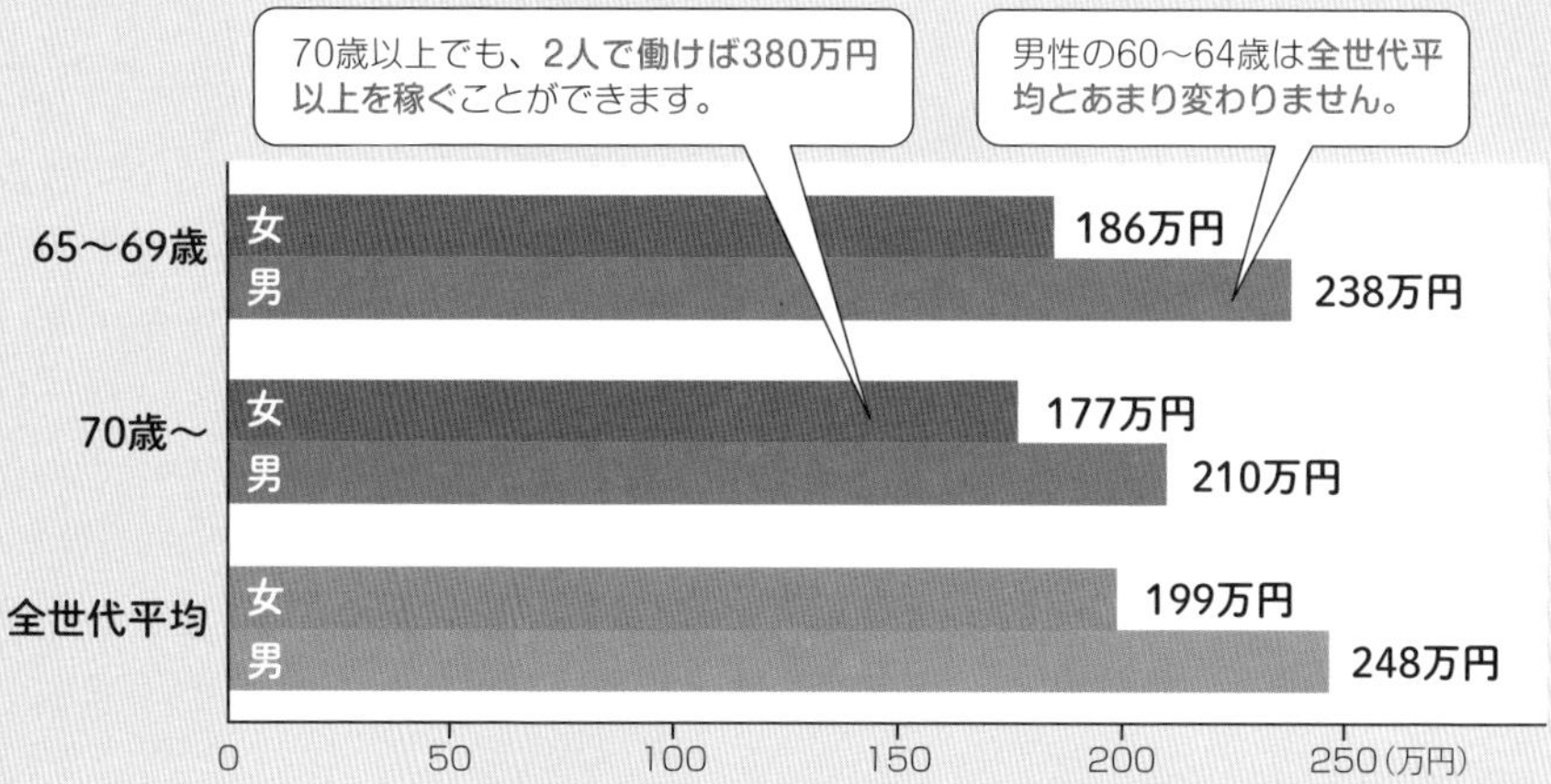

（資料：総務省統計局「労働力調査（詳細集計）2022年」）

Part 5

48

財形貯蓄で老後資金づくりができる

↓手間を掛けずに貯められるしくみを活用

¥ 老後資金が計画的に貯められる

定年後のお金にゆとりをもたらすカギは、現役時代中の老後資金づくりです。50歳代は最後のお金の〝貯めどき〟ですから、毎月一定額を積み立てて計画的に貯蓄していかなければなりません。

といっても、「貯まらない」「貯められない」という人は多いもの。お金が貯まらない人はお給料などの収入から生活費などを支出して、残ったお金を貯めようとしています。「収入－支出＝貯蓄」です。支出は毎月異なるので、このやり方では一定額を貯めるのは難しく、お金が残らない月は貯蓄ができません。

そこで、お給料を受け取ったら先に貯蓄をして、残りを支出するやり方に変えます。「収入－貯蓄＝支出」にすれば、毎月一定額を貯められます。

これを自動的に行えるのが財形貯蓄です。自分で決めた積立額が毎月給与天引きで積み立てられるしくみなので、お給料を受け取った時点で貯蓄ができているわけです。勤務先に財形制度がある人はぜひ活用してください。

財形貯蓄には3種類あり、老後資金づくりには財形年金が適しています。積み立てたお金を60歳以降に年金形式で受け取ります。利用目的に制限がない一般財形でもかまいません。

毎月の積み立て額は1000円以上1円単位で決められるのが一般的で、ボーナス月は金額を多くすることも可能です。

会社の財形は老後資産づくりに役立つ

●3つの財形は何が違うか

	一般財形貯蓄（勤労者財産形成貯蓄）	財形住宅貯蓄（勤労者財産形成住宅貯蓄）	財形年金貯蓄（勤労者財産形成年金貯蓄）
利用目的	資産形成	住宅取得やリフォーム	老後資産の形成
年齢	制限なし	加入時55歳未満	加入時55歳未満
積み立て期間	3年以上	5年以上	5年以上
利子等への課税	課税される	非課税（財形年金と合わせて550万円まで）	非課税（財形住宅と合わせて550万円まで）
払い出し	積み立て開始から1年経過すればいつでも払い出しＯＫ	住宅取得にあてることを証明する書類等を提出して払い出す	60歳以降に、5年以上20年以内の期間で年金として払い出す

●財形年金のしくみ

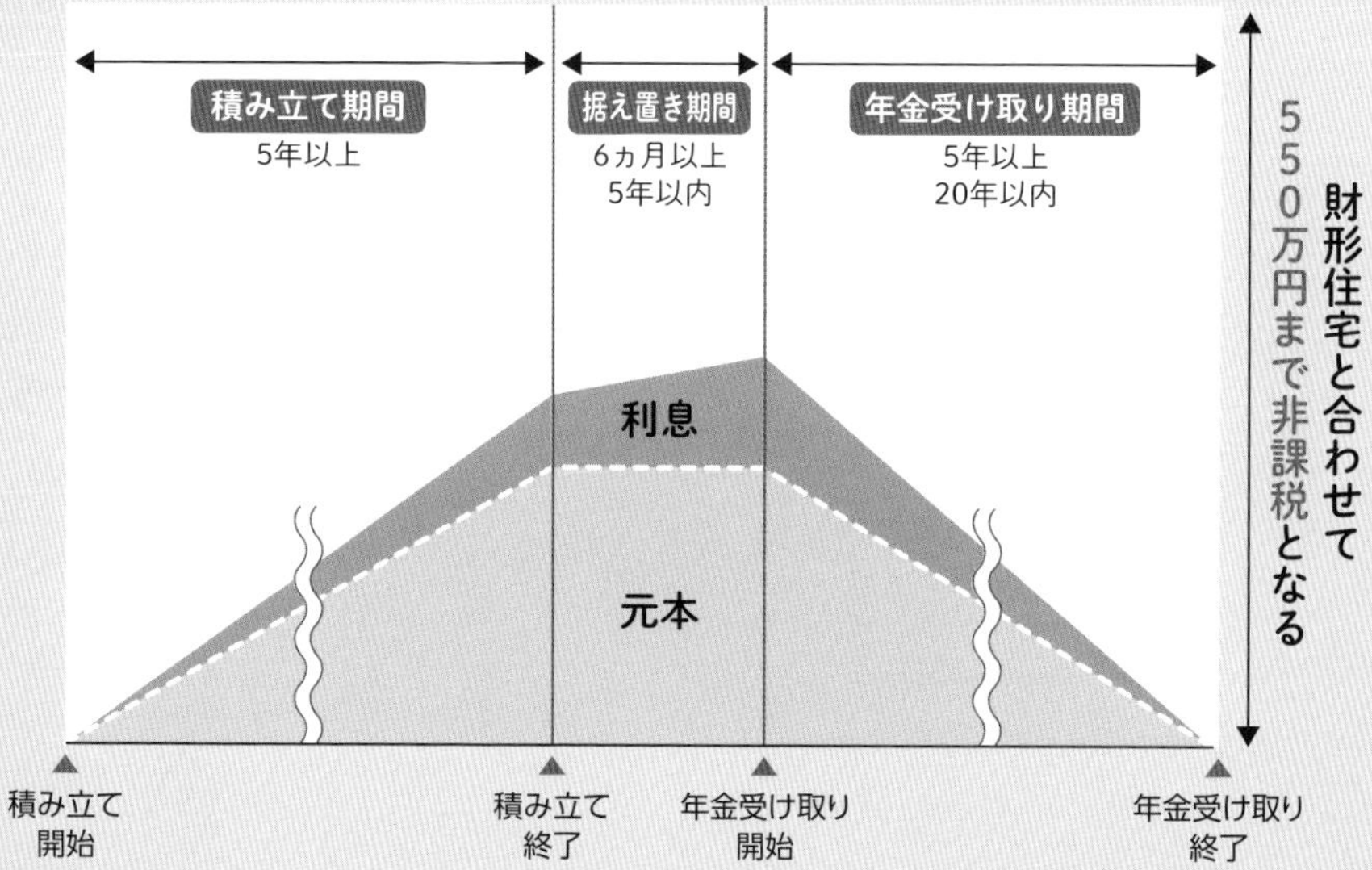

Part 5

49

保険で老後資金づくりはできるか

↓いまから個人年金保険に加入するのはNG

受取総額を定年後の収入に計上

老後資金づくりのための金融商品に、個人年金保険があります。保険料を一定の年齢まで積み立てて、契約時に決めた年齢になったら年金を受け取ります。年金を受け取る前の保険料の払い込み期間中に亡くなったときは、契約時に定めた受取人が死亡保険金を受け取ります。

すでに個人年金保険に加入している人にとっては年金が貴重な老後資金となります。左図のように、個人年金保険には確定年金、有期年金、終身年金、夫婦年金などの種類があり、年金額や年金を受け取れる期間などは契約ごとに異なるので、「いつから」「いつまで」「いくら」受け取れるのかを保険証券などで確認して、受取総額を定年後の収入として133ページの一覧表に記入します。

低金利のときに不利な定額型

個人年金保険は定年後の収入になるとはいえ、いまから新たに加入するのはおすすめしません。

個人年金保険には、契約時に受け取れる年金額があらかじめ決まっている定額型と、運用によって年金額が変わる変動型があります。

定額型は「毎月○万円保険料を払うと、○歳から毎年○万円受け取れる」ということがわかるので安心といえます。とはいえ、将来受け取れる年金額は加入したときの金利状況によって決まるので、現在のような金利の低いときに加入すると、

年金の受け取り期間別・個人年金保険の種類

●生死に関係なく一定期間受け取れるか、そうでないか

確定年金

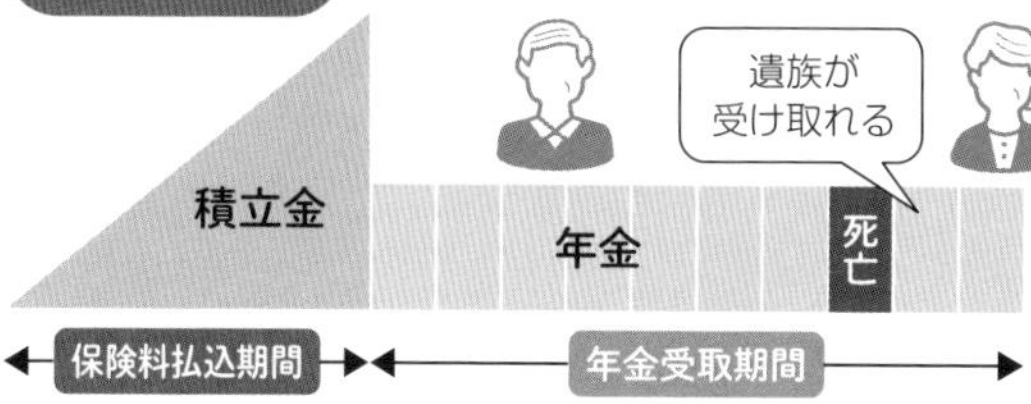

契約時に定めた一定期間(5年や10年など)、年金が受け取れる。その期間中に被保険者が死亡した場合は、遺族が残りの期間の年金か、年金総額に相当する一時金を受け取れる。

有期年金

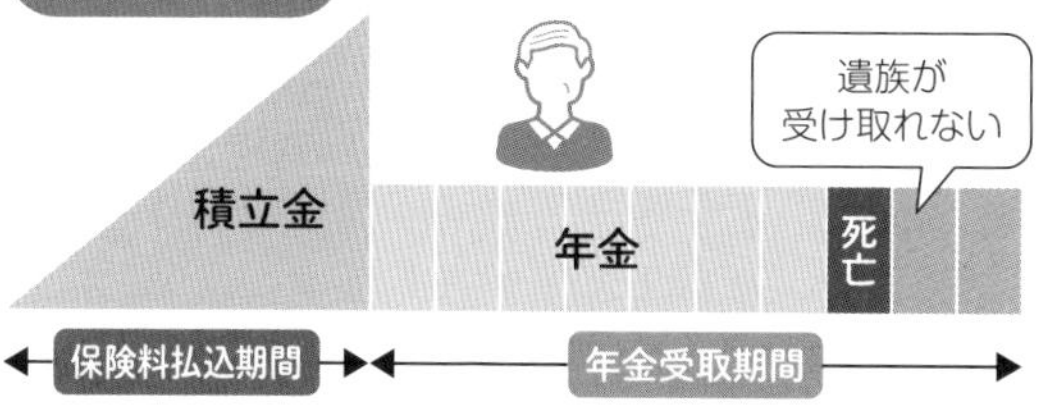

契約時に定めた一定期間、年金が受け取れる。ただし、その期間中に被保険者が死亡した場合は、残りの年金は受け取れない。保証期間付きの場合は、遺族が保証期間の残りの分の年金または一時金を受け取れる。

●生存している限り受け取れるか、妻も受け取れるか

終身年金

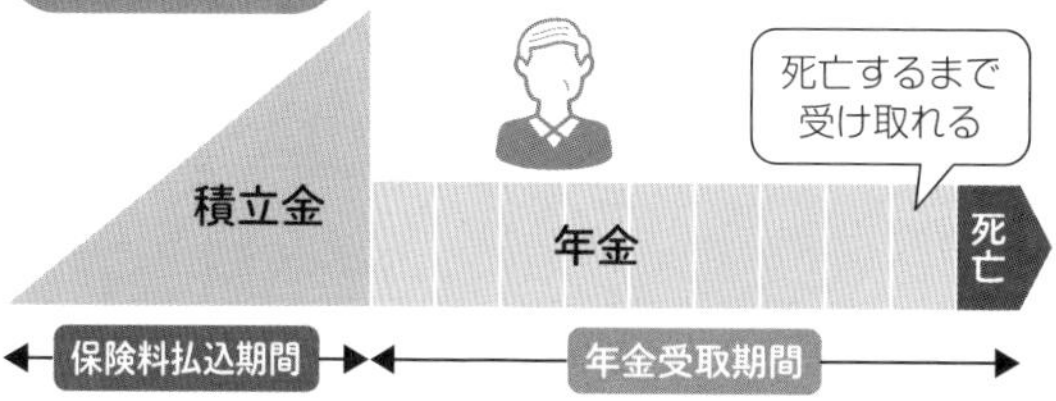

契約時に定めた年齢から、死亡するまで受け取れる。その分、保険料は割高。死亡後は年金は受け取れないが、保証期間付きの場合は、遺族が保証期間の残りの分の年金または一時金を受け取れる。

夫婦年金

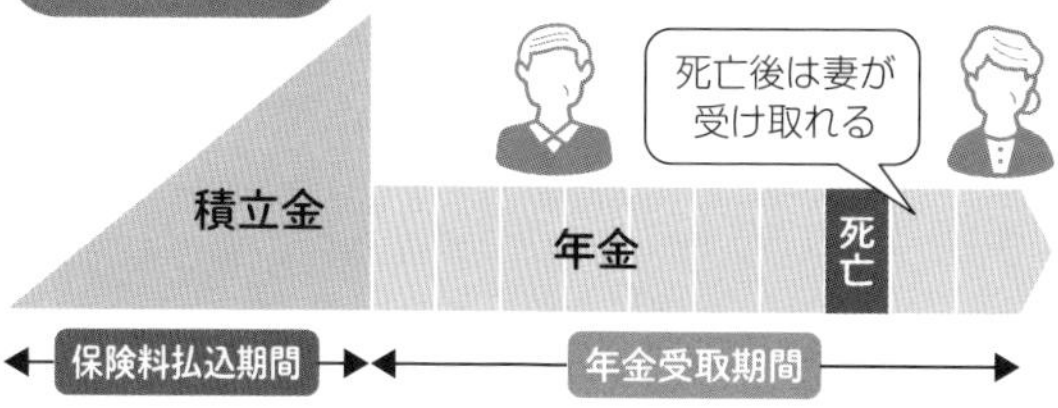

夫婦連生終身年金ともいう。夫婦のいずれかが生存している限り終身年金を受け取れる。夫の確定年金や終身年金で始めて、あとから夫婦年金に変更できる場合がある。保証期間付きの夫婦年金もある。

保険料払い込み期間中ずっと低い金利が適用されることになります。これから金利上昇が予測される中、とても不利になるわけです。

例えば現在、ある生命保険会社の定額型個人年金保険に50歳の男性が加入し、65歳から10年間年金を受け取るという契約だと、毎月の保険料が約1万円で、受け取る年金は年約18万4000円。保険料の払い込み総額が180万円で、受取総額が184万円ですから、お金はほとんど増えません。

個人年金保険には死亡保障がついているため、**加入時の年齢が高いほど保険料が高くなる点**でも50歳代の人が加入するメリットはありません。

㊎変額型や外貨建てには元本割れのリスク

定額型の個人年金保険は、金利が高かった頃は有利な金融商品でしたが、低金利でメリットがなくなりました。そこで登場したのが変額型です。契約者が保険料を一括または毎月払いで支払い、それを保険会社が投資信託などで運用し、その運用成果によって将来受け取れる年金額が変わります。運用がうまくいけば年金額が増えますが、運用が不調だと年金額が減り、**受け取れる年金の総額が払い込んだ保険料の総額を下回って〝元本割れ〟するリスク**があります。

投資信託で運用するなら、NISAやiDeCoなど税制優遇のある制度を使って自分で行うのがよいでしょう。

払い込まれた保険料を外貨建ての債券で運用する**外貨建ての個人年金保険**もあります。日本に比べて金利の高い米ドルやオーストラリアドルで運用され、外貨ベースで元本が保証されているのが一般的ですが、年金を日本円で受け取る場合、契約時より円安だと元本割れの可能性があります。

運用の仕方別・個人年金保険の種類

●受け取る年金の額が決まっているか、より高い収益を目指すか

定額年金保険

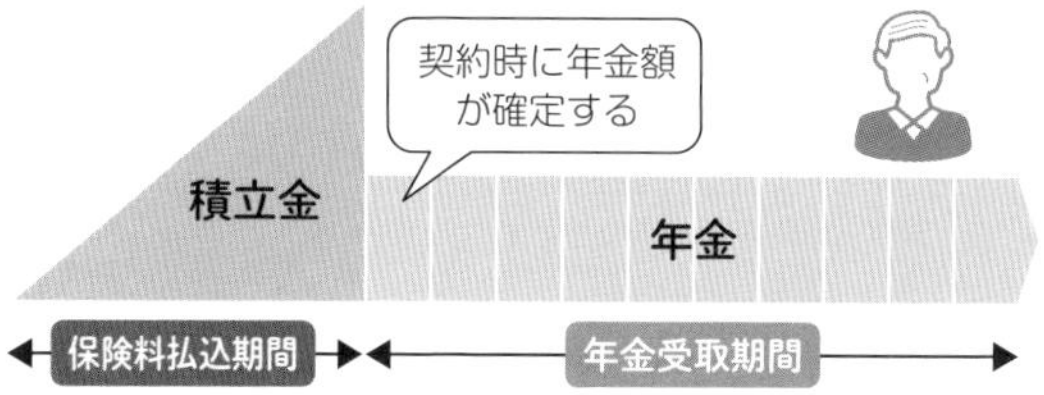

保険会社が定めた予定利率で運用し、契約時に将来受け取る年金の額が確定する。契約の時期によっては予定利率が低く、運用の成果が期待できない

変額年金保険

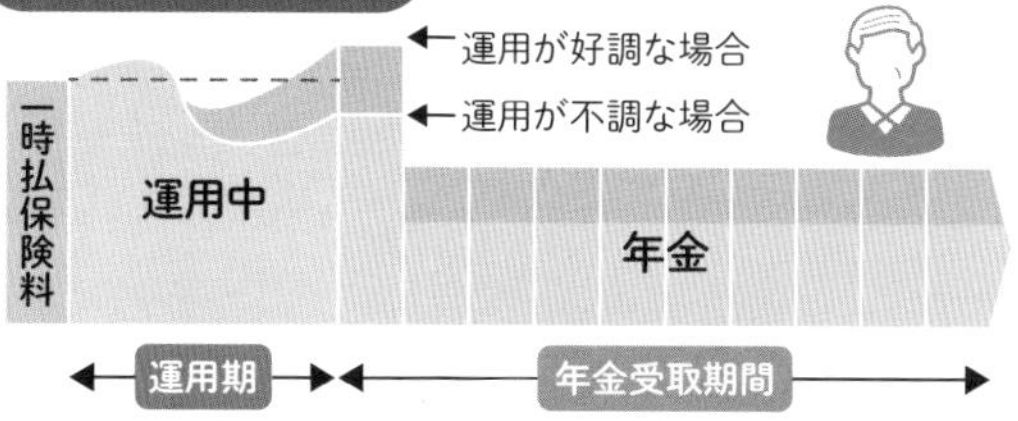

保険会社が株式や債券などで積立金を運用して、高い収益を目指す。運用が好調ならより高い年金額を受け取ることができるが、不調だと元本割れをする可能性もある

●いまから個人年金保険に加入するのはNG

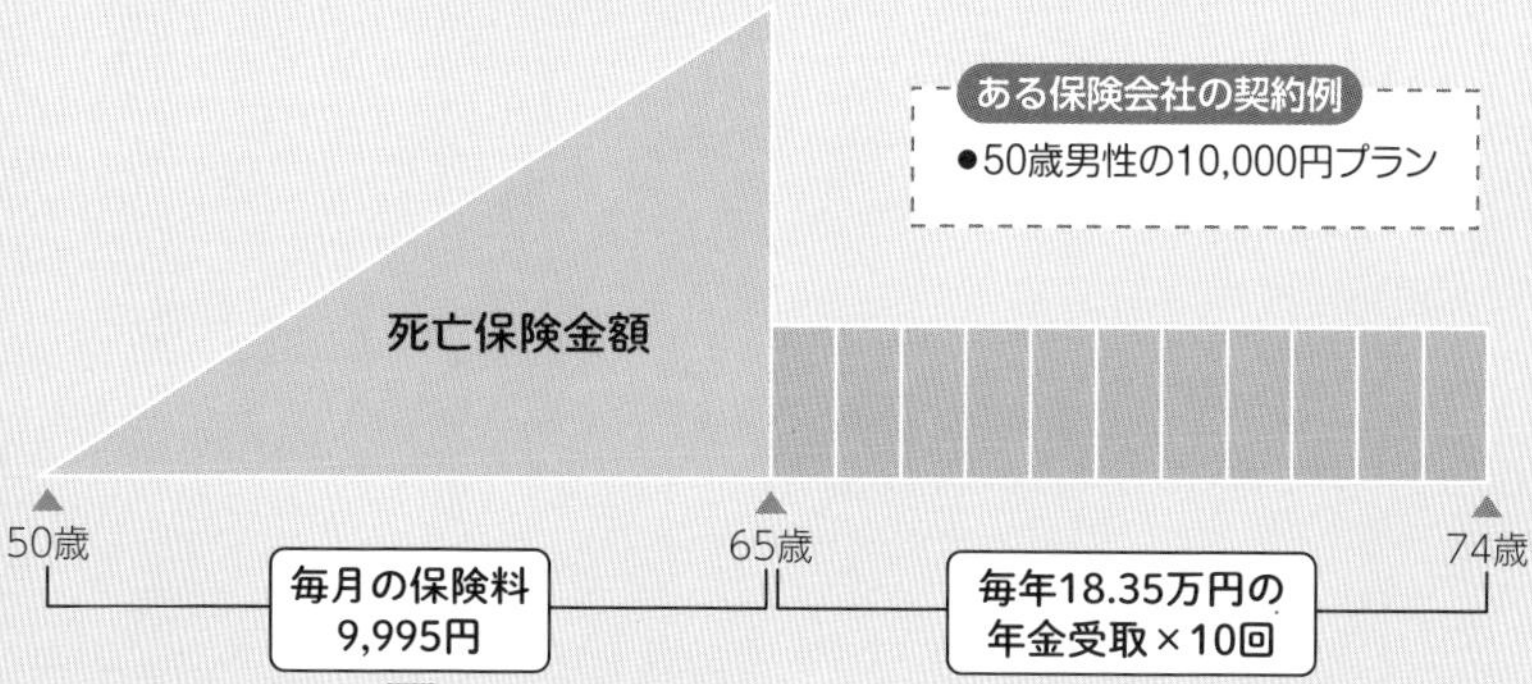

払い込む保険料の総額
約179.9万円

受け取る年金の総額
約183.5万円

差額は3万6,000円
預金なら金利が高くなったときに預け替えることができるが、
個人年金保険は金利が変更されることはない

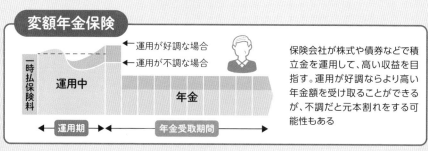

50 資金不足の対策、リースバックとは

↓資金は得られるが、短期の利用に限られる

自宅の売却と賃借を同時に行う

十分な資金を準備できないまま老後の生活に入り、そろそろ資金も底をつきそうで、ほかに手段がない、というケースもあるかもしれません。

そんなときに、自宅を売却してまとまった資金を得る方法がリースバックです。

通常、自宅を売却するとそこから出ていかなければなりませんが、リースバックは不動産会社に自宅を売却し、その不動産会社と賃貸借契約を結んで、家賃を払いながら自宅に住み続けることができます。

住宅ローンが残っていても、売却代金の中から一括返済をする方法で利用できます。

自宅に住み続けたまま、まとまった資金が得られるのがメリットですが、売却価格は相場より低くなり、家賃は周辺の家賃相場より割高になる傾向があります。

不動産会社との契約で、賃借期間が3年あるいは5年などに限られていることも多く、賃借期間に期限がなかったとしても、住んでいる間は家賃を払い続けることになるので、賃借期間が長くなると、支払う家賃の総額が自宅の売却代金を上回ることも考えられます。

したがって、リースバックは有料老人ホームへ入居するまでの〝つなぎ〟など、短期間での利用が基本となります。目先の資金不足を解消しようとして安易に利用するのは禁物です。

リースバックはまとまった資金が得られる

●住み続けながら資金を手にできるしくみ

売主

売主は売却代金を手に入れながら住み続けられる

問い合わせをすると、査定の上で買取価格とリース料（家賃）が提示される。納得したら契約を結ぶ

自宅を売却する →

← 売却代金を一括で受け取る

売買契約と同時に家の賃貸借契約を結んでおく

← 売却した家がそのままリースされる

引越しや家の片づけは不要でそのまま住み続けられる

毎月、リース料（家賃）を支払う →

買主

リースバックは不動産会社やファイナンス会社が扱っている

●リースバックのメリット・デメリット

メリット

- 一括でまとまった資金を手にできる
- 引越しや家の片づけなどなしにそのまま住み続けられる
- 固定資産税やマンションの管理費・修繕積立金の支払いが不要になる
- 住宅ローンが残っていても利用できる

デメリット

- 自宅の所有者は買主になる
- 毎月のリース料（家賃）を支払い続けなければならない
- 売却価格が安くなる傾向がある
- 契約によっては賃借契約の更新ができないことがある

もう1つの方法、リバースモーゲージ

リースバックと似た資金調達の方法に、リバースモーゲージがあります。自宅を担保にして、主に銀行などの金融機関から融資を受けるものです。リースバックと同様に住宅ローンが残っていても利用できる場合があります。

融資を受けた後は通常の融資と異なり、利息のみ返済するしくみです。元本は死亡後または契約期間終了後に自宅を売却するか、相続人による弁済などで返済します。自宅の所有権を手放さないで済む方法ですが、一戸建てに限られるなどの制約がある場合もあります。

Part 5

51

親からの贈与・相続に備える基礎知識

↓相続には法律で決められた相続人と割合がある

㊎法定相続人と相続割合

親が自宅を所有していたり、親に預貯金がある場合、相続で得る財産があり、それらは自分の老後資金の1つになるかもしれません。

いま、両親とも健在で、自宅を所有している場合の相続は、どちらかが先に亡くなり、残った親（配偶者）が引き続き、その家に住み続けることになるでしょう。その場合でも、あなた（被相続人の子ども）にも相続の権利が発生します。

現在、親1人だけが健在の場合は、その親が亡くなると、実家も含めた財産を、あなたと兄弟姉妹が相続することになります。

実家が賃貸住宅の場合は、現預金などの資産を相続することになるでしょう。

相続は、亡くなった人の家族構成により、相続する人が異なります。

亡くなった人に配偶者がいる場合は、配偶者と子どもたちが法律で決められた法定相続人となり、遺産を分ける割合（法定相続分）も法律で決められています。もう1人の親（配偶者）がすでに他界しているなどの場合は、子どもたちで相続財産を分けます。兄弟や姉妹がいれば、その人数で分けることになります。

遺言書がある場合は、それにそって相続します。ただし、「長男が全部相続する」といった遺言書があった場合、他の兄弟が権利を主張することができます。これを遺留分《いりゅうぶん》といいます。

知っておきたい相続の基礎知識

●法定相続人と法定相続分

Case 1

両親の一方が亡くなり、自分に兄弟や姉妹がいる場合

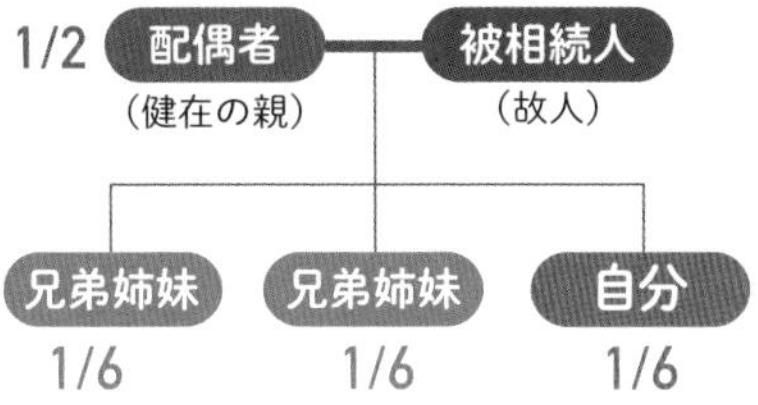

配偶者（健在の親）が1／2、残りの1／2を子ども（自分と兄弟姉妹）の人数で分ける

Case 2

両親の一方が亡くなり、自分が一人っ子の場合

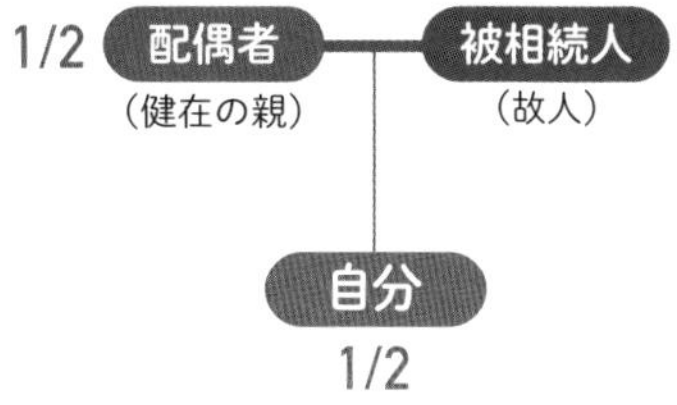

配偶者（健在の親）が1／2、残りの1／2が自分

Case 3

残っていた親も亡くなり、自分に兄弟や姉妹がいる場合

子ども（自分と兄弟姉妹）の人数で分ける

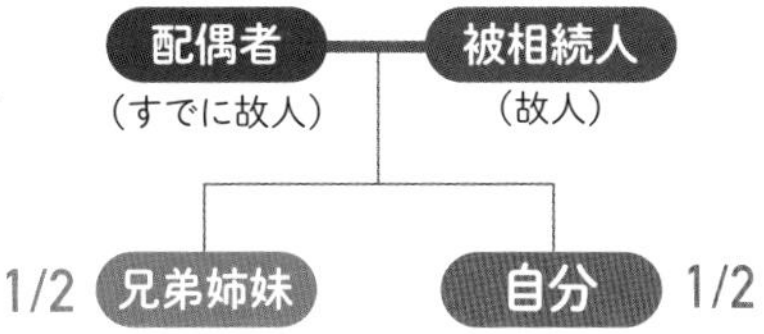

●法定相続分と遺留分

遺言書に少ない金額で遺産分割が記載されていたとしても遺留分までは権利を主張できる

法定相続人	法定相続分	遺留分
配偶者のみ	1（全部）	1／2
子のみ	1	1／2
配偶者と子	配偶者：1／2、子：1／2÷人数	配偶者：1／4、子：1／4÷人数

遺留分の計算例

●遺産総額2,000万円、配偶者と長男・長女が相続人の場合の遺留分の計算例
配偶者　2,000万円×1/4=500万円　　長男・長女それぞれ　2,000万円×1/4÷2=250万円

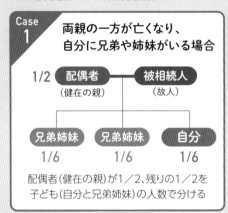

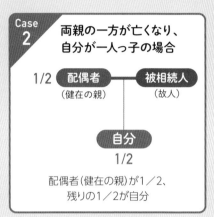

相続税の基本を知ろう

誰かが亡くなると遺族はみんな相続税を払わなければならないと思っている人が多いのですが、そんなことはありません。相続税には基礎控除（非課税枠）があり、遺産が基礎控除より少なければ相続税はかかりません。基礎控除は「3000万円＋600万円×法定相続人の数」で計算され、これを超えた部分が相続税の課税対象です。

例えば、亡くなった人に配偶者と子ども2人がいた場合、相続財産から4800万円を控除できます。相続財産がこれ以下なら相続税はかかりません。

さらに、配偶者には配偶者控除があり、相続した遺産が1億6000万円もしくは配偶者の法定相続割合相当額までなら相続税はかかりません。

だからといって相続人が配偶者と子の場合に、配偶者がすべての遺産を相続すると、その配偶者が亡くなったときに子が多額の遺産を相続することになり、相続税が高くなることがあるので注意が必要です。

贈与税の基本を知ろう

相続は、亡くなった人の財産を引き継ぐものですが、亡くなる前に財産を渡すのが、生前贈与です。

1年間（1月から12月）に1人が110万円を超える贈与を受けた場合、超えた部分に贈与税がかかります。110万円までなら非課税で贈与できるわけですが、亡くなる3～7年前まで（贈与を受けた年によって異なる）の贈与は、亡くなったときの相続財産に加算されます。

その結果、相続税の負担が生じたり、相続税額が増えたりする場合があります。

相続税と贈与税の税率を見てみよう

●相続税と贈与税の比較

<table>
<tr><th colspan="2">相続税</th><th rowspan="3">財産額</th><th colspan="4">贈与税</th></tr>
<tr><th rowspan="2">税率
（限界税率）</th><th rowspan="2">控除額</th><th colspan="2">一般税率</th><th colspan="2">特例税率</th></tr>
<tr><th>税率</th><th>控除額</th><th>税率</th><th>控除額</th></tr>
<tr><td rowspan="5">10%</td><td rowspan="5">ー</td><td>200万円以下</td><td>10%</td><td>ー</td><td>10%</td><td>ー</td></tr>
<tr><td>300万円以下</td><td>15%</td><td>10万円</td><td rowspan="2">15%</td><td rowspan="2">10万円</td></tr>
<tr><td>400万円以下</td><td>20%</td><td>25万円</td></tr>
<tr><td>600万円以下</td><td>30%</td><td>65万円</td><td>20%</td><td>30万円</td></tr>
<tr><td>1,000万円以下</td><td>40%</td><td>125万円</td><td>30%</td><td>90万円</td></tr>
<tr><td rowspan="2">15%</td><td rowspan="2">50万円</td><td>1,500万円以下</td><td>45%</td><td>175万円</td><td>40%</td><td>190万円</td></tr>
<tr><td>3,000万円以下</td><td>50%</td><td>250万円</td><td>45%</td><td>265万円</td></tr>
<tr><td rowspan="2">20%</td><td rowspan="2">200万円</td><td>4,500万円以下</td><td rowspan="7">55%</td><td rowspan="7">400万円</td><td>50%</td><td>415万円</td></tr>
<tr><td>5,000万円以下</td><td rowspan="6">55%</td><td rowspan="6">640万円</td></tr>
<tr><td>30%</td><td>700万円</td><td>1億円以下</td></tr>
<tr><td>40%</td><td>1,700万円</td><td>2億円以下</td></tr>
<tr><td>45%</td><td>2,700万円</td><td>3億円以下</td></tr>
<tr><td>50%</td><td>4,200万円</td><td>6億円以下</td></tr>
<tr><td>55%</td><td>7,200万円</td><td>6億円超</td></tr>
</table>

特例税率：18歳以上の人が直系尊属（父母・祖父母など）から贈与を受けた場合の税率。

●相続税の控除（控除額までは相続税がかからない＝ゼロ）

基礎控除 ▶ 3,000万円 ＋（600万円 × 法定相続人の数）

例 法定相続人：配偶者、子ども2人の場合
3,000万円 ＋(600万円 × 3) ＝ **4,800万円**

配偶者控除 ▶ **1億6,000万円** または配偶者の法定相続分相当額

●贈与税の控除（控除額までは相続税がかからない＝ゼロ）

基礎控除 ▶ **年間110万円**

ただし、贈与した人が亡くなった場合、7年前までの贈与については相続財産に加算される

コラム column

シニア割で賢く節約しよう

定年後の生活は、節約が大事。そこで利用したいのが、いわゆる**シニア割**。一定の年齢以上の人が受けられる優遇や特典です。種類は意外に多く、交通、ショッピング、アミューズメント、飲食など、様々な場面で利用できます。自分がよく行くところ、よく使うサービスで利用できないか調べて、賢く節約しましょう（以下の例はいずれも2023年４月時点の情報）。

例えば交通では、ＪＲグループの「ジパング倶楽部」。男性65歳以上、女性60歳以上なら全国の**ＪＲ運賃が２～３割引**になるほか、ＪＲグループのホテルの宿泊料金が割引になります（年会費あり）。

ふだんの買い物でもシニア割が利用できます。例えばイオングループの店舗では、毎月15日の「G.G感謝デー」に電子マネー G.G WAON・ゆうゆうワオンで支払えば**代金が５％オフ**。G.GWAONのカードは55歳以上が対象です。

アミューズメントなら、ユニバーサル・スタジオ・ジャパンの１デイ・スタジオ・パスの「シニア料金」が65歳以上で利用できて、**入場券が約700～800円割引**になります（日によって変わる）。

飲食では、すかいらーくグループの一部の店舗で「プラチナパスポート」が利用できます。同伴者の分も含めて**飲食代が５％オフ**。60歳以上で利用可能です。

どの割引もホームページなどで確認できるので、自分がよく行くところなどを調べて、賢く使いましょう。

Part 6

いまから始める資産運用

いまから始める資産運用

人生100年時代は手持ちの資金を長期で運用・投資して、お金に〝働いて〟もらい、資産を増やすことを考える必要があります。

預貯金と
運用・投資では
将来の積み上げに
大きな差が出る

→P.174

迷ったら
投資信託から
始めてみる

→P.184

個人向け国債
ならノーリスクで
安心して運用できる

→P.180

運用はおトクな
NISAと
iDeCoの利用が
おすすめ

→P.188

NISAは
2024年から
新しい制度が
始まるので注意

→P.202

iDeCoは
老後資金づくり
に特化した
専用の制度

→P.204

NISAとiDeCo
1つだけ選ぶなら
どちらか？

→P.216

52 老後資金づくりはお金に働いてもらう

↓人生100年時代、お金を長く運用・投資して資産を増やす

預貯金と運用では大きな差がつく

お金に困らない老後を送るためには、定年後も働き続けて収入を得るほかに、もう1つ働いてほしいものがあります。

それは、お金です。つまり、手持ちの金融資産を預貯金などで寝かせずに、運用・投資することを考えるべきです。

私たちが得るお金（所得）には、働いて得る労働所得や、年金などの雑所得のほかに、お金を働かせることで生まれる金融所得があります。お金を株式や投資信託などの金融商品で運用・投資することで得られる、利子や配当、譲渡益などです。

もらえる年金額は決まっていますし、働いて得られる収入にも限度があります。そこに金融所得が上乗せされれば老後の生活も潤いが増します。

とはいえ、実際に家計で働いているお金の量はそれほど多くありません。総務省「家計調査」によると50歳代の世帯で投資（有価証券）に回っているお金は16％弱です（左中の図参照）。

定期預金が約500万円あり、その半分、250万円を投資に振り向けたらどうなるでしょうか。仮に年利回り3％の運用ができたとして、残り半分の定期預金の金利が0・002％とすると、10年で約100万円もの差がつきます（左下の図参照）。

いまや人生は100年時代、定年前も定年後も長くお金に働いてもらうことを考えましょう。

老後資金づくりは運用・投資で

●実際にはどれくらいのお金が働いているか

（世帯主の年齢階級別50 ～ 59歳の貯蓄および負債の1世帯あたり現在高）

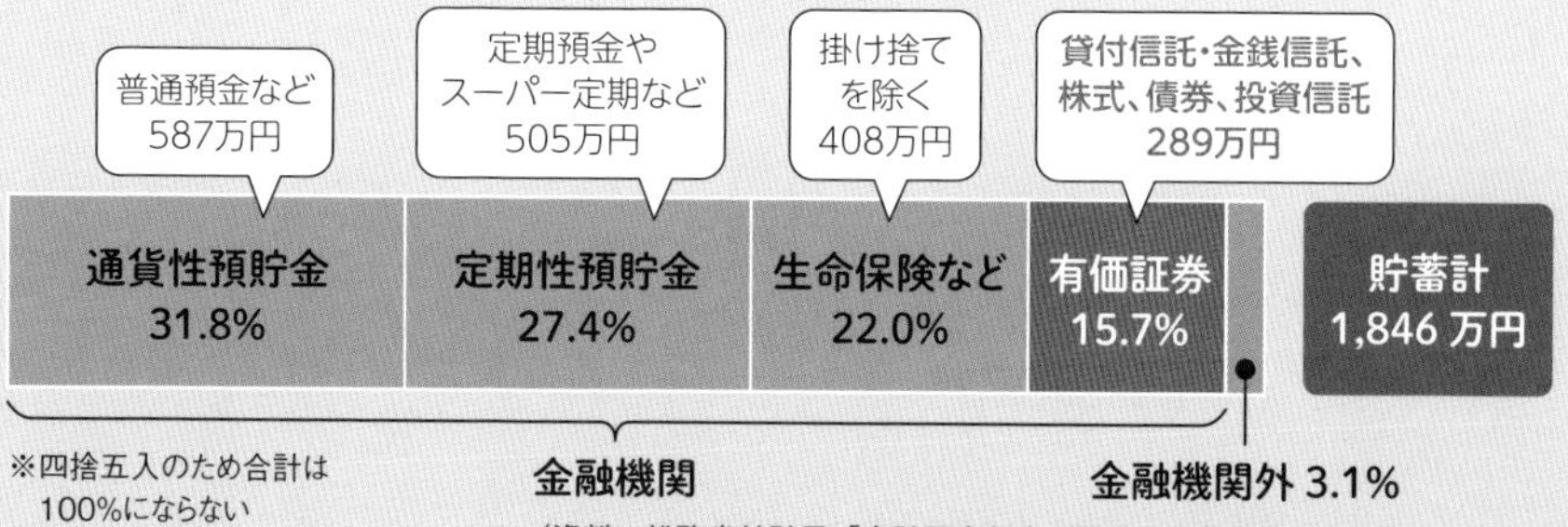

（資料：総務省統計局「家計調査年次（貯蓄・負債編）2021年」より作成）

● お金に働いてもらう、もらわないでどれだけ違うか

	スタート	5年後	10年後
定期預金 （年利 0.002%）	2,500,000	2,500,250	2,500,500
投資信託 （平均年利回り 3%）	2,500,000	2,898,185	3,359,791

※税金は考慮していない。

運用する金融商品には何があるか

↓許容できるリスクと期待するリターンに応じて商品を選ぶ

どの商品にもリスクとリターンがある

お金に働いてもらう――資産を運用する、または投資するために、金融機関[※1]が提供しているのが「金融商品」です。

金融商品は商品ですから、金融機関が販売しており、私たちはそれを購入することで資産の運用・投資ができます。

では、資産を運用・投資する対象となる金融商品には、どんなものがあるでしょうか。

金融商品というと、**株式**や**投資信託**がまず頭に浮かびますが、実は最も基本的な金融商品は**預貯金**です。また、株式と並ぶ有力な投資先として**債券**もあります。さらに近年では、**FX**《エフエックス》（外国為替証拠金取引）や**暗号資産**[※2]なども投資の対象となっています。

金融商品には、それぞれ異なる程度の「リスク」と「リターン」があります。リスクとリターンの程度に応じて、主な金融商品を並べてみると左上の図のようになります。

預貯金以外の金融商品は価格が変動します。この**変動の幅の大きさがリスク**です。

値動きの大きいものは「リスクが高い」、小さいものは「リスクが低い」ということになります。そして、高いリターンが期待できるものは値下がりする可能性が高く、値下がりの可能性が小さいものは期待できるリターンが少ないというのが原則です。

※1　金融機関には保険会社も含まれるが、ここでは主に銀行や証券会社を指す。
※2　以前は仮想通貨と呼ばれていたが、ここでは法令上の呼び方に従う。

金融商品選びはリスクとリターンを考える

●金融商品はそれぞれリスクとリターンが異なる

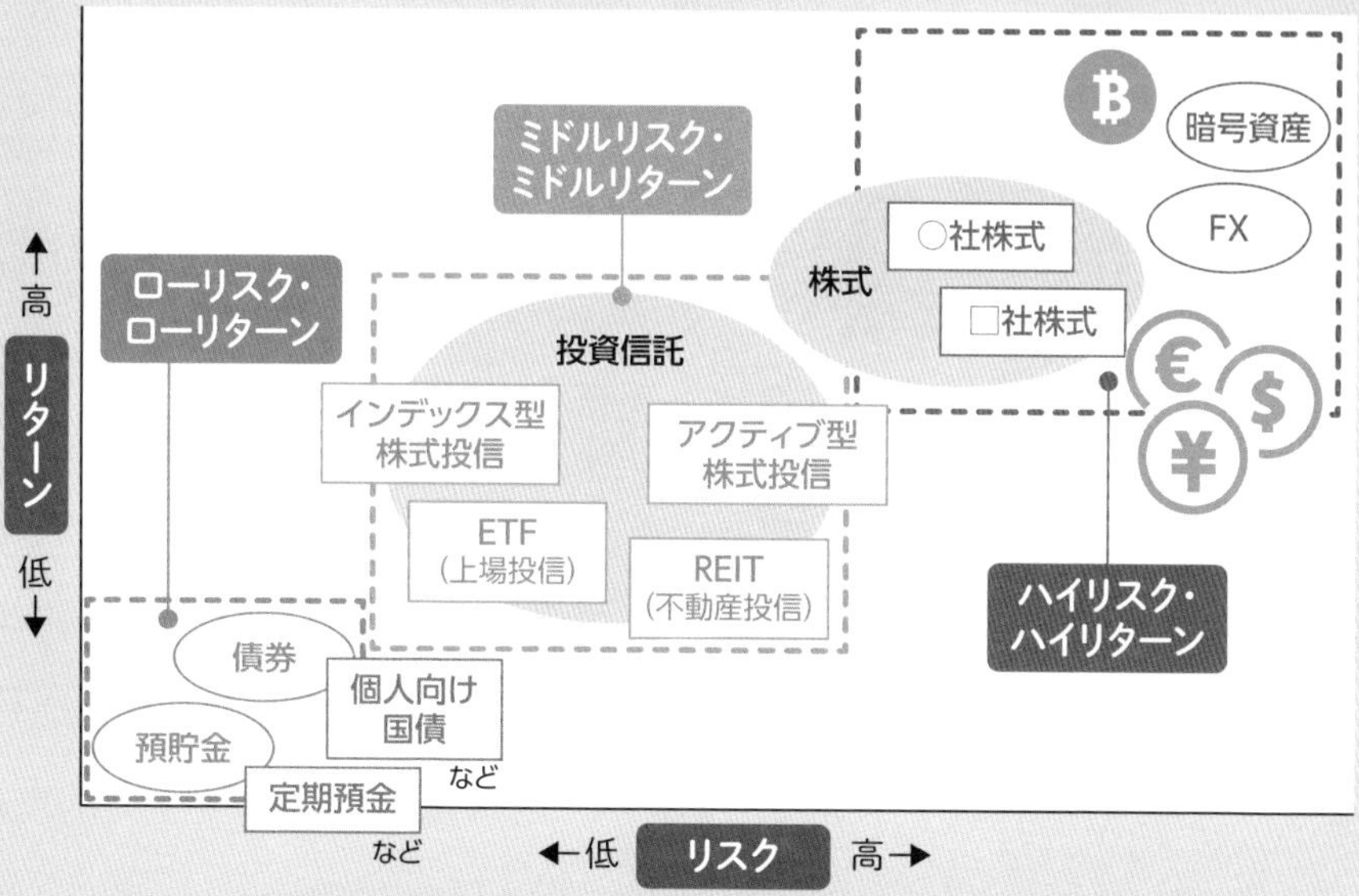

※ETFとは上場投資信託。日経平均株価などの指数と連動するように運用される。

●金融商品のリスクとは値動きの幅のこと

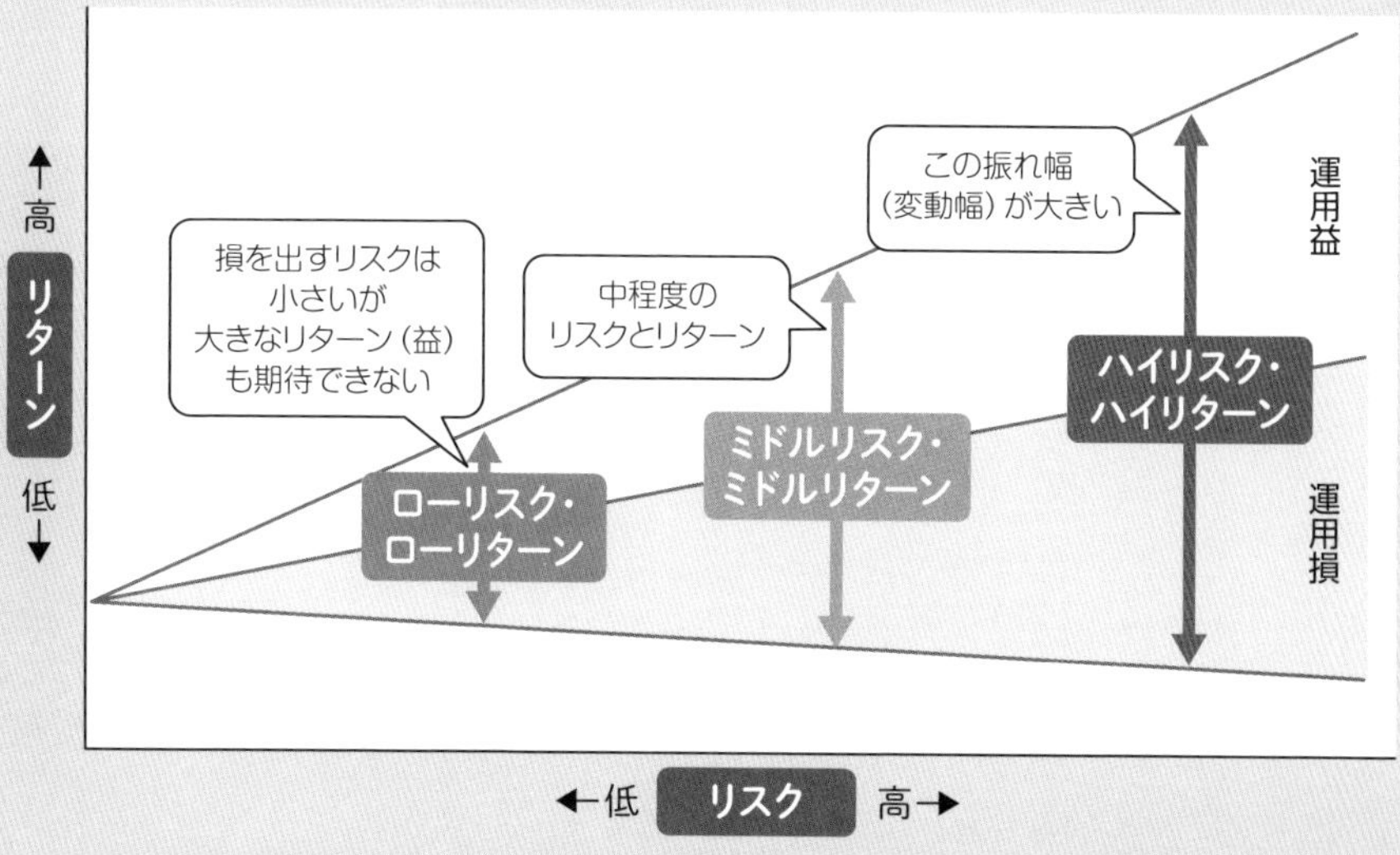

ローリスクでハイリターンな金融商品はありません。もし、そううたう商品があれば疑うべきです。

収益性・安全性・流動性を見る

主な金融商品のしくみをまとめると、左上の図のようになります。

何に、どのように投資するかで、リスクとリターンの程度が違ってきます。

このうち、どれを選ぶかを考えるときは、収益性・安全性・流動性という3つの側面を見る必要があります。

収益性とは、リターンの大きさに関する側面です。また安全性は、リスクに関する側面です。

さらに、流動性も考えておきます。資産運用中にお金が必要になったとき、すぐに換金して簡単に引き出せるものが流動性の高い商品です。

それぞれの金融商品の収益性・安全性・流動性について、おおよその目安を示したのが左下の図です。

例えば、老後の資金として貯めているお金は、運用資産（元本《がんぽん》）を減らすわけにはいきません。安全性を最重要視して金融商品を選ぶことになります。

一方、すぐに使う予定がなく貯めている余裕資金なら、収益性を重視して金融商品を選んでもよいでしょう。

一般的に収益性と安全性は両立しないので、どちらかを選ぶことになります。

いずれにしても、運用・投資する金融商品を選ぶときは、自分が許容できるリスクの程度と、期待するリターンを考え合わせて慎重に選ぶことが大切です。

主な金融商品の特徴をつかもう

●資産運用する主な金融商品のしくみ

預貯金

定期預金が代表的。銀行などにお金を貸して（預けて）、利息を受け取る

債 券

個人向け国債が代表的。国や企業にお金を貸して、利子を受け取る

投資信託

投資のプロにお金を運用してもらい、利益（または損失）を受け取る

株 式

企業に出資して株主になり、配当や譲渡益（または譲渡損）を得る

FX

外国為替証拠金取引。通貨を売買し、為替差益（差損）で利益（損失）を得る

暗号資産

本来は送金・決済の手段。値動きが激しく、投機の対象になっている

●金融商品選びは安全性・収益性・流動性を考える

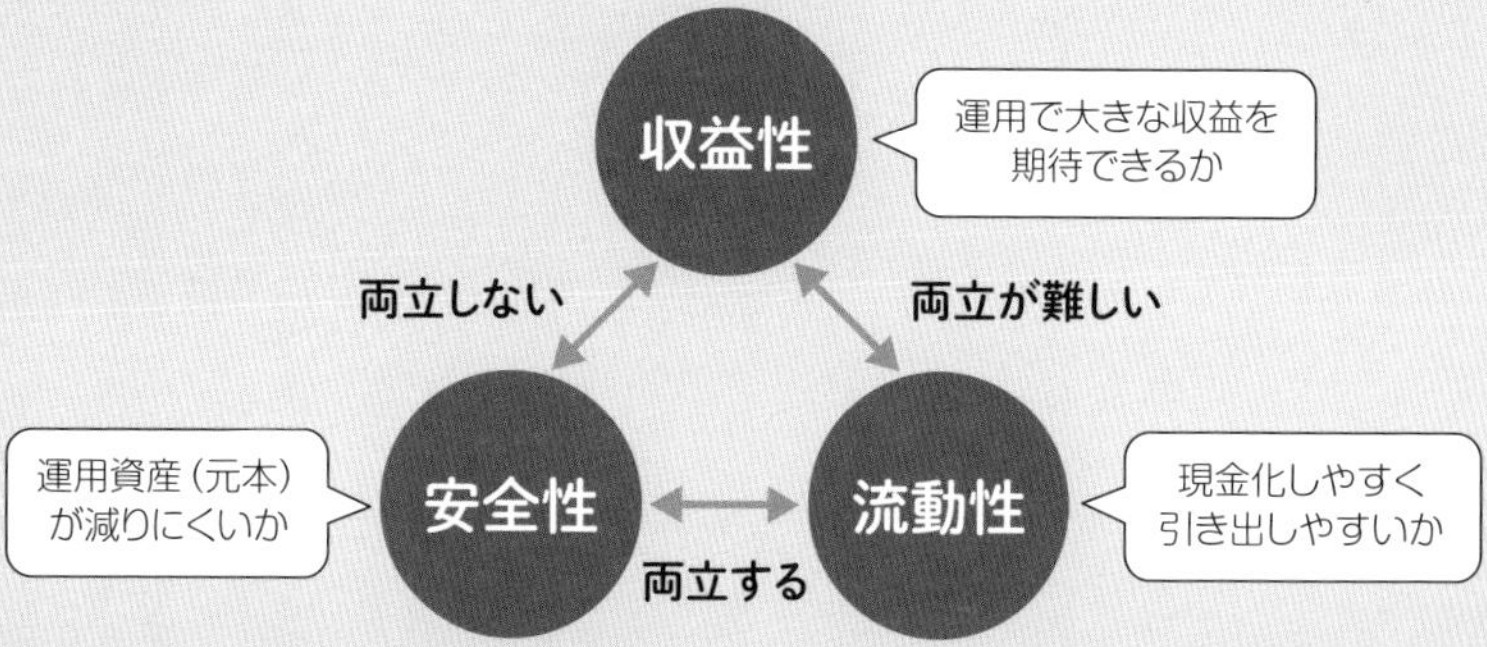

●金融商品ごとの安全性・収益性・流動性の目安

	収益性	安全性	流動性
預貯金	△	◎	◎
債 券	○	○	△
投資信託	○〜◎	△〜○	○
株 式	○〜◎	△	○
F X	◎	×	○
暗号資産	◎	×	○

54

50代から始める投資は何がいいか

↓ローリスクなら債券、ミドル〜ハイリスクなら投資信託

主な投資対象は債券・投資信託・株式

前項で見た金融商品のうち、預貯金は得られるリターンがきわめて低いため、運用・投資の対象にはなりません。

また、ハイリスク・ハイリターンのFX《エフエックス》（外国為替証拠金取引）は投機性が高く、老後を見すえて資産を増やすような投資には不向きです。

暗号資産にいたっては、株式や債券のように価値の裏づけとなる事業もなく、ギャンブルに近いものです。投資手段としてはなじみません。

したがって、50歳代から始める運用・投資の対象となる金融商品は、債券・投資信託・株式の3つに絞られます。

個人向け国債ならほぼノーリスク

このうち、最もリスクが低いのが債券です。

債券は、国や企業などにお金を貸す投資ですが、その返済期限である「満期」が3年、5年、10年などと決められています。

その間に利子を受け取り、満期になると元本が払い戻されるしくみで、安全性の高い商品です。

慎重なタイプの人が初めて投資をする場合など、比較的安心して始められるかもしれません。

リターンは高くありませんが、それでも預貯金に比べて利率は一桁違います。

とくに、国が発行する個人向け国債は、ほぼノーリスクです。

債券投資で資産を増やすには

●個人向け国債には3つのタイプがある

商品名	変動金利型10年満期 変動10	固定金利型５年満期 固定５	固定金利型３年満期 固定３
満期	10年	５年	３年
金利タイプ	変動金利	固定金利	
金利設定方法※	基準金利×0.66	基準金利−0.05%	基準金利−0.03%
金利の下限	0.05%		
利子の受け取り	半年ごと年２回		
購入単位	最低１万円から１万円単位		
販売価格	額面100円につき100円		
償還金額	額面100円につき100円		
中途換金	発行１年経過後いつでも		
発行月（発行頻度）	毎月（年12回）		

ポイント
① 金利の下限が定められているので利子が必ずつく
② 最低1万円から1万円単位で購入できるので少額投資が可能
③ 中途換金は国が買い取るしくみで1年後からいつでも可能

※ 基準金利とは、利子計算期間の一定期間に行われた10年固定利付国債の入札における平均落札利回りや、市場実勢利回りをもとに計算した５年または３年の固定利付国債の想定利回り。

債券投資のデメリットと個人向け国債の特徴

債券投資のデメリット	個人向け国債の特徴
高額の商品が多い 一般の債券は金融機関や機関投資家向け	国債は通常5万円単位だが、個人向け国債は **最低1万円から1万円単位で購入可能**
「信用リスク」がある 発行した企業などが破綻することがある	国が発行しているので **国が破綻しない限り元本は安全**
「価格変動リスク」がある 需要と供給の関係で市場価格が下がる	市場で売買されないので **需要と供給の関係で価格が変動することはない**
「金利リスク」がある 金利が上がると債券の価格が下がる	中途換金は国が買い取るので **金利上昇で債券の価格が下がることはない**
「為替リスク」がある 外債は円高になると円での受取額が減る	日本の国債なので **為替の影響で受取額が減ることはない**

個人向け国債は一般の債券にはない、いろいろな特徴を持っています。例えば一般の債券は金融機関や機関投資家向けの高額のものがほとんどですが、個人向け国債は最低1万円から1万円単位での少額投資が可能です。

また、国が元本と利子の支払いを保証していて、途中換金しても元本が還ってくる、金利に下限があるなど個人が利用しやすくなっています。

株式投資にはインカムゲインもある

投資というと株式を思い浮かべる人も多いでしょう。株式は企業が発行するもので、それが証券取引所で売買されています。日本には個人が売買できる銘柄（会社）が約3800あります。その中から投資する銘柄を選び、証券会社に口座を開設して株式を購入します。

日本の株は100株単位で取引されるので、株価×100が最低購入価格となります。そのほか、証券会社に対する売買手数料がかかります。

株式は、価格が安いときに買って、高いときに売ることで利益が得られます。これが売買差益（キャピタルゲイン）です。

売買しなくても、株式を買って保有している間は株主に対する配当が得られます。これがインカムゲインです。そのほか、株主に自社製品などを贈る株主優待制度を設けている会社もあります。

キャピタルゲインを得るには売買のタイミングを見計らう必要がありますが、インカムゲインはそうしたことをしなくても得ることができます。ただし、配当は会社の業績によって下がったり、なくなったりする点には注意が必要です。

株式投資をするときは、キャピタルゲインとインカムゲインのどちらを目的にするかを明確にして、それに合った銘柄を選ぶことが大切です。

株式投資で資産を増やすには

●株式の取引のしくみと株式投資の仕方

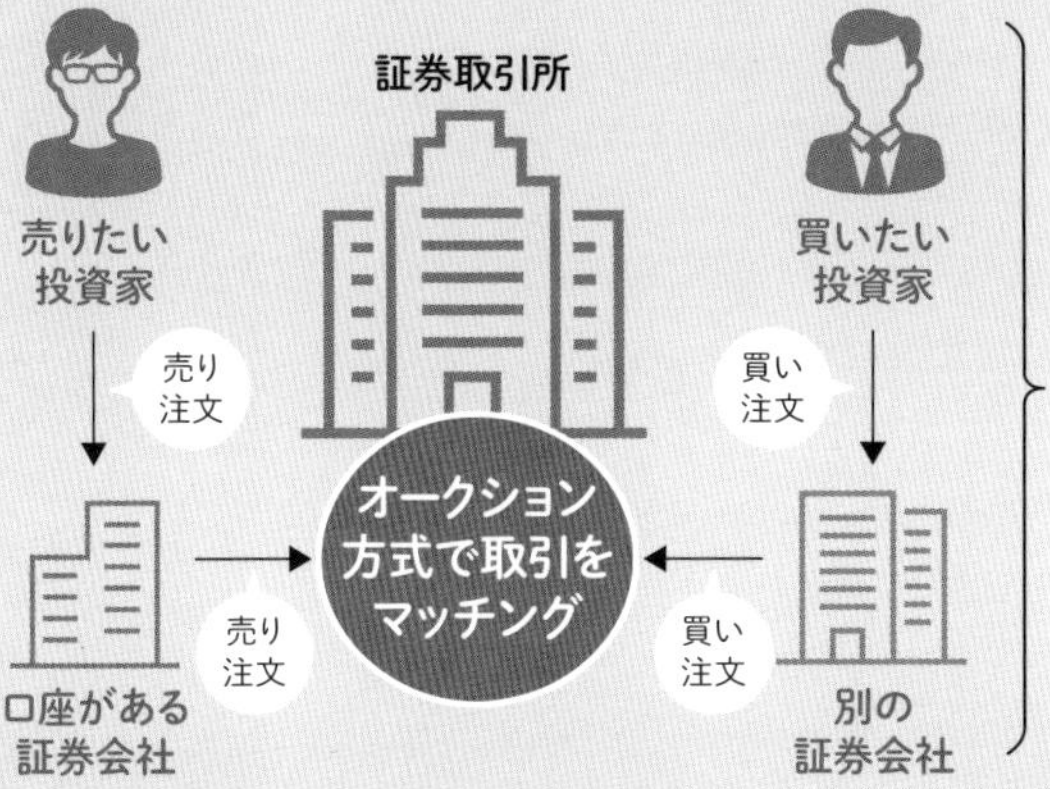

①証券会社に口座を開設する
↓
②口座に資金を入金する
↓
③取引スタート、投資する銘柄（会社）を選んで証券会社に買い注文を出す
↓
④基準日に株主でいれば配当金を受け取る
↓
⑤売りどきを見て証券会社に売り注文を出す

株式の売買は証券会社を通して注文を出す

株式の配当を受け取り、株式が値上がりすれば売買差益が得られる

●株式投資で得られる利益は2つある

株式の配当金（インカムゲイン）

会社が設定する配当基準日（通常は決算月末日）時点の株主に、1株あたり○円という形で分配され、株主は保有する株式の数に応じて配当金を受け取る。ただし、個々の銘柄によっては無配（配当金なし）の場合がある。

株式の売買差益（キャピタルゲイン）

株式を安いときに買って、高いときに売れば、その差額が値上がり益になる。そのまま株式を保有すれば含み益、売却すれば売却益が得られる。ただし、株価が下がればキャピタルロス（値下がり損）になることも。

計算例

- 1株あたりの配当金100円
- 保有株式数200株
  100円×200株=配当金20,000円
- この株式を100株あたり25万円で購入していたら、配当利回りは
  20,000円÷（250,000円×2）=4%

計算例

- 株価1,000円のときに1,000株購入
- 1,250円に上昇したときに売却
  250円×1,000株=値上がり益
  250,000円
- 900円に値下がりしたときに売却
  100円×1,000株=値下がり損失
  100,000円

Part 6

55

老後資金づくりの基本は投資信託

↓分散投資でリスク軽減。ミドルリスク・ミドルリターンの商品

少額から分散投資ができる

どの金融商品にもリスクがありますが、それを軽減する方法があります。それは、分散投資です。

1つの金融商品に資産を集中させると、それが値下がりしたときに資産全体が目減りしてしまいます。そこで、複数の商品に分散して投資をします。そうすると、そのうちのどれかが値下がりしても、それ以外のものが値上がりしていれば、資産全体の目減りが抑えられます。

この分散投資を取り入れた金融商品が、投資信託です。多くの人からお金を集めて〝ファンド〟をつくり、それを運用のプロであるファンドマネージャーが運用し、得られた利益を分配するしくみです。投資信託は、数千円から数万円程度で購入することができ、積み立て購入も可能なので、老後資金づくりに適した商品といえます。

リスク・リターンはいろいろ

投資信託は、ファンドごとに投資する対象が決まっていて、それによってリスク・リターンの度合いも異なります。

主な投資対象は株式と債券で、いずれも国内のものと海外のものがあります。一般的に株式は債券よりリスクが高く、海外の資産は国内の資産よりリスクが高いといえます。株式と債券の両方に投資するバランス型は、ミドルリスク・ミドルリターンの位置づけとなります。

投資信託には様々なタイプがある

●投資対象の資産・地域の違いによる投資信託のタイプ

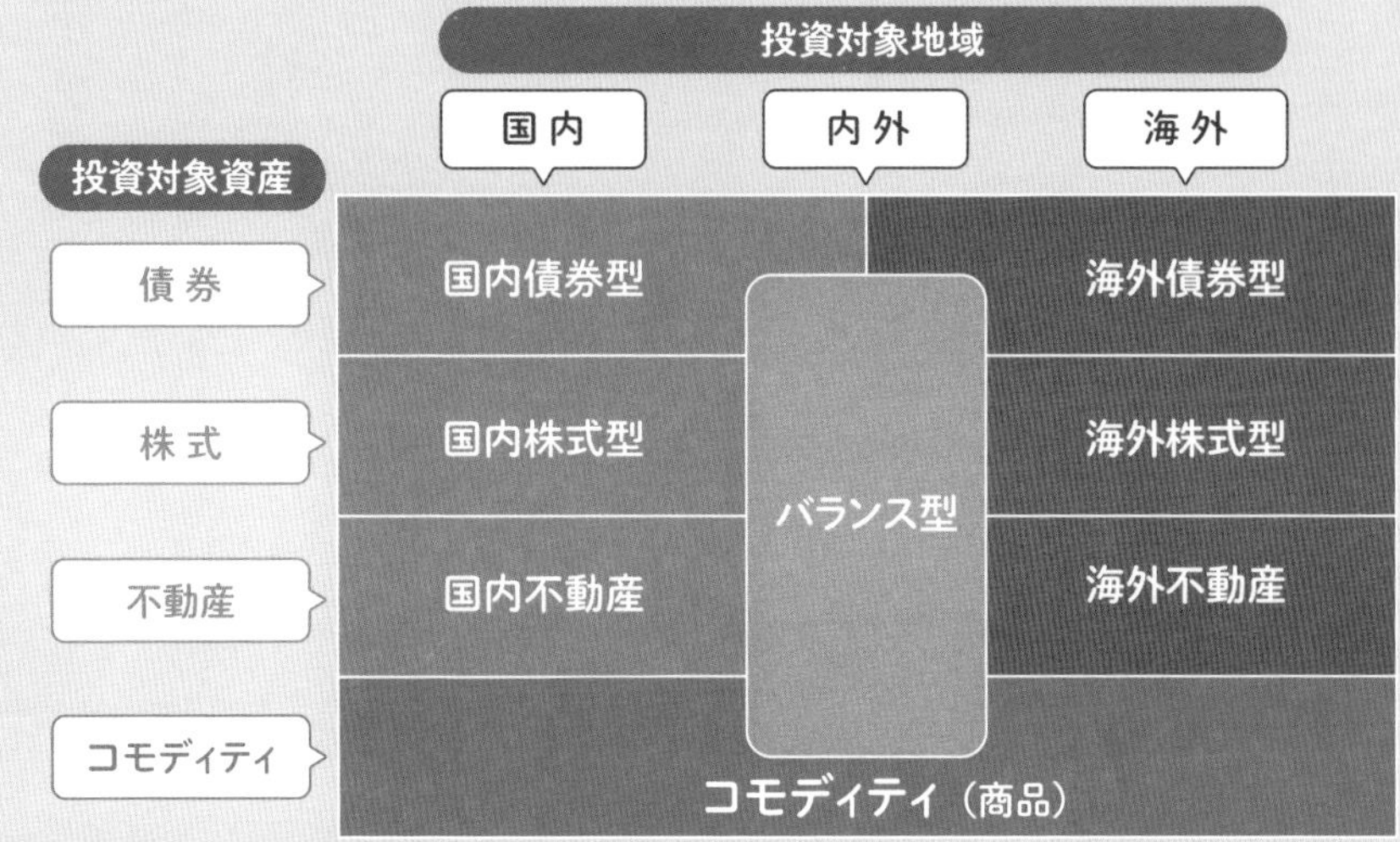

不動産

不動産の賃貸収入や売買益を投資家に分配する。REIT、J-REIT※

コモディティ

ゴールドなどの貴金属や原油などのエネルギー、大豆などの穀物などに投資する

バランス型

1つの資産に偏らず、複数の資産や地域にバランスよく投資する

※Real Estate Investment Trust。不動産投資信託。日本版はJ-REIT。

●投資信託のタイプとリスク・リターンの関係

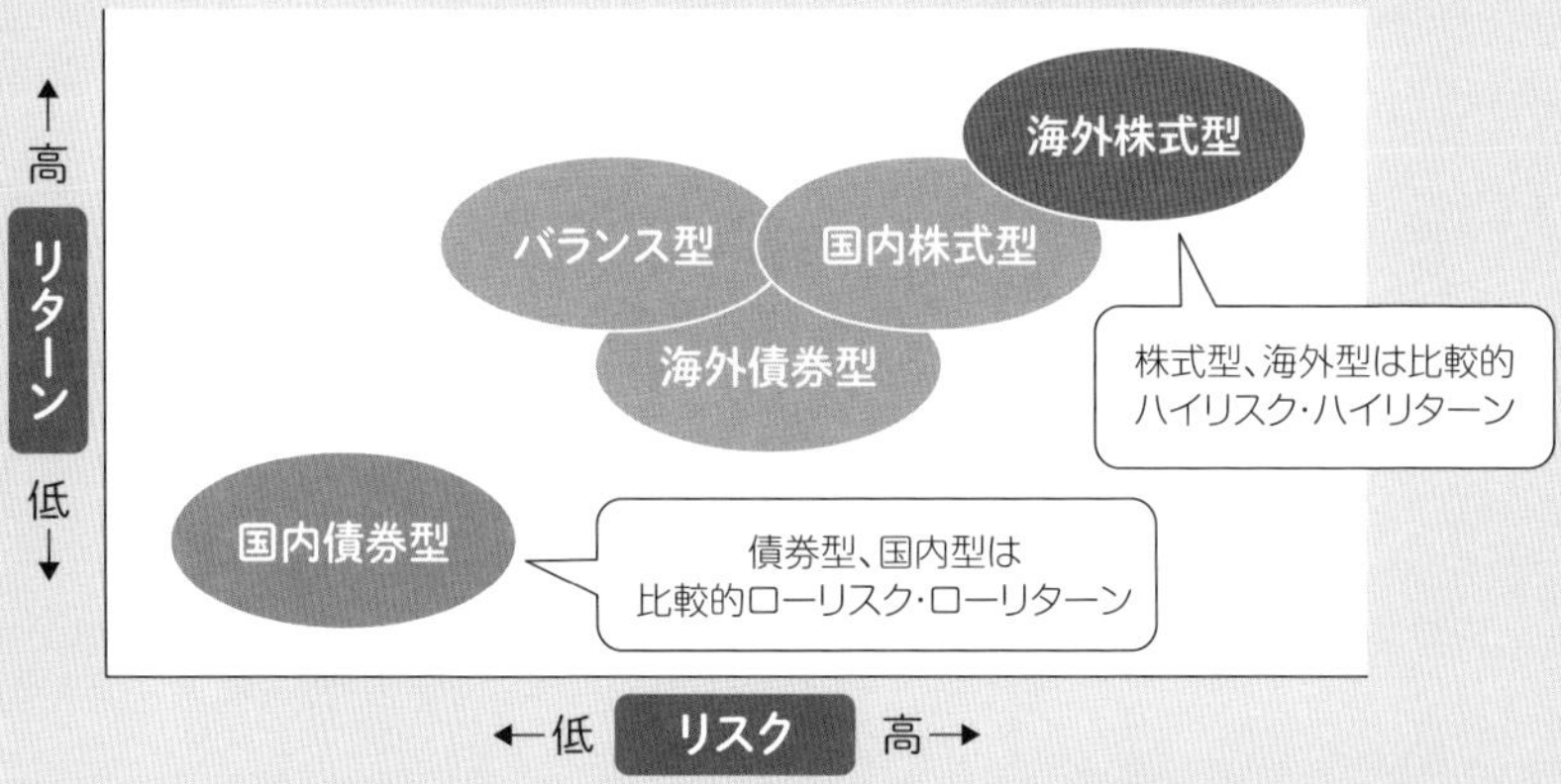

インデックス型か、アクティブ型か

投資信託の説明書を見ると難しい言葉が並んでいますが、通常「投資信託」というときはオープン型の株式投資信託であることがほとんどです。

投資信託を購入するとき、選択すべきなのは、インデックス型か、アクティブ型か、です。

インデックスとは〝指数〟のことで、日本の株式であれば、日経平均株価やTOPIX《トピックス》（東証株価指数）などがあります。インデックス型は特定の指数に連動した値動きを目指します。指数はいってみればその市場の平均値なので、平均値に相当するリターンが得られることになります。

一方アクティブ型は、ファンドマネージャーが投資する株や債券を厳選して、市場平均を上回るリターンを目指します。どの程度のリターンが得られるかはファンドマネージャーの腕次第です。

一般的に、インデックス型は、同じ指数に投資するものであればファンドごとの運用成績に差がなく、指数に連動しているため値動きがわかりやすいので、初心者向けといわれます。

分配金再投資型がベター

各ファンドは一定期間ごとに決算を行い、得られた利益をファンドの保有者に分配金として支払います。分配金は現金で受け取るか、それで同じファンドを買える口数分購入して再投資するかを選べることがあります。再投資のほうが運用効率が高くなり、資産を増やすことにつながります。

投資信託にかかるコストは、リターンを押し下げるので、同じタイプのファンドならコストの低いものを選びます。つみたてNISA《ニーサ》は低コストのファンドのみが対象なので、その中から選ぶとよいでしょう。

投資信託の「型」の違いを知ろう

公社債投資信託	⇔	株式投資信託
約款に株式に投資しない旨が記載されている。国債や社債などの債券（公社債）を中心に運用	⇔	約款に株式に投資できる旨が記載されている。ただし、実際は株式を組み入れずに運用しているものもある

オープン型	⇔	ユニット型
いつでも売買ができる投資信託。一般投資家が購入できる投資信託の９割程度はオープン型	⇔	運用する期間の初めに設定された募集期間内しか買えない。売却できない「クローズド期間」があるものも

インデックス型	⇔	アクティブ型
価格が目標とする指数（インデックス）と連動するように運用しリスクを抑えて安定的に資産を増やすことを目指す	⇔	価格が目標とする指数を上回るよう運用し高いリターンを狙う。インデックス型より運用コストが高い

分配金受け取り型	⇔	分配金再投資型
分配金※1を現金で受け取れる。少しずつでも運用の成果を受け取っていきたい人向け	⇔	分配金を現金にしないで同じ投資信託を買い増す。複利※2で運用して資産を増やしたい人向け

※1　必ずしも運用の収益の分配ではなく、元本を減らして分配することもあるので注意。
※2　その期間の運用で生まれた利益を、次の運用期間の元本に組み入れて運用すること。

●投資信託の様々なコスト

購入時手数料	信託報酬／監査報酬	信託財産留保額	税金
・0 ～ 3%程度	・運用管理費用と定期監査費用 ・信託報酬は年 0.1 ～2%程度	・売却（解約）時にかかる ・0 ～ 0.5%程度	・所得税と住民税 ・利益額の20.315%

Part 6

56 運用はおトクなNISAとiDeCoで

↓NISAとiDeCoなら投資の利益は非課税

㊎ 投資の最大級のコストは税金

投資信託に限らず、投資で得た利益にはすべて税金がかかります。

その額は通常、**利益額の20・315％**です。手数料などと比べても、税金は投資にかかる最大級のコストといっていいでしょう。

20・315％の内訳は、左上の図のようになっています。

これがすべての投資の利益、つまり預貯金の利息や株式の配当金、投資信託の分配金、それらの売却益などにかかります。

つまり、**20・315％分、投資の利回りが下が**るようなものです。

この章の冒頭で見たのと同様に、投資額250万円、平均年利回り3％で比べてみると、20年で約50万円もの差が出ます（左中の図）。

ところが、この税金を払わずに済む方法があります。国が認めた**非課税制度**である、NISA《ニーサ》とiDeCo《イデコ》を活用するのです。

NISAとiDeCoの特徴は、左下の図にまとめたとおりです。

それぞれ、制度の目的や非課税投資額、運用期間などが異なるので、自分が投資する目的や、希望する利益の受け取り方などに応じて選ぶことが大切です。

それでは次項から、NISAとiDeCoの具体的な利用の仕方を見ていきましょう。

NISA、iDeCoは投資で得た利益が非課税

●投資で得た利益には通常、一律20.315%の税金がかかる

利子・配当金・分配金・売却益

●利益にかかる税金の計算式

所得税 15% ＋ 復興特別所得税 0.315% ＋ 住民税 5% ＝20.315%

所得税15%×復興特別所得税2.1%＝0.315%※

※東日本大震災からの復興財源の確保のため、所得税額の2.1%の復興特別所得税がかかる（2037年までの予定）。

●税金がかかるのは投資の利回りが下がるようなもの

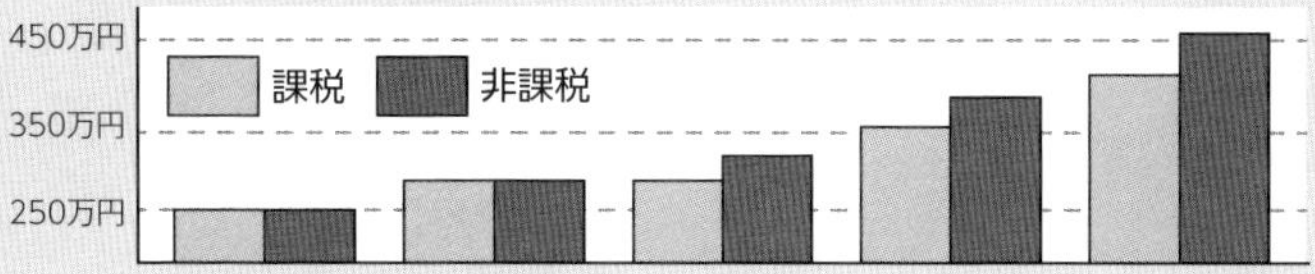

	スタート	5年後	10年後	15年後	20年後
課税（年利回り 2.39055%）	2,500,000	2,813,451	3,166,203	3,563,183	4,009,937
非課税（年利回り 3%）	2,500,000	2,898,185	3,359,791	3,894,919	4,515,278

約50万円の差

（課税）利回り３%－（３%×20.315%）＝2.39055%

●NISA、iDeCoなら投資で得られた利益が非課税

NISA

- 少額投資非課税制度
- 家計の金融資産を貯蓄から投資へ振り向けるために、**一定の少額の投資を非課税として優遇する制度**
- この制度を利用すると、株式や投資信託などで運用・投資して得た利益に**20.315%の税金がかからない**
- **年間120万円、5年間**で最大600万円の投資で得られた利益が非課税（一般NISAの場合）
- 一定の少額の資金を運用して、**税金の心配なしに増やしたい人向き**

iDeCo

- 個人型確定拠出年金
- 国民年金や厚生年金などの公的年金に上乗せの給付を受ける形で、**個人が任意加入する年金制度（私的年金）**
- この制度を利用すると投資信託などで運用・投資して得た利益に**20.315%の税金がかからない**
- **老後の資金をつくる**目的でお金を運用して、節税しながら資産を増やしたい人向き

57 少額投資非課税制度、NISAとは何か

↓国が非課税で利用者のお金の運用を支援してくれる

投資コストとなる税金がゼロに

NISA《ニーサ》の正式名称は「少額投資非課税制度」です。決められた少額の投資枠の範囲で、決められた非課税の期間なら、本来、運用で得た利益にかかる20・315%の税金がゼロになる制度です。

国がNISAを設置しているのは、家計で貯蓄に回るお金の割合が高く、働いている（稼いでいる）お金の割合が低いためです（P174参照）。「貯蓄から投資へ」お金を回してもらい、自ら積極的に資産づくりをしてもらうため、NISAには投資に有利な条件が設けられています。

NISAには3つの制度があり、それぞれ非課税になる投資額や運用期間が異なります（左上の図参照）。

2024年に、新しいNISA制度がスタートします。

ジュニアNISAは廃止されますが、つみたてNISAと一般NISAはそれぞれ「つみたて投資枠」「成長投資枠」に引き継がれ、利用できる人や金融商品には大きな変更はありません。

これから運用を始める方は、いまから準備を整えて、来年から新NISAを使い始めるとよいのではないでしょうか。

年内に現行のつみたてNISA、一般NISAの口座を開設して取引を開始した場合、それとは別に、新NISA口座の開設・取引ができ、両方を同時に利用することも可能です。

NISAで運用益が非課税になる投資額と期間

●NISAには3つの制度がある（2023年いっぱいまで）

NISA
（少額投資非課税制度）

一般NISA
- 年間120万円までの投資で得られた利益が5年間非課税
- 一括または積み立てによる投資
- 株式や投資信託で運用

つみたてNISA
- 年間40万円までの投資で得られた利益が20年間非課税
- 積み立てによる投資
- 投資信託で運用

ジュニアNISA
- 年間80万円までの投資で得られた利益が5年間非課税
- 一括または積み立てによる投資
- 株式や投資信託で運用

これらの制度での投資は2023年末で終了。
2024年から新しいNISAが登場して
非課税投資ができます！（ジュニアNISAは廃止）→P.202参照

●一般NISAの非課税投資額や期間、特徴

非課税制度を利用できる人	日本に居住する18歳以上の人なら誰でも利用できる（年齢の上限なし）
1年間で非課税になる投資額の上限	年間最大120万円まで
非課税になる期間	投資した年から最長5年間
投資の方法	一括投資、または積み立てによる投資
投資の対象になる金融商品	上場株式、投資信託、ETF、REIT
資産の払い出しができる期間	いつでも払い出しが可能
新規の投資ができる期間	2023年いっぱいまで（2024年からは新NISAが登場）
どんな人に向いた制度か	まとまった額の資金を投資し、株式や投資信託の売買益や配当、分配金を非課税で受け取りたい人

Part 6

58

つみたてNISAなら20年間運用益が非課税

↓最大40万円の投資で得た運用益は20年後まで税金ゼロ

初心者におすすめな理由は

NISAの中でも運用の初心者におすすめなのが、つみたてNISAです。

長期の運用に適していて、少額からコツコツと積み立て投資していくので、比較的リスクが小さく、運用の手間も少ないからです。

現在のつみたてNISAは、1年間に投資できる金額の上限が40万円で、非課税期間は20年です。限度額いっぱいまで積み立てた場合、合計800万円までが非課税になる計算です。

一方、新NISAの「つみたて投資枠」は、年間の投資限度額が120万円に拡大され、非課税期間は無期限となります。新しく「生涯投資枠」が設けられ、非課税で投資できるのは成長投資枠との合算で1人につき1800万円までとなります（P202参照）。

積み立ては時間分散効果がある

つみたてNISAも新NISAの「つみたて投資枠」も、投資信託の積み立てのみ利用できます。

積み立て投資は、少ない金額で少しずつ資産を増やしていくことができます。金融商品はまとまった金額で一度に購入すると、それが値下がりしたときの損失が大きくなりますが、積み立て投資は価格にかかわらず毎月一定額を購入していく「時間分散」の投資なので、価格が下がったときも安く買えることになり、それが運用効率を高め

つみたてNISAはどんな非課税制度か

●つみたてNISAの非課税投資額や期間、特徴

非課税制度を利用できる人	日本に居住する18歳以上の人なら誰でも利用できる（年齢の上限なし）
1年間で非課税になる投資額の上限	年間最大40万円まで
非課税になる期間	投資した年から最長20年間
投資の方法	積み立てによる投資のみ
投資の対象になる金融商品	金融庁が定めた一定の基準をクリアした投資信託、ETFのみ
資産の払い出しができる期間	いつでも払い出しが可能
新規の投資ができる期間	2023年いっぱいまで（2024年からは新NISAが登場）
どんな人に向いた制度か	少額の資金を毎月など定期的に積み立て、長期間にわたって比較的安全な投資信託で運用して、将来に備えた資産づくりをしたい人

●つみたてNISAでの投資イメージ

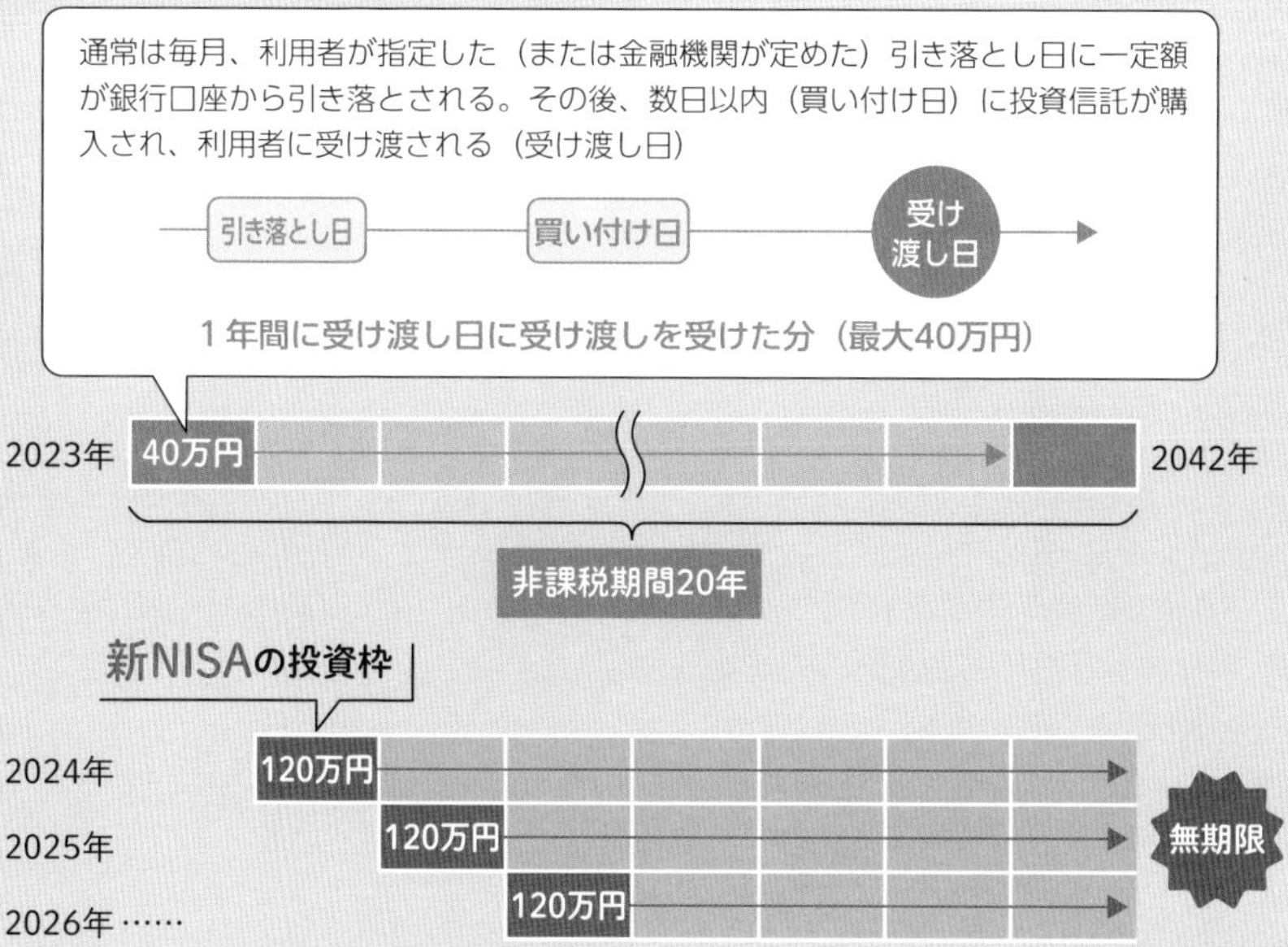

ることにつながります。

金融商品は安いときに買って高いときに売ると利益が得られますが、そのタイミングを見極めるのが難しいといえます。その点、積み立て投資ならタイミングを気にする必要がなく、**放っておいても自動的に投資がされていく**のがメリットです。

¥ 長期積み立てに適したものだけが対象

つみたてNISAで買える商品は、長期の積み立て・分散投資に適した一定の条件を満たし、金融庁に届け出たインデックス型の投資信託、アクティブ型の投資信託、ETF（上場投資信託）です。2023年5月現在、届け出があった商品は227本で、内訳はインデックス型の投資信託が192本、アクティブ型の投資信託が27本、ETFが8本となっています。このうちどれを扱うかは**金融機関**によって異なります。

対象商品となる条件はいくつかあります。1つは、信託契約期間（運用期間）が無期限または20年以上であること。これによって**長期の運用が可能**になります。

金融商品にかかるコストは、得られる利益を押し下げる要因となるので、**投資信託は販売手数料が無料**であること、ETFも売買手数料が一定以下であることが条件となっています。

投資信託やETFを保有している間にかかる信託報酬も、インデックス型、アクティブ型、ETFそれぞれに上限が設けられています。

長期投資では分配金を受け取る必要がなく、また**分配金が支払われる頻度が高いと運用効率が下がる**ことから、毎月分配型は対象から除かれています。リスクの高いデリバティブ型も、対象商品とはなっていません。

つみたてNISAならこんな投資ができる

●買える商品は必ず一定の基準を満たしている
（つみたてNISAの投資対象商品の主な要件）

金融庁への届け出
対象商品は一定の要件を満たした上で金融庁に届け出が必要

投資方法は積み立て
定期的かつ継続的な方法による買い付け、積み立て投資のみ認められる

運用期間は長期
信託契約期間が無期限または20年以上なので長期投資ができる

毎月分配型でない
分配金が頻繁に支払われないので運用効率が高い

デリバティブ不可
デリバティブ（金融派生商品）での運用は原則不可なので投資リスクが小さい

インデックスは指定
インデックス型と ETF では対象となる指数が指定されている

売買手数料が低め
株式投資信託はノーロード型、ETF も低めで売買にかかるコストが安い

信託報酬も低め
運用・管理にかかる手数料（信託報酬）が低めで保有時のコストが安い

信託報酬は実績を通知
信託報酬の概算値が通知されるので保有時のコストがチェックできる

●基準を満たした商品にはこんなメリットがある

運用益・分配金の税金はゼロ	金融庁に届け出されている商品をNISA口座で購入すると運用益・分配金が非課税
少額・長期の投資が可能	100円の少額から始められて、最長20年、運用益・分配金非課税で長期の投資ができる
手間と時間がかからない	自動口座引き落しだから振り込みや入金の手間と時間をかけないでラクに続けられる
売り買いの面倒がない	積み立て投資だから売り注文や買い注文は不要。売買のタイミングに悩むことなく投資できる
投資にかかるコストが安い	売買や運用・管理の手数料は上限が定められているので安いコストで投資できる
いつでも現金化できる	払い出しに制限がなく、お金が必要なときや利益を確定したいときにいつでも現金化できる

59

つみたてNISAはどのようにお金が増えるか

↓月2万円、年利3%の積み立て投資で20年後に175万円の利益

投資が自動的にできるのが、積み立てなのです。

ドルコスト平均法で有利に運用

投資信託の売買単位は〝口（くち）〟です。通常は1万口＝1万円で運用がスタートし、運用の状況によって1口当たりの価格が変動します。

購入するときは「何口買う」と口数を指定して買う方法と、「○円で買える口数を買う」のように金額を指定して買う方法があります。

積み立てで毎月買っていく場合は、口数指定より金額指定して買うほうが、平均購入単価が下がって利益が出やすくなります。

毎月一定額で購入すると、ファンドの価格が安いときは多くの口数が買えることになり、買った

積み立て投資は時間分散

資産運用でリスクを低減させる方法が、分散投資です。分散投資は、投資する対象を分散することのほかに、〝時間〟の分散もあります。

値動きのある金融商品は、安いときに買って、高いときに売ると利益が得られますが、いつが安くて、いつが高いかは後になってからでないとわかりません。「ここだ」と思って買っても、それが価格の一番高いときである可能性もあります。

その点、積み立ては、買うタイミングを分散することによって、いつ買うか、いつ売るかに悩まなくてすみ、価格が高いときにまとめて買って損失をこうむるリスクも減らせます。時間分散での

つみたてNISAはこういう投資をする

●毎回、一定口数でなく一定金額を買う

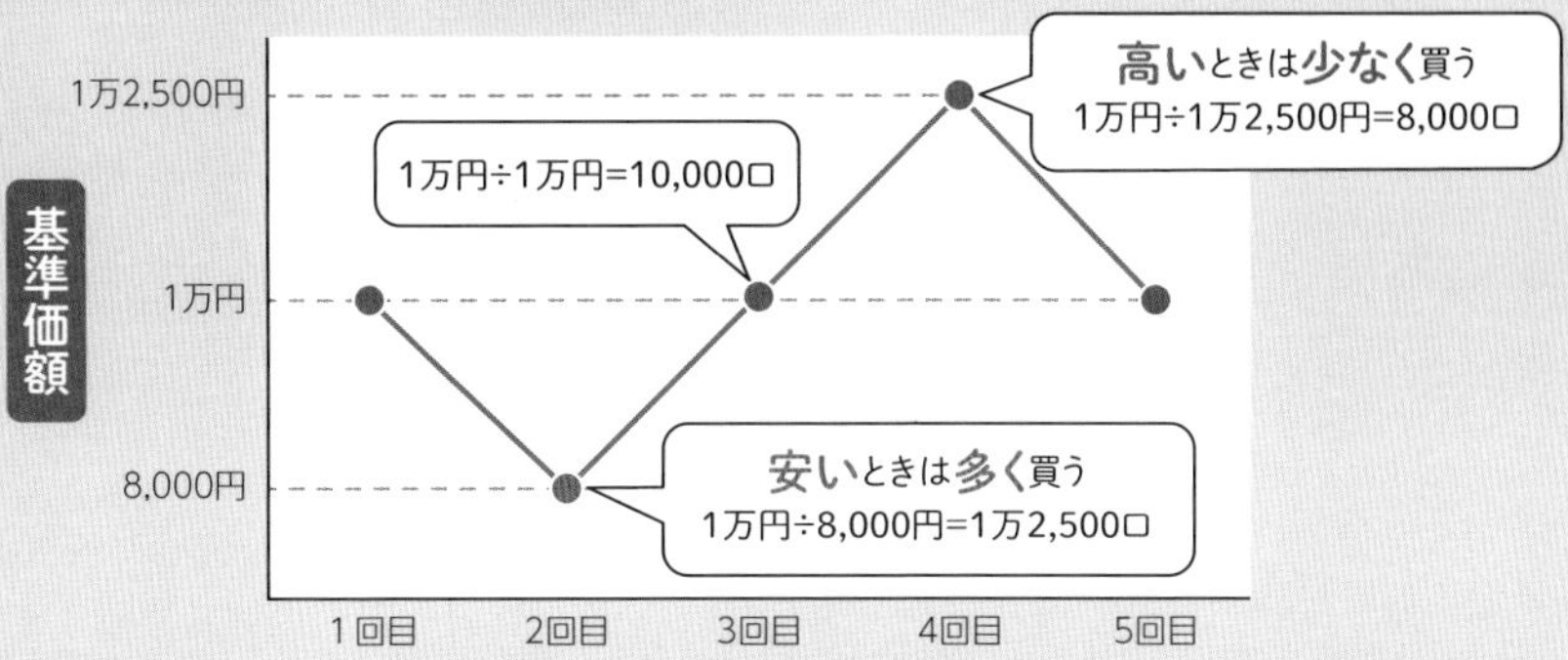

●一定金額で積み立てると平均購入単価が下がる

〈毎回、一定金額を買う場合（積み立て投資）〉

	1回目	2回目	3回目	4回目	5回目
基準価額	10,000円	8,000円	10,000円	12,500円	10,000円
購入口数	10,000口	12,500口	10,000口	8,000口	10,000口

購入金額5万円÷購入口数合計5万500口＝**購入平均単価0.99円**

〈毎回、一定口数を買う場合〉

	1回目	2回目	3回目	4回目	5回目
基準価額	10,000円	8,000円	10,000円	12,500円	10,000円
購入金額	10,000円	8,000円	10,000円	12,500円	10,000円

購入金額5万500円÷購入口数合計5万口＝**購入平均単価1.01円**

積み立て投資は利益が出やすい

- 1口あたり購入平均単価が1.01円−0.99円=0.02円下がる！
- わずか5回（5万円）で、50,000円×0.02円=1,000円の差がつく！
- 利回りにすると、1,000円÷50,000円=2%の差がつく！

人の保有口数が増えます。それが値上がりすると、増えた口数分、得られる利益が大きくなります。1つの金融商品を一定額で積み立て投資する方法を、ドルコスト平均法といいます。

100円から積み立てられることも

投資信託は、少ない金額から投資できるのもメリットです。金額指定の場合、いくらから買えるのかは金融機関によって異なります。つみたてNISAの場合、銀行だと1000円以上1000円単位のところが多く、ネット証券会社は100円以上1円単位のところが多くなっています。

つみたてNISAでも、買ったファンドが値下がりして損失をこうむる可能性はあるので、運用の経験がない人は少ない金額から始めるとよいでしょう。ただし、積み立てる金額が少ないと、運用で得られる利益も小さくなります。

つみたてNISAで積み立てたものは、いつでも引き出し可能です。老後資金づくりのために積み立てている途中でお金が必要になったとき、必要な額だけを解約し、そのまま積み立てを続けることができます。

積み立て投資で大切なのは、途中でやめないことです。積み立て中にファンドの価格が大きく下がることがあっても、積み立てを継続しながら価格が回復するのを待てばよいのです。値下がりしたときは買える口数が多くなるのですから、あせって積み立てをやめてしまうのは損です。

金融庁のデータでは、積み立て期間が5年だと、積み立てを始めた年によって得られる利益のバラツキが出ますが、積み立て期間が20年だと、いつ積み立てを始めても2～6％程度の利益が得られます。ですから、少なくとも10～15年以上は続けるつもりで積み立てましょう。

長期の積み立てでリスクが減少する

●長期間、積み立て投資すると元本割れがなくなる

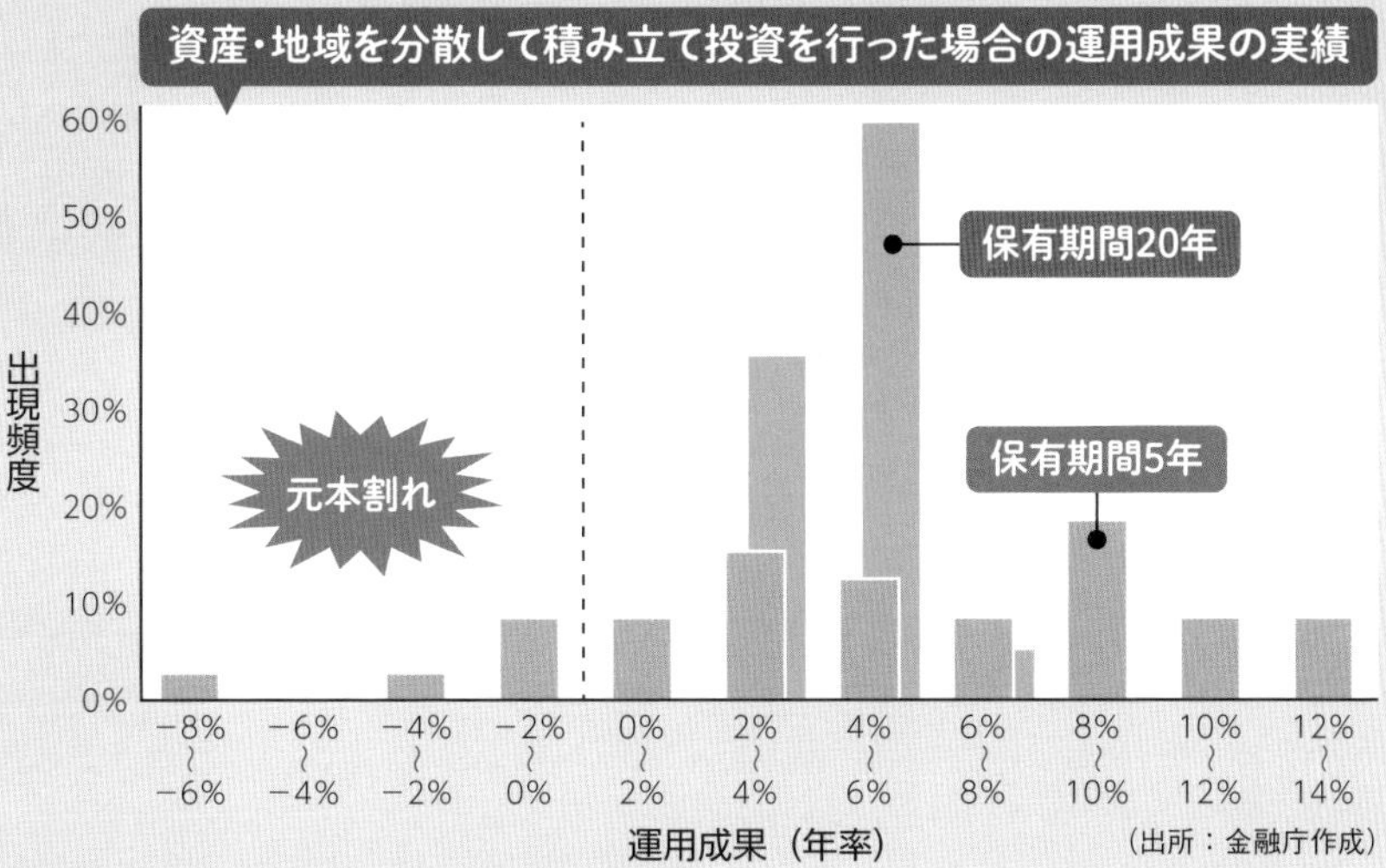

●累積投資額と運用益、非課税額の推移

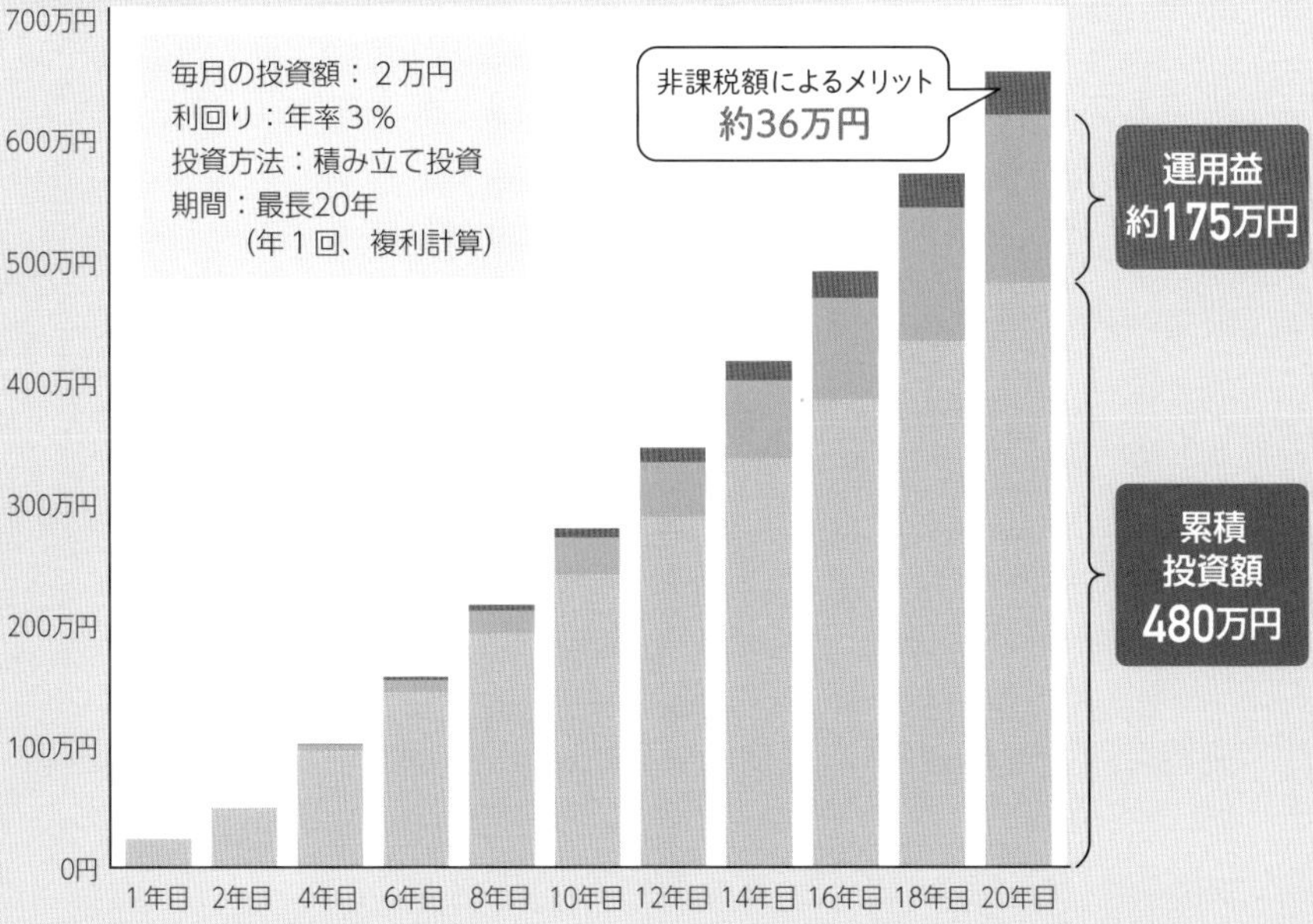

60 つみたてＮＩＳＡを始めるには
↓まず金融機関を選び、ＮＩＳＡ口座を開設する

金融機関をどこにするかが大切

つみたてＮＩＳＡを始めるには、証券会社や銀行に専用のＮＩＳＡ口座を開設する必要があります。そこでまず重要になるのが、金融機関選びです。

ＮＩＳＡ口座は、1人1口座しか持てない上、金融機関によって取り扱う金融商品や手数料が異なります。

途中で金融機関を変えることもできますが、この変更は1年に1回しかできません。

ですから、初めに自分に合った金融機関を選ぶことが大切です。

選定の基準は、商品のラインナップだけでなく、左上の図のようなポイントをチェックして、様々な方向から考え、検討する必要があります。

金融機関を選んだら、書面かオンラインでＮＩＳＡ口座の開設を申し込みます。一般的には左下の図のような手順です。

通常、資料請求から完了の通知まで2～4週間程度かかります。

このとき、それまで取引がなかった金融機関では、証券会社なら証券総合口座、銀行なら総合口座（普通預金口座）と投資信託口座※を同時に開設することも必要です。

口座を開設し、投資する金融商品と毎月の積み立て額を決めて手続きすると、積み立て投資がスタートします。この手順は新ＮＩＳＡも同様です。

※証券総合口座と投資信託口座には「特定口座（源泉徴収あり）」、「特定口座（源泉徴収なし）」、「一般口座」の３種類があり、所得税の確定申告の必要の有無などに違いがある。

金融機関を決めてNISA口座を開設する

●つみたてNISAを始める金融機関を選ぶ

取り扱っている商品の種類や数で選ぶ

- 投資したい金融商品があるときは、その商品を扱っている金融機関を選ぶ
- NISAで投資信託以外の株式などに投資したいときは証券会社を選ぶ　など

自分がしたい投資の仕方で選ぶ

- 少額の積み立てから始めたいときは100円からできるネット証券などを選ぶ
- つみたてNISAでは「毎週」「毎日」の積み立てができる金融機関もある　など

使い勝手の良さを考えて選ぶ

- 給与振り込みされている金融機関なら手続きがラク
- 店舗型の銀行などは投資の相談がしやすい、ネット証券は手数料が安い　など

●つみたてNISAを始める口座を開設する

① 口座開設の資料を請求する

NISA口座をつくる金融機関に請求する

- 店頭やホームページからNISA口座開設の申し込み書類を含む資料一式を請求する

▼

② 必要書類を提出する

金融機関から必要書類が郵送されてくる

- 書類に必要事項を記入し、必要書類を添付して返送する

（添付書類：マイナンバーカードのコピー、本人確認書類のコピーなど）

▼

③ 口座開設完了の通知が届く

金融機関から簡易書留郵便などで届く

- 金融機関は税務署に口座開設の申請・届出を行う
- 税務署の審査が済むと、口座開設が完了した旨の通知が届く

▼

ネット証券などではオンラインで手続きも

金融機関のホームページで②の必要事項を入力し、マイナンバーカードや本人確認書類など添付書類の画像をアップすると、手続きが完結する

▼

④ つみたてNISAをスタート

61

2024年スタートの新NISAに備える

↓現行の3つの制度と新NISAは別枠で同時に運用できる

新NISAはココが違う

現行の一般NISAや、つみたてNISAは、2023年いっぱいまでで新規の投資はできなくなります。代わって2024年からは新NISAがスタートします。

新NISAではつみたてNISAにあたる「つみたて投資枠」と、一般NISAにあたる「成長投資枠」の併用ができるようになります。非課税投資額の上限も引き上げられ、つみたて投資枠が年120万円、成長投資枠が年240万円となります。

また、新NISAは非課税になる期間と、新しい投資ができる期間は無期限になります。それに伴い1800万円（成長投資枠との合算）の生涯投資枠が設けられます。

新NISAは、積み立て投資で老後資金づくりを始めるよい機会です。今年のうちに投資する商品や毎月の積み立て額などを考えて、準備を整えておくとよいでしょう。

2023年中にNISAの投資を始めるのも一案です。なぜかというと、新NISAのもとでは、これまでの3つのNISA制度は別枠として期限いっぱいまで運用が続けられることになっているからです。

早めにNISAを始めておけば、新NISAの限度額を超え、別枠として運用できます。これは2023年中にしかできないことです。

新NISAはどんな非課税制度か

●新NISAの非課税投資額や期間、特徴

非課税制度を利用できる人	日本に居住する18歳以上の人なら誰でも利用できる（年齢の上限なし）
1年間で非課税になる投資額の上限	つみたて投資枠→年間最大120万円 成長投資枠→年間最大240万円
生涯で非課税になる投資額の上限	1,800万円（うち成長投資枠1,200万円）
非課税になる期間	無期限
投資の方法	つみたて投資枠→積み立てによる投資 成長投資枠→一括投資、または積み立てによる投資
投資の対象になる金融商品	つみたて投資枠→金融庁が定めた一定の基準をクリアした投資信託、ＥＴＦのみ（現行のつみたてNISAと同じ） 成長投資枠→上場株式、投資信託（一部対象除外）、ETF、REIT
資産の払い出しができる期間	いつでも払い出しが可能
新規の投資ができる期間	無期限

●現行のNISAと新NISAの非課税投資額や期間（まとめ）

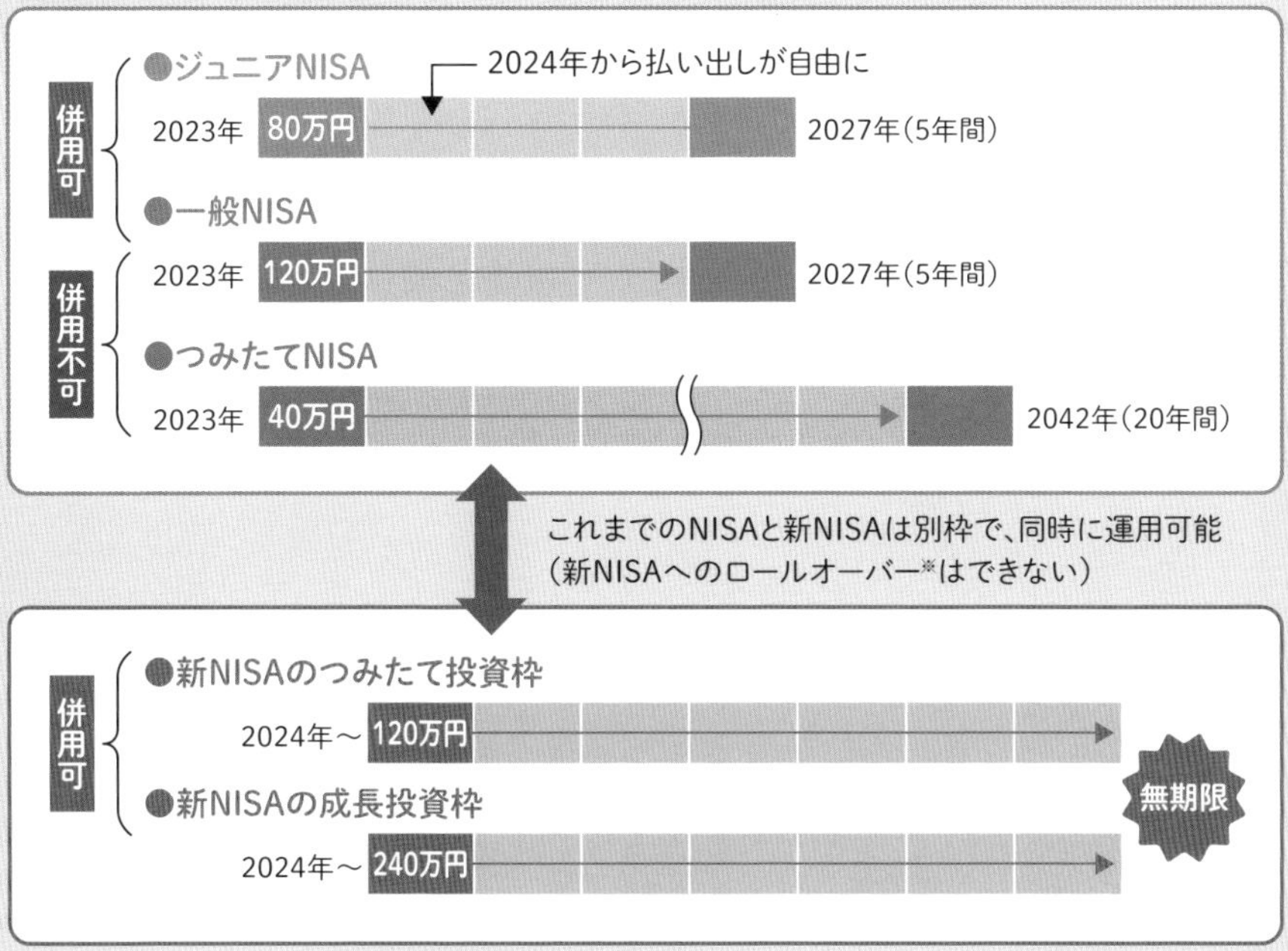

※NISAで非課税期間が終了した年の分を翌年の非課税枠に移すこと。例えば一般NISAで５年経過して非課税期間が終了した分を６年目の非課税枠に移すなど。

iDeCoで老後資金をつくろう
↓様々な税制優遇を受けながら年金の上乗せができる

非課税で運用できるiDeCo

確定拠出年金も、つみたてNISAと同じく積み立て投資専用の制度で、運用で得られた利益が非課税となる点もつみたてNISAと同じです。確定拠出年金には企業型と個人型（iDeCo《イデコ》）があります。

企業型の確定拠出年金は、勤務先が掛金を拠出し、それを加入者自身が運用します。掛金の額、口座を開設する金融機関や利用できる運用商品などは勤務先が決めます。

一方、iDeCoは、加入者自身が利用する金融機関を選んで口座を開設し、掛金を運用する商品を決め、自分自身で掛け金の全額を負担します。

掛金額は月額5000円から1000円単位で決められますが、職業などによって上限があります（P209参照）。

企業型もiDeCoも、口座を開設した金融機関が複数の商品を用意していて、何で運用するかは加入者自身が決めます。

運用の成果によって将来の年金額が変わる点も同じです。

運営管理手数料は要チェック

確定拠出年金は、口座を開設した金融機関に対する運営管理手数料がかかります（P215参照）。企業型はこれを勤務先が負担しますが、iDeCoは加入者が支払います（掛金から差し引

老後資金づくりに有利なiDeCo

●私的年金の1つで拠出だけが確定している年金

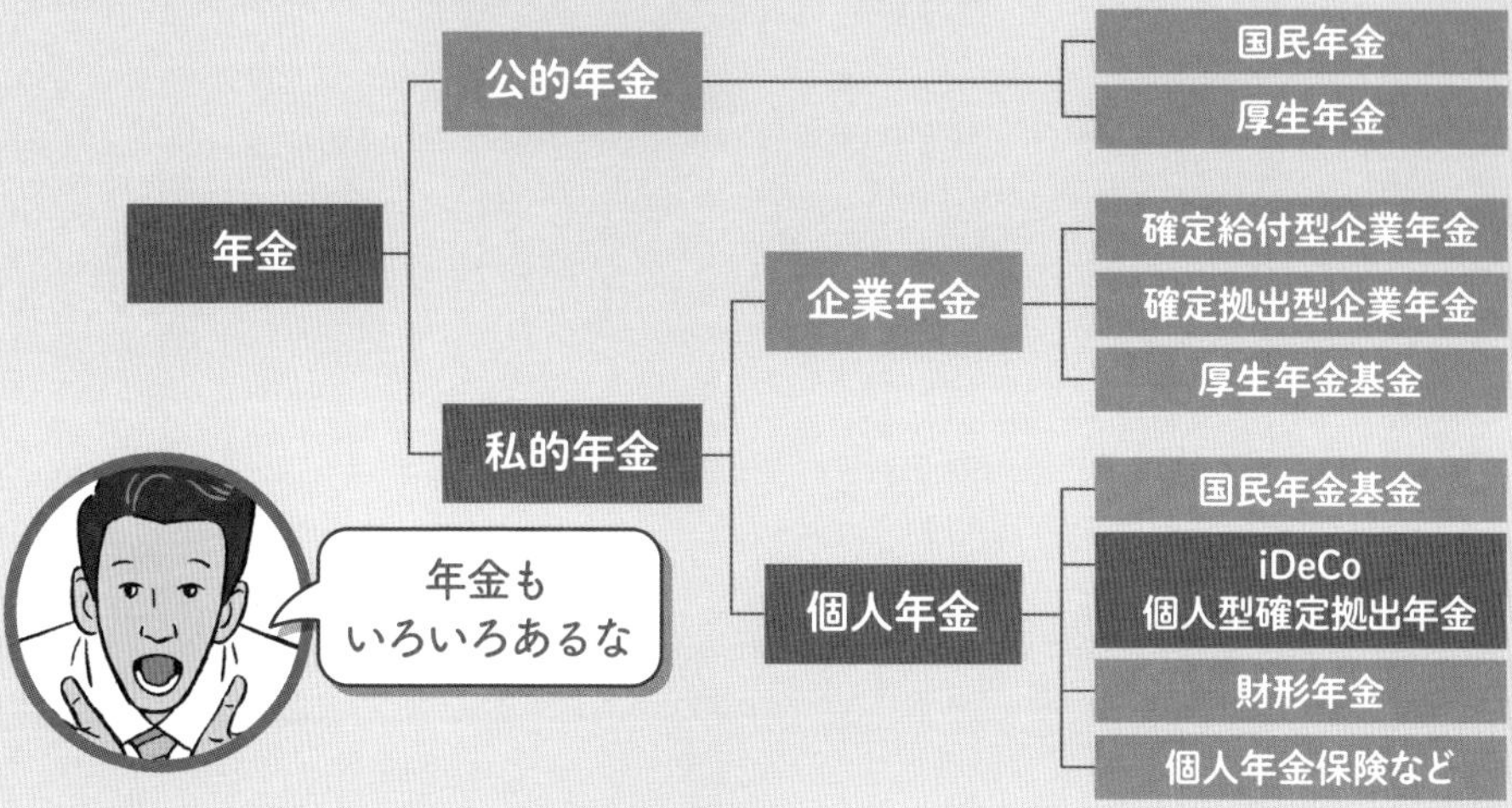

●受け取る年金の額や税制優遇措置

iDeCoに加入できる人	日本に居住する人で国民年金保険料を納めている人
加入できる年齢	とくに制限はないが、国民年金保険料の納付が要件なので通常は20歳以上65歳未満（2024年の見直しで70歳未満に引き上げの予定）
掛金の納付と上限額	掛金は全額自分で負担する。上限額は加入資格（職業）により1万2,000円〜6万8,000円
運用（投資）の方法	運用する金融商品を自分で選んで運用する
運用の対象になる金融商品	定期預金などの元本確保型と、投資信託で運用する元本変動型がある
iDeCoを始めるには	金融機関を選び、iDeCoの専用口座を開設する（1人1口座のみ）
制度の利用にかかるコスト	運用益は非課税だが、加入時・運用中・給付受け取り時にそれぞれ手数料がかかる
資産を受け取る期間と方法	通常は60歳以降、75歳になるまでの間に年金または一時金で受け取る
受け取る資産の額	運用の成果次第で受け取る額が変わる
iDeCoの税制優遇措置	積み立て中、運用中、受け取り時の3つのタイミングで税制優遇がある

かれる)。

運営管理手数料は運用をしている間、負担し続けるものなので、iDeCoの口座を開設するときは、運営管理手数料の安いところを選ぶことが大切です。

iDeCoは65歳まで積み立てができます。ただし、国民年金か厚生年金に加入していることが条件です。積み立てたものは原則として60歳になるまで引き出せません。

受け取りは、年金か一時金かを選ぶことができます。75歳までの間に、いつから年金を受け取るか、あるいはいつ一時金を受け取るかを加入者自身が決めます。

iDeCoには3つの非課税メリット

iDeCoは個人の老後資金づくりを国がバックアップする制度で、3つの税制優遇があります。

1つは、運用益に対する税制優遇です。

運用で得られた利息、配当、分配金、売却益などからは通常20・315%の税金がかかりますが、iDeCoの場合は非課税です。

もう1つは、掛金に対する税制優遇です。

1年間に支払ったiDeCoの掛金は、その年の所得から差し引くことができ、それによって所得税・住民税が安くなります。

その節税効果は左下のグラフの通りです。自営業者などは掛金の上限額が高く、掛け金が多いほど節税メリットは大きいといえます。

積み立てたものを受け取るときにも税制優遇があります。

年金で受け取る場合には、公的年金等控除の対象となり、一時金で受け取る場合は退職所得控除の対象となります(P126参照)。

税制優遇を受ける3つのタイミング

●積み立て中、運用中、受け取り時に税金が安くなる

iDeCo 3つの節税効果

積み立て中には
- 掛金は全額が「小規模企業共済等掛金控除」として所得控除の対象
- 所得控除は会社員なら年末調整、個人事業主なら確定申告で行う

運用中には
- 運用・投資で得られた利益が運用中ずっと非課税
- 投資信託の分配金、売却益などにかかる20.315%の税金がゼロになる

受け取り時には
- 年金でも一時金でも税制優遇が受けられる
- 年金で受け取ると「公的年金等控除」の対象
- 一時金で受け取ると「退職所得控除」の対象

●3つのタイミングの節税効果はどれくらいか

計算例

●年収400万円、加入開始年齢45歳、掛金月額2万円、20年間積み立て、年3%の利回りで運用

※計算を簡略にするため、復興特別所得税は試算に入れていない。
※扶養配偶者と扶養親族はいないものとして試算。
※公的年金等の合計額は110万円以上330万円未満として試算。

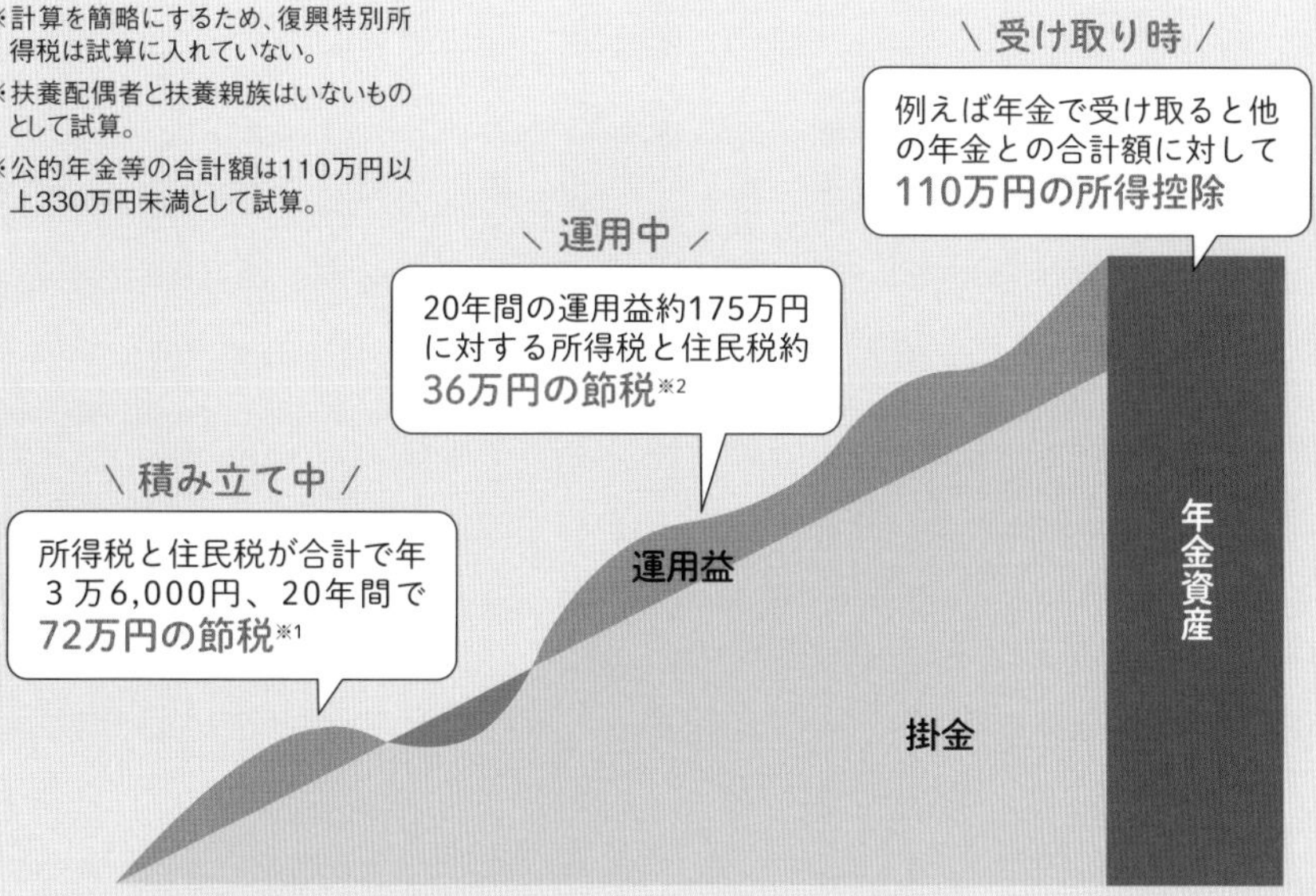

＼受け取り時／
例えば年金で受け取ると他の年金との合計額に対して110万円の所得控除
＼運用中／
20年間の運用益約175万円に対する所得税と住民税約36万円の節税※2
＼積み立て中／
所得税と住民税が合計で年3万6,000円、20年間で72万円の節税※1
運用益
掛金
年金資産

※1　iDeCo公式サイト「かんたん税制優遇シミュレーション」により試算。
※2　運用益は金融庁ホームページ「資産運用シミュレーション」により試算。

iDeCoはどんな商品で運用できるか

↓投資信託のほかに定期預金など元本確保型も選べる

㊩金融商品や掛金の額は自分で決める

iDeCoでは、掛金を積み立てて運用・投資する金融商品は、金融機関が用意したラインナップの中から、自分で選びます。ラインナップの中には必ず1つ以上、元本確保型の商品があるのが特徴です。

これは銀行の定期預金や、保険会社の保険商品などで、元本割れになる危険がなく、元本は保証されます。ただし、これは「運用による元本割れがない」ということに過ぎません。

場合によっては、運用にかかるiDeCoの手数料（P214参照）が利息よりも高くなり、そのため元本を減らすこともあります。

一方、元本変動型の商品は、ほとんどが投資信託です。投資信託のタイプ（P184参照）を選ぶことにより、リスクとリターンの程度を調整することができます。

iDeCoは長期間の積み立て投資なので、**ある程度のリスクをとって運用することによって資産を増やすことを考えるとよいでしょう。**

では、このような商品をiDeCoではどれだけ買う（投資する）ことができるのでしょうか。

毎月の掛金額は5000円以上1000円単位です。職業や勤務先の企業型確定拠出年金の状況によって上限が決められていて、**この範囲内で自分で掛金額を決めます。**途中で変更することも可能です。

iDeCoで何を、いくらまで運用するか

●運用できる商品は2つのタイプがある

	元本確保型	元本変動型
特徴	●元本は保証される（運用で元本割れはしない） ●低利回りで、資産は大きく増やしにくい	●元本は保証されない（運用で元本割れをする可能性がある） ●運用の仕方次第で高い利回りが期待できる
商品	●銀行の定期預金 ●生命保険会社や損害保険会社の貯蓄型保険	●投資信託 （国内債券型・海外債券型・バランス型・国内株式型・海外株式型など）
リスクとリターン	●運用による元本割れはない ●低利回りで手数料のほうが高くなり元本を減らすことがある	●一定のリスクとリターンがある ●ローリスク・ローリターンからハイリスク・ハイリターンまで選べる

●掛金は人によって上限が変わる

加入資格（職業）		掛金の拠出限度額（上限）
自営業者、フリーランス、学生（国民年金第1号被保険者）		月額6万8,000円※1（年額81万6,000円）
（国民年金任意加入被保険者）受給資格を満たしていない場合などで60歳以降も国民年金に加入している人など		月額6万8,000円※1（年額81万6,000円）
専業主婦（主夫）（国民年金第3号被保険者）		月額2万3,000円（年額27万6,000円）
会社員（国民年金第2号被保険者）	勤務先に企業年金がない会社員	月額2万3,000円（年額27万6,000円）
会社員（国民年金第2号被保険者）	勤務先に確定拠出型企業年金がある会社員	月額2万円（年額24万円）
会社員（国民年金第2号被保険者）	勤務先に確定給付型企業年金がある会社員	月額1万2,000円※2（年額14万4,000円）
公務員（国民年金第2号被保険者）		月額1万2,000円※2（年額14万4,000円）

※1　国民年金基金や国民年金付加保険料との合算。　※2　2024年12月から2万円に引き上げられる。

64 iDeCoはどのようにお金が増えるか

↓掛金を増やしたり、運用する商品の割合を変えることもできる

掛金は変更・停止・再開が可能

iDeCoで毎月積み立てる掛金の額は自分で決めますが、月々の掛金が多いほど資産は当然大きく増えていきます。

掛金月額2万円〜6万8000円の場合を試算してみたのが左上の図です。

掛金2万円でも、20年間の掛金の累積投資額と運用益の合計で650万円超になりますが、掛金6万8000円だと軽く2000万円を超える合計額になることがわかります。

そこで、お金に余裕ができて資産をより大きく増やしたいと思ったときは、途中で掛金を増やすこともできます。

逆に、経済情勢などで掛金の支払いを続けることが厳しくなった場合は、額を減らすこともできます。書面による手続きが必要ですが、年に1回だけ掛金の変更が可能です。

さらに、まったく払えなくなったら支払いの停止、再び払えるようになったら再開もできます。停止の期間中はiDeCoの加入者ではなく、積み立てた資産の運用だけができる「運用指図者」という扱いになります。

掛金の支払いは、銀行の個人口座からの引き落しが基本です。また会社勤めの人は給与からの天引きもできます。ただし、会社によっては個人口座からの引き落しを勧めるケースもあるようなので、事前に確認しましょう※。

※従業員がiDeCoに加入している場合、事業主はiDeCo加入者に対し「必要な協力」をする義務がある（確定拠出年金法第78条）。

iDeCoはこんな感じでお金を増やせる

●iDeCoの累積投資額と運用益の推移

計算例 加入開始年齢45歳、20年間積み立て、年3%の利回りで運用（イメージ）

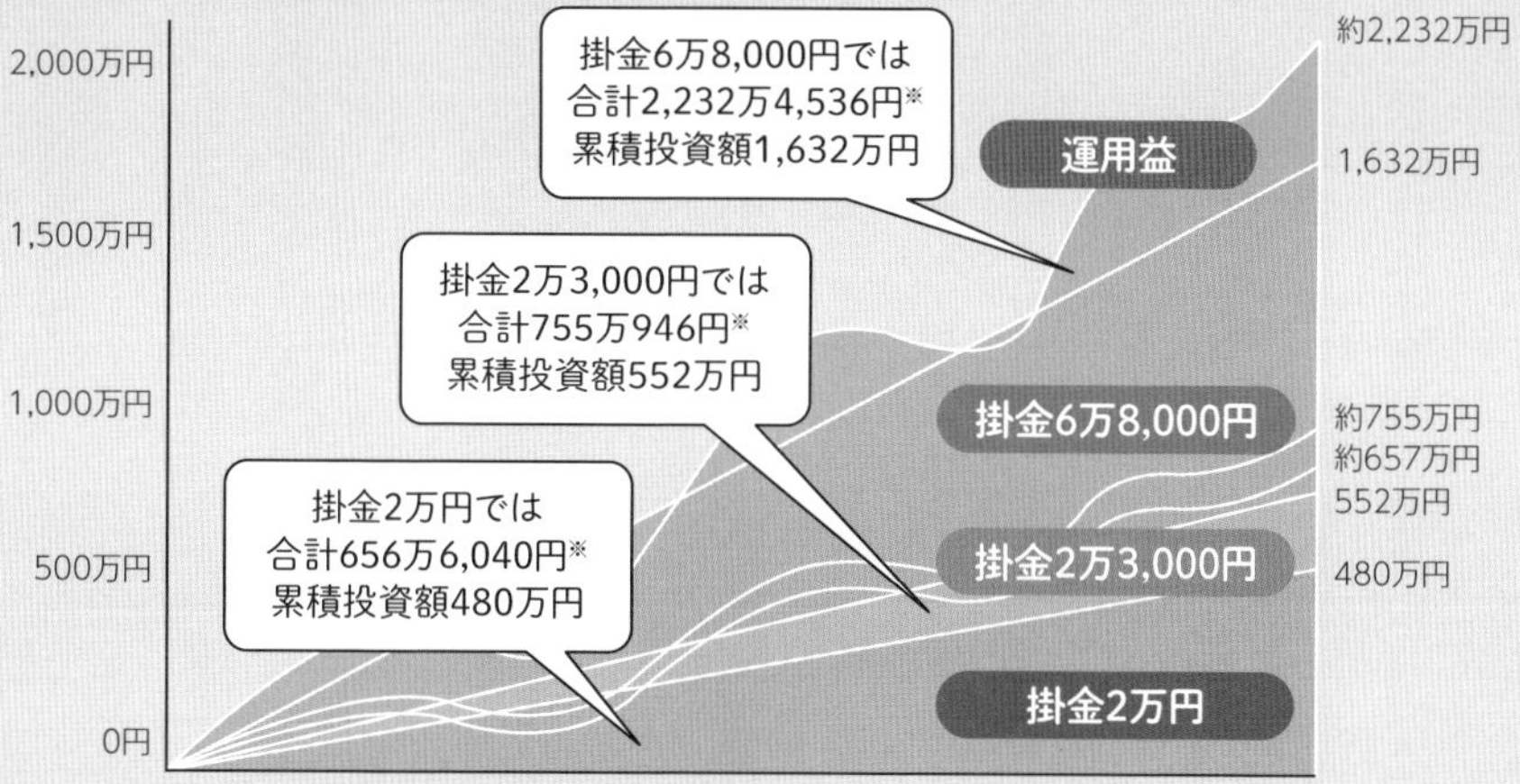

※元利合計は金融庁ホームページ「資産運用シミュレーション」により試算。

●掛金の額の変更、支払いの停止、掛金の支払い方

＼掛金を増やしたい、減らしたい／

掛金の額の変更

- 余裕ができたときなどに掛金を増やす、支払いを続けられなくなったときなどに掛金を減らすことは可能
- 年に1回だけ（1月～12月の間）できる。書面による手続きが必要

＼掛金の支払いをいったん止めたい／

掛金の支払いの停止

- 掛金の支払いの停止、再開はいつでもできる
- 停止中は「運用指図者」となり、掛金は支払わずに運用だけができる
- 停止中も運営管理手数料がかかる

＼掛金の支払い方／

個人口座から引き落し

- 銀行の個人口座から引き落とされる
- 会社員、個人事業主、誰でも選択できる

給与から天引き

- 会社勤めの人が選択できる
- 会社によっては個人口座引き落しをすすめられることがある

配分変更で資産を増やす

積み立てた掛金を運用する商品は、iDeCoを始めるときに選択します。複数の商品を組み合わせることもでき、その場合は「掛金の○%（1%単位）を商品Aに、△%を商品Bに」というように、割合で指定します。これを配分指定といいます。

資産をより大きく増やすためなどに、途中でこの配分指定を「配分変更」することも可能です。

例えば、元本確保型の割合を高くしていたのを、元本変動型に変更して高い利回りを狙うといったことができます。

年齢が高くなるにつれてリスクを抑える運用に変える、例えば、リスクの高い商品の比率を減らし、リスクの低い商品の比率を増やすといったことも考えられます。

ただし配分変更では、今後運用（投資）する分についての見直しはできますが、すでに積み立てている分の配分を変えることはできません。

スイッチングで商品を買い換える

そこで、すでに運用している資産の割合を変えるときは「スイッチング」をします。

これは、いま保有している資産の一部か全部をいったん売却し、他の運用商品に買い換える方法です。例えば、元本変動型への投資で利益を得たら、将来それが目減りしないように元本確保型に買い換えるといった場合です。

ただし、長期投資の原則からすると、あまり頻繁に配分変更やスイッチングを行うのは好ましくありません。

最初の配分指定をしっかり行い、その上でどうしてもという場合に限って変更しましょう。

運用商品や保有資産の割合を変えられる

●今後、毎月積み立てる運用商品の割合を変更する「配分変更」

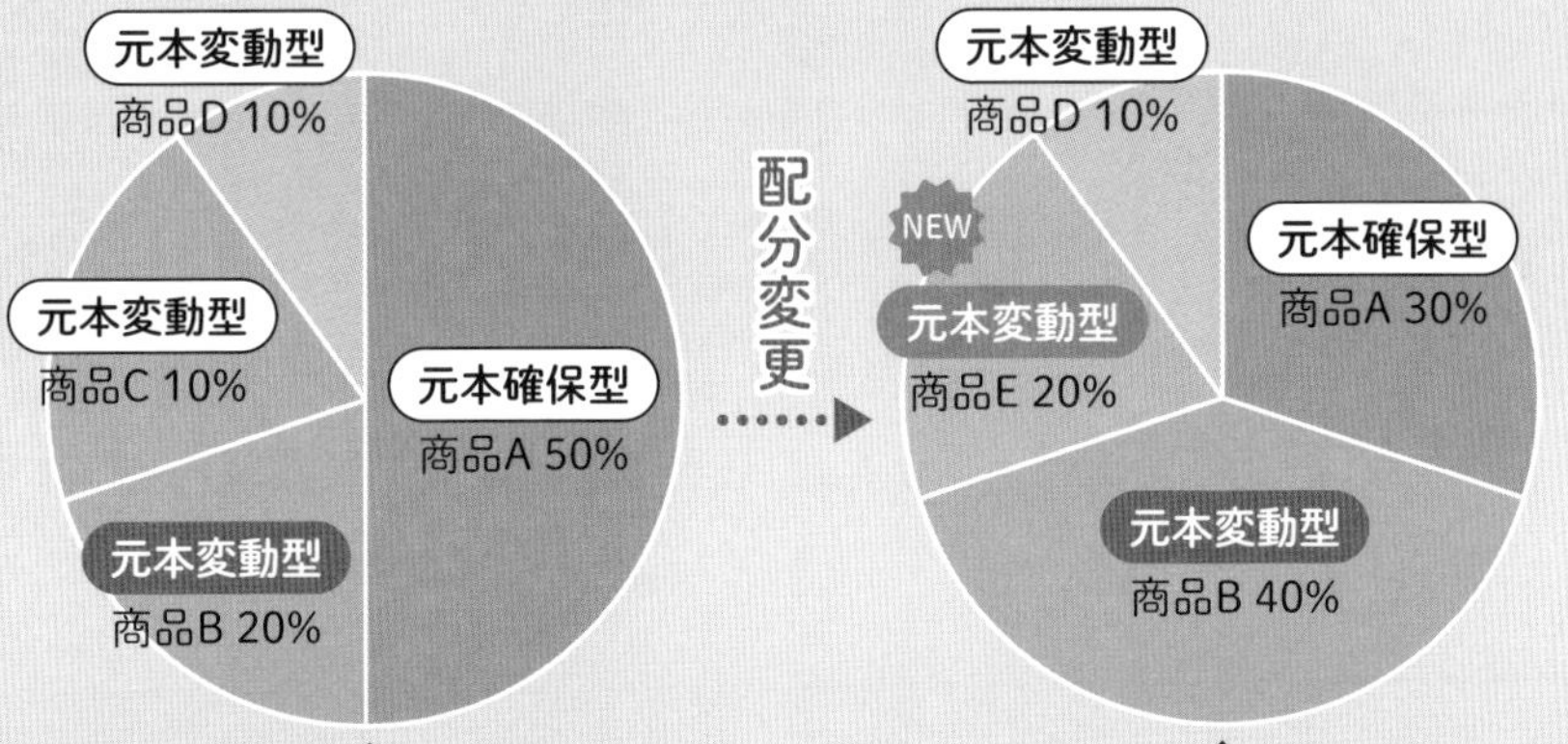

投資に慣れてきたので、運用が好調な商品Bの積み立てを増やし、その分、元本確保型の商品Aの積み立てを減らしたい

商品Bの積み立て割合を40%に増やし、同時に運用が思わしくない商品Cを新しい商品Eに変更した

●現在までに積み立てた資産の割合を変更する「スイッチング」

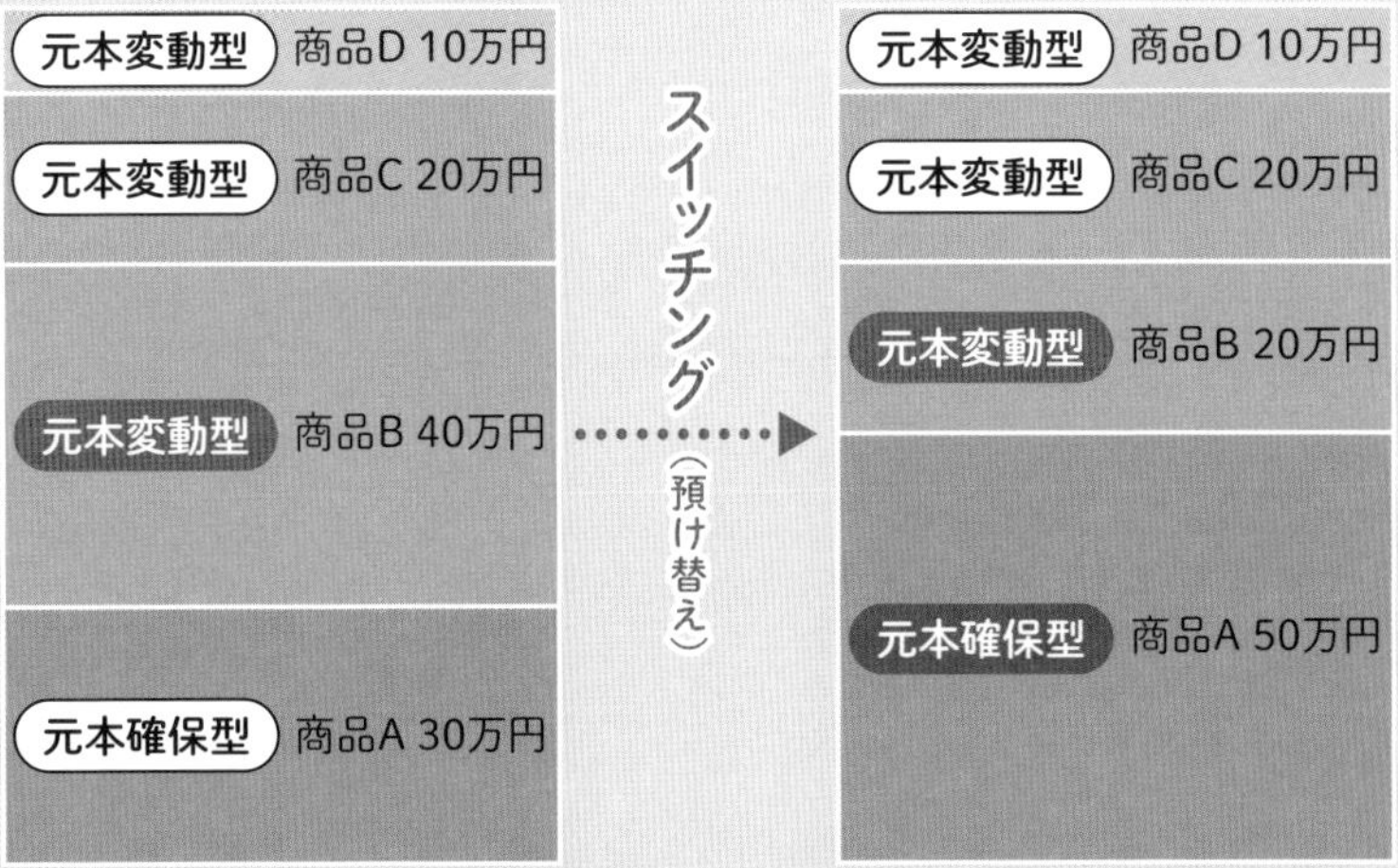

商品Bで大きな利益が出たが、今後目減りするおそれもあるので利益を確定させておきたい

商品Bの半分20万円を売却し、その売却分で元本確保型の商品Aを買い増して、目減りしないようにした

iDeCoの賢い受け取り方は年金、一時金、両方の併用がある。ただし手数料に注意

自分に合った受け取り方を選ぶ

iDeCoを始めるときの手続きは、NISAの場合とほぼ同じです。

金融機関を選んで資料を請求し、必要書類を提出すると、審査の後、口座開設の通知が届きます。資料の提出から1～2カ月程度かかります。

では、給付金（積み立てた掛金と運用益）を受け取るときはどうでしょうか。

NISAはいつでも払い出しができますが、iDeCoの給付金は原則60歳以降でないと受け取れません。

また、通算加入者等期間※が10年未満だと、期間に応じて61～65歳からと、受け取れるタイミングがさらに遅れることにも注意しましょう。

給付金の受け取り方は、年金、一時金、両方の併用の3つがあります。自分に合った受け取り方を選びましょう。

左中の図は211ページの計算例と同じ条件で、受け取る一時金、年金を試算したものです。

ここで注意したいのは、iDeCoはNISAと異なり手数料がかかる点です。

年金などの受け取り時にもかかりますが、そのほか最低でも3つのタイミングで手数料がかかるので注意が必要です（左下の図参照）。

元本確保型で利息が少なかったり、元本変動型でも運用益が少ないと、運用で元本割れをしなくても、手数料で元本を減らすことがあります。

※iDeCoの加入者だった期間と運用指図者だった期間の合計。

iDeCoの給付金の受け取り方と手数料

●iDeCoの給付金の受け取り方は3つ

年金で受け取る	一時金と年金で受け取る	一時金で受け取る
● 5年以上20年以下の期間で**定期的に受け取る**（金融機関によっては終身年金も選べる） ● 受け取った年金は**公的年金等控除**の対象	● 給付金の**一部を一時金**で受け取り、**残りを年金**で受け取る ● 金融機関によっては一時金と年金の併用はできない	● 給付金を受け取れる年齢になったときから75歳になる前までの間に**一括で受け取る** ● 受け取った一時金は**退職所得控除**の対象

計算例 年収400万円、加入開始年齢45歳、掛金月額2万円、20年間積み立て、年3%の利回りで運用※1

＼ 年金で受け取り ／

5年間で受け取り→ 毎年129万1,861円
10年間で受け取り→毎年65万3,708円
15年間で受け取り→毎年43万5,805円
20年間で受け取り→毎年32万6,854円

⇔

＼ 一時金で受け取り ／

65歳で一括して
653万7,088円

※1 ろうきんホームページ「iDeCoシミュレーション」により試算。

●iDeCoは最低でも3つのタイミングで手数料がかかる

加入時 加入時手数料
▶iDeCoに加入するとき

● 国民年金基金連合会※2に支払う手数料（金融機関に関わらず一律2,829円）
● 金融機関（運営管理機関※3）に支払う手数料（金融機関ごとに異なる。無料のところもある）

運用中 口座管理手数料
▶口座を持っている間、毎月

● 国民年金基金連合会に支払う事務手数料（月105円）、信託銀行に支払う資産管理手数料（月66円）
● 金融機関（運営管理機関）に支払う運営管理手数料（金融機関ごとに異なる。無料のところもある）

給付時 給付事務手数料
▶年金などを受け取るとき

● 信託銀行に支払う給付事務手数料（給付1回につき440円）

その他 移換・還付など
▶移換するときなど

● 企業型確定拠出年金から引越し（移換）する際に国民年金基金連合会に支払う移管手数料（一律2,829円）
● 掛金の還付があるときに国民年金基金連合会・信託銀行に支払う還付手数料（1,048円+440円）

※2 iDeCoの運営主体。 ※3 iDeCo専用口座を開設している金融機関。

Part 6

66

NISAとiDeCo、選ぶならどっち

↓それぞれ一長一短あり。両方を併用するのがベストだが…

老後資金づくりならiDeCoに軍配

まず知っておきたいのは、NISAとiDeCoは併用できるということです。両方を同時に運用すれば資産の増え方が大きくなることに加えて、両方の非課税枠、税制優遇が受けられて、大きな節税効果が得られます。

左上の図は、つみたてNISAとiDeCoにそれぞれ月2万円、20年間積み立て投資をした場合の運用益と節税効果です。

2024年から始まる新NISAでも「つみたて投資枠」を使えば同じ効果が得られます。

お金の余裕がないなど、どちらか1つしか選べない場合はどうしたらよいでしょうか。

老後資金づくりを目的とする運用なら、iDeCoを選ぶべきでしょう。運用益が非課税になることに加えて、積み立て時に所得控除のメリットが受けられます。

運用の目的が老後資金づくりに限らないとすれば、NISAの「いつでも払い出し自由」という特徴は大きなメリットです。

また、iDeCoのような手数料がかからないことも、NISAのメリットといえます。

どちらかを選ぶときは自分にとってのメリット・デメリットをよく考えましょう。

配偶者がいれば、1人がiDeCo、1人がつみたてNISAのように世帯で併用することも考えられます。

できれば併用、ムリなら自分に合うほうを選ぶ

●iDeCoとつみたてNISAを併用した場合の節税効果

計算例 年収400万円、加入開始年齢45歳、掛金月額2万円、20年間積み立て、平均年3%の利回りで運用

	iDeCo	つみたてNISA
毎月の掛金・投資額（年額）	2万円（年24万円）	2万円（年24万円）
運用期間	20年	20年
累積投資額	480万円	480万円
運用益	約175万円	約175万円
資産総額	約657万円	約657万円
運用益非課税による節税額	約36万円	約36万円
掛金の所得控除による節税額（20年間）	年間約3万6,000円（合計約72万円）	–
併用の場合の20年間節税額合計	約142万円	
（プラス）年金の所得控除による節税額	年間22万円※1	–

※1 公的年金等控除額110万円、所得税率・住民税率合計20%の場合。

●比較して自分に合うほうを選ぶ

iDeCo		NISA
●運用益が非課税 ●掛金が所得控除の対象 ●給付金が所得控除の対象	税制優遇	●運用益が非課税
●元本変動型の投資信託 ●元本確保型の定期預金や保険商品なども選べる	運用商品	●一定の要件を満たす投資信託 ●一般NISAでは上場株式も選べる※2
●加入時手数料 ●口座管理手数料 ●給付事務手数料　ほか	手数料	●とくにかからない
●最低でも原則60歳になるまで払い出しできない	払い出し	●いつでも自由に払い出しできる

※2 2024年から始まる新NISAの「成長投資枠」でも上場株式を選べる。

コラム column

取得すれば 定年後に役立つ資格は

定年後の再就職や、独立起業を計画しているなら、考えておきたいのが**資格の取得**です。

例えば**社会保険労務士**や**行政書士**を開業したいなら資格の取得が必須です。また、**危険物取扱者乙種４類**はホームセンターやガソリンスタンドで歓迎される資格です。再就職に有利な上、資格手当がつくケースもあります。

どの資格を取得するかは、まず自分のやりたいことを考えてみましょう。するとほとんどの人は、自分のキャリアの延長線上で、したいことを考えるはずです。

金融関係の業界でキャリアを積んできたなら、**ＦＰ**（フィナンシャル・プランナー）を開業すると信頼感が違います。この場合、高齢であることは人生と金融の経験を長く積んできたことになり、プラスに働く要素です。ＦＰの資格には国家資格であるフィナンシャル・プランニング技能士１級・２級・３級と、日本ＦＰ協会が認定するＡＦＰ・ＣＦＰがあります。

また、住宅業界や建築業界でキャリアを積んだ人なら、**宅地建物取引士**や**マンション管理士**といった国家資格がおすすめです。

そのほか、長く管理職や役員を勤めた人なら、**中小企業診断士**の資格を取得して経営コンサルタントを改行する道もあります。

このように、自分のやりたいことから、取得したい資格を考えてみましょう。

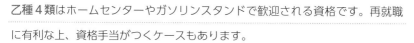

索引

あ行

アクティブ型（投資信託）……187
暗号資産……179
安全性……178
遺族基礎年金……106
遺族厚生年金……106
一般NISA……191
遺留分……166
医療費……50
（公的）医療保険……50
（民間）医療保険……58
インカムゲイン……182
インデックス型（投資信託）……187
（iDeCoの）運営管理手数料……204
オープン型（投資信託）……187

か行

介護施設……54
介護付き有料老人ホーム……54
介護費……52
（公的）介護保険（料）……46・59
（民間）介護保険……58
介護老人保健施設（老健）……54
確定給付企業年金……81・108
確定申告（不要制度）……104
家計の収支……26
株式……179・180・182
株式投資信託……187

株主優待制度……182
（iDeCoの）元本確保型……208
（iDeCoの）元本変動型……209
起業……152
企業型確定拠出年金（DC）……81・110
企業年金……108
基礎控除……42
教育訓練給付……152
（住民税の）均等割……42
金融商品……176
（高齢者の）暮らし向き……24
（年金の）繰り上げ受給……98
（住宅ローンの）繰り上げ返済……70
（年金の）繰り下げ受給……94
グループホーム……55
ケアハウス……55
継続雇用（再雇用）……146
高額介護サービス費……53
高額療養費……50
後期高齢者医療……44
公社債投資信託……187
厚生年金基金……81・109
厚生年金保険……78
公的年金（制度）……78
公的年金等控除……42・110・126・206
高年齢求職者給付金……136
高年齢雇用継続給付……136・146
高年齢再就職給付金……136
高年齢者雇用安定法……144
国民健康保険（料）……44
国民年金（基礎年金）……78
国民年金基金……81
個人型確定拠出年金（iDeCo）……81
個人年金保険……160

個人向け国債……180
（住宅ローンの）固定金利型……72
固定費……26・142
子どもへの資金援助……64
雇用保険……152

さ行

サービス付き高齢者向け住宅……54
財形貯蓄……158
財形年金……158
債券……179・180
在職老齢年金……102
自動積み立て定期預貯金……120
シニア向け賃貸住宅・分譲マンション……34
シニア割……170
収益性……178
住宅型有料老人ホーム……55
住宅ローン……70
住民税……42
ジュニアNISA……191
趣味・レジャー……62
障害基礎年金・障害厚生年金……100
所得……74
所得税……42
所得代替率……114
（住民税の）所得割……42
人生の三大資金……14
新NISA……190・192・202
（iDeCoの）スイッチング……212
生活保護……22
税金……42
生命保険……56
節約……142
葬儀代……66

早期退職（優遇）制度……128
相続（税）……166
贈与（税）……64・166

た行

退職一時金……124・126
退職給付……108
退職金……122
退職所得控除……110・126・206
退職年金……124・126
貯蓄……118
（高齢者の）貯蓄残高……22
つみたてNISA……191・192・196・200
定年後の生活費……38
転職（再就職）……148
投資信託……179・180・184
特別養護老人ホーム（特養）……54
ドルコスト平均法……198

な行

日本年金機構……88
（国民年金の）任意加入……112
ねんきん定期便……88
ねんきんネット……92

は行

売買差益（キャピタルゲイン）……182
（iDeCoの）配分変更……212
墓代……66
払済保険……56
バリアフリー……60
（高齢者の）貧困・破産……22
付加年金……112
分散投資……184

分配金受け取り型（投資信託）……187
分配金再投資型（投資信託）……187
平均寿命……18
平均余命……20
（住宅ローンの）変動金利型……72
変動費……26

ま行

マネープラン……134
（住宅ローンの）未払い利息……72

や行

ユニット型（投資信託）……187
預貯金……179

ら行

リースバック……164
リスク・リターン……184
リバースモーゲージ……165
リフォーム……60
流動性……178
老後資金づくり……174
老齢基礎年金……20・80・82
老齢厚生年金……20・80・84・102

アルファベット

FX……179
iDeCo（個人型確定拠出年金）……188・204～215・216
NISA（少額投資非課税制度）……188・190～203・216

●監修者紹介

馬養雅子（まがい まさこ）

ファイナンシャルプランナー（CFP 認定者）、一級ファイナンシャルプランニング技能士。出版社勤務、フリー編集者を経て、2000 年にファイナンシャルプランナーの資格を取得。個人のマネーのアドバイザーとして、金融商品、資産運用、家計管理、保険、年金、相続、リタイアメントプランなどに関する記事を新聞・雑誌・ウェブに数多く執筆するほか、大手企業の 50 代向け「マネープランセミナー」の講師を 100 回以上務めている。実用書の編集経験を活かし、難しいお金の話をわかりやすく伝えるのが得意。『明日のことが不安になったら読むお金の話』（KADOKAWA）、『プロが教える簡単マネーブック』(笠倉出版社)、『だれでもカンタンにできる資産運用のはじめ方』（ナツメ社）など著書多数。

人生100年時代　50代からのお金の基本

2023年 7 月15日　初版発行

監修者　馬 養 雅 子
発行者　富 永 靖 弘
印刷所　公和印刷株式会社

発行所　東京都台東区 台東２丁目24　株式会社　新星出版社
〒110-0016　☎03（3831）0743

ISBN978-4-405-10414-3